工业和信息化普通高等教育"十三五"规划教材立项项目

 21世纪高等院校经济管理类规划教材

应用统计学
（第3版）

□ 潘鸿　张小宇　吴勇民　编著

人民邮电出版社

北京

图书在版编目（CIP）数据

应用统计学 / 潘鸿，张小宇，吴勇民编著. -- 3版
. -- 北京：人民邮电出版社，2019.5（2021.6重印）
21世纪高等院校经济管理类规划教材
ISBN 978-7-115-50924-6

Ⅰ. ①应… Ⅱ. ①潘… ②张… ③吴… Ⅲ. ①应用统
计学－高等学校－教材 Ⅳ. ①C8

中国版本图书馆CIP数据核字(2019)第040134号

内 容 提 要

本书系统讲述了应用统计学的基本知识和基本技能，融入了电子表格（Excel）的实际应用，介绍了参数估计、假设检验、方差分析、相关与回归分析、时间序列分析、指数分析等应用统计方法。本书突出体现了应用统计学的应用性、层次性和趣味性，保持统计研究方法体系的完整性，注重传统与创新的统一及统计理论在实践中的应用，便于教师授课与学生自学。

本书配有电子课件、电子教案、上机操作数据、上机测试题及解答、视频和文字案例、模拟试卷、统计调查方案范例等教学资料，索取方式参见更新勘误表和配套资料索取示意图。

本书可作为经济管理类专业本科生的教材，也可作为从事相关工作人员的培训教材。

◆ 编　著　潘　鸿　张小宇　吴勇民
　　责任编辑　万国清
　　责任印制　焦志炜

◆ 人民邮电出版社出版发行　　北京市丰台区成寿寺路 11 号
　　邮编　100164　电子邮件　315@ptpress.com.cn
　　网址　http://www.ptpress.com.cn
　　北京天宇星印刷厂印刷

◆ 开本：787×1092　1/16
　　印张：15.5　　　　　　　　　　2019 年 5 月第 3 版
　　字数：371 千字　　　　　　　2021 年 6 月北京第 5 次印刷

定价：48.00 元
读者服务热线：(010)81055256　印装质量热线：(010)81055316
反盗版热线：(010)81055315
广告经营许可证：京东市监广登字 20170147 号

第 3 版前言

承蒙广大读者厚爱，自本书第 2 版出版三年来，我们收到了很多宝贵的意见和建议。本着对读者负责的态度，并结合已收到的意见、建议和编者近三年来的教学经验，本次修订着重做了以下工作。

一是更新了书中的数据。经过三年的时间，社会经济领域发生了很大变化，有些数据已过时，本次修订对部分例题及实验中所用的数据进行了更新。

二是对第 2 版中出现的错误进行了修正。

三是增加了第十一章的内容——相关与回归分析。

四是部分章节补充了一些内容及习题，如第八章增加了双因素方差分析的内容。

五是扩充了一些课外学习材料，以二维码的方式提供了一些视频案例、部分知识点授课视频等。

经过修订，我们力图使第 3 版教材更具实用性。

本次修订由潘鸿主持，妥燕方、黄博文、王佳新、刘能毓、李芬、王帅参与了本次修订工作。

使用本书第 2 版的广大读者提出了许多宝贵的修改意见，编者在此表示诚挚的谢意！鉴于作者水平有限，书中错误之处在所难免，恳请广大读者继续批评指正。

潘　鸿
2019 年 1 月

第 1 版前言

应用统计学是高等院校经济管理类专业的核心课程之一，其重要性不言而喻，但学生却普遍反映比较难学，原因是应用统计学用到的数学知识较多，计算工作量大而复杂。为了解决这一问题，在近几十年的教学实践中，笔者一直致力于探索统计学的课程及其教材建设，曾为专科生、本科生、研究生讲授过"社会经济统计学原理""农业统计学""国民经济统计学""应用统计学""经济计量软件应用""计量经济学""统计与计量经济综合演练"等课程，在教学中积累了大量的经验，特别是在应用统计学教学和教材建设方面进行了一些有益的尝试。

本书共分十章，系统讲述了应用统计学的基本知识和基本技能，并结合计算机应用介绍了抽样、假设检验、方差分析、时间序列分析、指数分析等应用统计方法。本书将本领域较新的研究成果和教学实践结合起来，使用电子表格作为统计分析软件（考虑界面友好性和功能齐全性，本书电子表格软件选用 Excel 2007，较早版本或更新版本 Excel 也可参考使用；除数据分析外，其他任务也可选用 WPS 表格），实现了理论讲解与实验操作的有机结合。

第一章绪论，对"统计"一词的内涵进行了分析，并梳理了统计学的发展历史，重点介绍了应用统计学中常用的概念，包括总体、样本、标志、指标、指标体系、参数、统计量和变量等；第二章至第四章分别介绍了统计数据的收集、整理及描述性统计；第五章至第八章为推断统计的内容，主要包括抽样、参数估计、假设检验和方差分析；第九章为时间序列分析；第十章为统计指数。

在编写过程中，我们力图使本书突出以下几个特点：

其一，突出应用。在系统阐述统计学有关理论的前提下，突出统计方法和技术的应用，利用电子表格进行统计分析，使之实用化。

其二，体现层次。无论是内容、结构还是叙述方法都力求言简意赅、层次分明，方便学生掌握。

其三，教学资源丰富。本书配有电子课件、电子教案、习题答案和上机操作用数据、补充阅读等资料，以方便教师授课及学生学习（索取方式参见配套资料索取示意图）。

本书由多位教师共同编写完成，潘鸿负责全书的内容设计和统稿，同时负责第三章、第八章、第九章的编写和实验指导书的编写；张小宇负责第二章、第四章、第六章、第七章的编写；吴勇民负责第一章、第五章、第十章的编写。参与收集数据、文字校对和课件修改的有兰欢、刘刚、刘志强、罗甜、马杰、乔俏、覃多贵、王卓识、吴坤、赵锴、周惠珺、罗侠。

在本书编写过程中，参考和采纳了书末所列主要参考文献中所列著作中的一些观点，在此向各位作者表示诚挚的谢意。

鉴于我们的水平有限，本书难免会存在错误和不妥之处，恳请广大读者批评指正。

编　者
2011 年 2 月

致读者

1. 为什么要学习应用统计学

关于为什么要学习应用统计学，编者在此不再论述，读者可咨询老师或已经进入职场的师兄、师姐是否经常遇到以下几个问题（或场景）。

（1）做市场调研，大多数情况下只能做局部调查，如何能让调研结果更真实、更可靠？最终的调研数据可信度有多高？用什么方法能了解消费者的需求？

（2）有了调研数据，如何进行分析、整理，用什么样的图或表去展示能更直观？

（3）如何通过历年的销售数据较准确地预测下年度的销售情况，以便提前做好工作计划。

（4）如何判断新产品的质量是否有明显提高？又如何判断各家连锁店在全面质量管理方面是否存在显著差异？

（5）股票指数、消费者价格指数、恩格尔系数都是怎么来的？平均工资、平均房价是把数据罗列后的简单平均吗？

以上这些内容在本课程中都会一一介绍。

2. 为什么选择电子表格作为实训软件

在统计学课程的教学中，编者也曾使用过专业统计软件，但对于非统计专业学生的教学效果并不理想。专业统计软件操作复杂，更重要的是学生未来的职业生涯中基本不会使用专业统计软件。许多上过本课程的学生进入职场后因为 Excel 用得好而大大提高了工作效率，解决问题的能力增强，纷纷建议在校的学弟、学妹加强 Excel 等电子表格的学习；笔者在日常的学习、科研甚至生活中也广泛运用 Excel 解决问题，效率的提高是显而易见的。

总之，电子表格（本书以 Excel 为例，绝大部分操作在 WPS 表格中也可实现）是职场中最常用的办公软件之一，简单易用，能基本满足日常统计数据的处理、分析与推断的需要，较专业统计软件更实用。

3. 对学习者的建议

如何学习应用统计学，编者有以下几点建议。

（1）弄清名词术语的含义。如果弄不明白相关名词术语的含义，应付完考试后很快就会忘记所学过的内容。

（2）不要害怕公式，统计学中有的公式貌似复杂，其实主要运算方式还是加减乘除，只要仔细分析即可知其意义。除了考试需要的部分内容以外，大部分公式不必死记硬背，利用书上的例题、书后的习题加深对公式的理解即可，大部分公式在电子表格中有对应的函数，遇到时直接调用函数即可。

（3）加强上机练习，熟练掌握使用电子表格进行统计运算的方法和技巧。人邮教育社区（www.ryjiaoyu.com）的本书页面内有实验所用的全套数据表格，注册后即可下载。至于电子表格软件版本则不太重要，无论是 WPS 表格还是 Excel，只要是 2000 年之后的版本，都可满足学习本书的需要。

（4）本书内"学习指引""统计讲堂"等栏目中的一般性内容可供读者在学习中参考，有助于读者加深对所学知识的理解，对一些提高性的内容或建议，学有余力的读者可加以关注。

（5）本书附录3中的二维码分别是两套自测试卷和答案、章后习题答案，可供读者自行检测学习效果。编者想提醒的是，无论是进行上机实验还是完成课后习题，结果都不重要，重要的是过程！

4. 对教学的几点建议

经过多年探索，编者将课堂教学、上机实验学时的分配大体固定为2：1，并鼓励学生课外自行增加上机练习机会。除正文中的例题和课后习题外，建议教师安排学生自主选题设计统计调查方案及组织实施计划，让学生独立进行实地调查、汇总数据，最终形成规范的调查报告，这样给学生带来的能力提升远非听课、做课后作业所能比拟，建议教师在教学中对此加以重视。

编者建议教师在教学中采用全面、全程考核模式。在本课程的学习过程中，统计调查方案设计、实地调查、数据汇总、调查报告撰写、软件操作、案例分析、统计方法的综合实验及统计学基本理论测试均应作为考核环节，这对提高学生学习兴趣，推动其掌握统计理论、方法及技能非常必要。

本书附录包括实验指导书和概率分布表生成方法；与本书配套使用的电子文件是"应用统计学实验用素材"和"上机测试题及答案"（可在人邮教育社区的本书页面内下载），"应用统计学实验用素材"资料包内含各章课件、各章相应的 Excel 操作内容及练习题。此外，还可在该页面内下载本书部分内容的视频讲解和文字案例、模拟试卷、习题答案、统计调查方案范例及评语等资料，这些资料的具体下载方式见更新勘误表和配套资料索取示意图。

5. 期待与读者的交流

扫描更新勘误表和配套资料索取示意图中的二维码可看到本书"更新勘误及意见建议记录表"，其中有编辑邮箱，期待各位读者向我们反馈学习、教学中发现的本书及其配套资料中的问题、心得体会和意见、建议，我们会及时更新该表，以便使各位读者能看到其他读者的意见和建议。

目　　录

第一章 绪 论

【本章要点】

1. 了解统计学的内涵和研究对象；
2. 了解统计学产生与发展的历史；
3. 了解统计学的应用与分科；
4. 掌握统计学的基本概念。

【实验导引】

第一章～第四章的上机实验内容参见"附录1 实验指导书"中实验二的概述部分，计划为8学时，建议上机实验与理论教学交叉进行，本书实验素材的电子文档可从人邮教育社区（www.ryjiaoyu.com）本书页面内下载（文件名中含"应用统计学实验用素材"）。本章上机实验主要练习电子表格（以 Excel 为例，亦可使用 WPS 表格）的常用操作，如工作表的移动、复制；单元格的选择；单元格格式设置；单元格的隐藏与显示；行、列、单元格的插入与删除；窗口的重排；绝对地址与相对地址的使用；序列的填充等。

房价同比上涨，环比下降，房价到底是在涨还是在降？"平均工资"不就是个平均数吗，为什么还会有工资"被平均"的说法？2017 年中国产品抽样合格率近 9 成；全国第六次人口普查资料显示，全国男女出生性别比为 118.06：100；2014 年中国国内生产总值（GDP）首次突破 10 万亿美元，2018 年上半年国内生产总值已经超过 6 万亿美元，按可比价格计算，同比增长了 6.8%；2017 年中国居民消费价格指数（CPI）同比增长 1.6%。这些数据是如何测算出来的，科学依据是什么？上述问题都将在本课程的学习中得以解决。

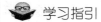
学习指引

在主流财经网站都可查到中国宏观经济数据，如新浪财经网站登录方式为"新浪财经→数据→经济数据→中国宏观经济数据"。

统计活动古已有之，现代意义上的统计最初应用在描述一个国家或地区各种形势资料上，随着经济的发展，统计开始应用于商务活动中。美国著名的统计学家休哈特（Walter A. Shewhart）对推动统计在商务中的应用作出了卓越的贡献，休哈特运用抽样调查方法发现军人的军衣、军鞋尺寸的分布近似于正态分布，根据该分布规律设计出的军衣和军鞋符合大多数军人的需要，从而解决了急用军需品的规格和尺寸的设计问题。

进入 21 世纪，统计在社会经济领域的应用越来越广泛，我们日常接触到的很多数据都来自专业的统计，人口普查、宏观经济监测与预测、企业质量管理、顾客行为分析、可持续发展与环境保护、新药开发、疾病监控等数据的收集、问题的发现、规律的探索及决策的制定都需要科学的统计方法。

对于非统计专业的读者，可以通过了解国内生产总值、存贷款基准利率、物价指数等数据变化，判断未来宏观经济走势，在买房还是租房、富余资金投资方向、大学毕业后选择什么行业等问题中作出更稳妥的决策；不仅如此，未来的工作中也会经常遇到平均数、增长率、调查和预测等很多统计知识，如果读者能掌握好基本的统计知识并能熟练掌握电子表格（Excel、WPS 表格）的操作，则可以把工作做得更好、让自己的人生更精彩！

第一节　统计与统计学

一、什么是统计学

统计作为一种古老的社会实践活动，已在人类社会存续了数千年；而统计学作为这种社会实践活动的经验总结和理论概括，也有了 300 多年的历史。可以说，自从有了人类社会文明，就有了统计实践活动。无论是在人们的日常生活中还是在国家治理中，统计都作为一种重要的管理手段被广泛地重视，进而演变成一种系统的理论工具。

人们通常所说的"统计"，包括统计工作、统计资料和统计学。统计工作是人们对客观事物数量方面进行调查研究的认识活动，包括数据资料的收集、整理和分析等；统计资料是统计工作的直接结果，包括调查得到的经过整理具有信息价值的各种统计数据和分析报告；统计学则是一门收集、整理、描述、显示和分析统计数据的科学，是统计工作实践经验的理论概括，其目的是探索数据内在的数量规律性，是数据的科学。

与其他学科一样，统计学是随着人类社会的发展和社会管理的需要而发展起来的。伴随着人类社会由低级向高级演进，统计活动也逐渐变得复杂起来，仅仅用数字计量的简单统计活动已不能满足社会的需要，人们开始对客观现象进行定量分析，并不断地在数据的处理和分析中进行抽象、概括和总结，于是，就顺理成章地产生了统计学。

统计学家们给统计学（statistics）下了不同但相似的定义，《不列颠百科全书》将统计学定义为"一门收集、分析、表述和解释数据的科学"；《韦伯斯特国际辞典》对统计学的定义是"统计学是一门收集、分析、解释和提供数据的科学"；美国学者特里奥拉在他所著的《初级统计学》一书中指出，"统计学指的是一组方法，用来设计实验、获得数据，然后在这些数据的基础上组织、概括、演示、分析、解释和得出结论"；我国学者贾俊平在其所编著的《统计学》（第 2 版）中给统计学下的定义是"统计学是收集、处理、分析、解释数据，并从数据中得出结论的科学"。上述关于统计学的概念有一个共同的特点，都与数据的解释与分析相关。总结上述定义，我们可以将统计学的定义概括如下。

定义 1.1 统计学，是一门研究大量社会现象和自然现象的总体数量，包括收集、整理和分析统计数据的方法论科学。

为了能对统计学的定义有一个更清楚的理解，我们将统计学归纳出如下几个特点。

1. **数量性**

统计学实际上是"信息提炼学"，它直接利用数学中研究好的计算方法研究如何去提炼出蕴藏于数据中的信息，自然首先具有数量性的特点。

2. 总体性

统计学研究的是社会现象和自然现象的数量方面（指的是总体的数量方面）。从总体上研究社会现象和自然现象在数量方面的规律，是统计学区别于其他社会科学的一个重要特点。社会现象是各种社会规律相互作用的结果，它呈现出一种复杂多变的情景。统计学对社会现象总体数量方面的调查研究，用的是综合研究方法，而不是对单个事物的研究，但其研究过程是从个体到总体，即必须对大量的个体（这些个体都表现出一定的差别、差异）进行登记、整理和综合，使它过渡到总体的数量方面，从而把握社会现象的总规律、总水平及其变化发展的总趋势。比如，了解市场物价情况，统计着眼于整个物价指数（如居民消费价格指数）的变动，而不是某一种商品价格的变动，但物价统计必须从了解相关代表性商品的价格变动情况开始，然后经过一系列的统计工作，才能达到认识物价总体数量变动情况的目的。

3. 具体性

统计学研究的数量方面是指社会现象和自然现象的具体数量，而不是抽象的数量关系，这是它不同于数学的重要特点。统计学与数学相比，有如下两点不同。首先，从研究对象上看，数学研究的是没有量纲或没有单位的抽象的数，而统计学研究的是有具体实例或有计量单位的数据。其次，统计学与数学研究中所使用的逻辑方法也是不同的，数学研究中使用的是纯粹的演绎，而统计学则是演绎与归纳相结合，占主导地位的是归纳。数学家可以坐在屋里，凭借聪明的大脑从假设命题出发，推导出漂亮的结果，而统计学家则要深入实际收集数据，并与具体的实际问题相结合，经过大量的归纳才能得出有用的结论。

4. 指导性

统计学是一门研究大量社会现象和自然现象数量规律的方法论科学，所以统计学方法可以帮助其他学科探索内在的数量规律性，为人们的实践活动提供方法论依据，从而指导人们的实践活动。例如，美国季度国内生产总值增长率、月度通胀率或失业率一公布，马上会引起银根松紧、利率调整，甚至股价涨跌等一系列的连锁反应。不仅如此，这些数据往往能在几分钟内传遍全世界，一些国家不得不迅速作出相应的反应。统计数据对经济政策的影响和指导作用显而易见。

二、统计学的研究对象

统计学将大量社会现象和自然现象的总体数量作为研究对象，并提供一套历史的考察方法来分析和探索数量的内在规律性。我们可以通过以下几个具体的例子来说明统计学的研究对象。

对于人类的身高，人们通常认为，父母的身高越高，孩子的身高就会越高；反之，父母的身高越矮，孩子的身高就会越矮。统计学家费朗西斯·高尔顿（Francis Galton）发现了这是一个错误的认识！在他的生物统计实验室里，他收集了大量人类的身高数据，并对这些数据进行了分析。他发现，非常高的父亲，其儿子往往要比父亲矮一些；而非常矮的父亲，其儿子往往要比父亲高一些。似乎是某种神秘的力量，使得人类的身高从高矮两极移向所有人的平均值，这个现象被他称之为"向平均回归"（regression to the mean）。他将这一发现纳入了所构建的统计模型中，从而对人类身高进行了进一步研究。他指出，假设不发生这种向平均值的回归，那么从平均意义上看，高身材父亲的儿子将与他们的父亲一样也会很高，在这种情况下，一些儿子的身高必须高于他们的父亲，以抵消身材比父亲矮小者的影响，使平均值不变。高身材者儿子这一代人的儿子也将如此，那么会有一些后代身材更高。这个过程将一代一代传下去。同样地，矮身材父亲的儿子将与他们的父亲一样也会很矮，还有一些儿子身高会矮于他们的父亲，以抵消身材比父亲高的人的影响。这个过程一代一代传下去，将会有一些后代身材更加矮小。如此下去，不用多少代，人类种族就将由特别高和特别矮的两极构成。显然，上述的情形并没有发生，人类的身高在平均意义上趋向于保持稳定。

在现实生活中被人们饶有兴趣地观察的另一个例子是人类性别的结构。众所周知，一个家庭新生婴儿的性别是随机分布的。从表面上看，新生婴儿的性别比例似乎没什么规律可循。但如果对新生婴儿的性别进行大量观察统计，就会发现性别比例还是有规律可循的，即婴儿总数中男孩的数量要多于女孩，大致为每生育 100 个女孩，就会生育 107 个左右的男孩。这个 107：100 的比例就是新生婴儿男女性别的数量规律性，古今中外大致相同，它是人类社会长期遗传与发展的结果。人类社会要延续、要发展，就要保持男女人数的大致相同。但从新生婴儿的性别比例来看，却出现了男女比例的失衡。这难道不违背人类永续生存的自然规律吗？统计学家们对这一现象进行了分析解释，他们认为，尽管从新生婴儿的数量来看，男性要高于女性，但男孩的死亡率高于女孩，到了中青年时，男女人数就大致相同了。进入中老年后，男性的死亡率仍然高于女性，导致男性的平均预期寿命比女性短，老年男性的数量要少于老年女性的数量。从一个国家乃至全人类看，如果没有人为的 B 超、堕胎等干扰，其规律是：婴幼儿时男性的数量略多于女性，中青年时男女人数大致相同，老年时女性的数量又略多于男性。这样既保证了人类在中青年结婚生育时性别比例的大致平衡，又使得在人口总数上男性与女性的数量也大体相当，有利于人类社会的进化和发展。统计学家往往通过对大量数据的分析，来挖掘数据现象背后的规律。

上面的两个例子说明，通过多次观察或实验得到大量的统计数据，我们利用统计方法是可以探索出其内在数量规律性的。客观事物本身的特点再加上科学设计的统计方法，使得我们能够在探索数据的规律方面不断前进。

从客观事物特点来说，任何客观事物都是必然性与偶然性的对立统一，同样，任何一个数据，也都是必然性与偶然性共同作用的结果。必然性反映了事物本质的特征和联系，是比较稳定的，因而它决定了事物的内在本质是有规律可循的；偶然性则反映了该事物每个表现形式的差异。如果客观事物只有必然性一个方面的特征，事物的表现形式会比较简单，我们可以比较容易地把握它的规律性。正是由于偶然性的存在，造成了事物的表现形式与必然性和规律性发生了偏移，从而形成了表面形式的千姿百态和数据表现形式的千差万别，这样，就导致了必然的数量规律性被掩盖在表面的差异之中。

前面所说的两个例子，个别家庭父母和子女的身高和每个新生婴儿的性别都是随机现象，其表现形式也是偶然性的，但每个例子本身可以通过对大量数据的收集整理和研究得出其内在的规律性。应用统计方法可以从偶然性中探索到内在的、本质的数量规律：从统计方法来看，统计学提供了一系列的方法，专门用来收集数据、整理数据、显示数据的特征，进而分析和探索（或推断）出事物总体的数量规律性。当然，如果事物本身的规律比较简单，所用的统计方法也就相对容易；如果事物本身的规律错综复杂，那么所用的统计方法也就相对复杂。而这些又都是统计学所重点关注的问题。

 思考实践

　　统计学存在于我们身边许多客观事物中，你还能举出一些例子来说明统计学对人类生活的意义吗？

三、统计学的产生与发展

尽管统计活动在人类社会中已存续了数千年，但统计学作为一门独立的学科却只有 300 多年的历史。一般认为，统计学产生于 17 世纪中叶，其形成过程是从几个不同的领域开始的，在各自的领域又产生了许多不同的学派，如形成于德国的"国势学派"，形成于英国的"政治算术学派"，产生于 19 世纪中叶的"数理统计学派""社会统计学派"等。然而，考察统计学产生的历史，无论是古典统计学、近代统计学，还是现代统计学，其发展过程都是沿袭两条主线展开的：其一是以"政治算术学派"为开端形成和发展起来的以社会经济问题为主要研究对象的社会经济统计；其二是以概率论的研究为开端并以概率论为基础形成和发展起来的数理统计。我们对统计学历史的考察就是围绕这两条主线展开的。

1. 政治算术 —— 社会经济统计

政治算术学派产生于 17 世纪中叶的英国，其主要代表人物是威廉·配第（William Petty，1623—1687）和约翰·格朗特（John Graunt，1620—1674）。

威廉·配第在其代表性著作《政治算术》（1676 年）一书中，运用大量的数字资料和定量的研究方法对英国、法国、荷兰 3 国的经济实力进行了分析与比较，为统计学的产生奠定了基础。配第的这些开创性工作，得到了马克思的高度评价，马克思在《资本论》中评价配第"是政治经济学之父，在某种程度上也可以说是统计学的创始人"。

政治算术学派的另一个代表性人物是约翰·格朗特，他在 1662 年出版了《关于死亡表的自然观察与政治观察》。当时，伦敦瘟疫流行，死亡情况严重，引起了社会不安。他根据"死亡率公报"对伦敦人口的出生率、死亡率、性别比例作了分类计算和预测，证明没有悲观的必要。另外，在该书中，他通过大量的观察，研究并发现了人口与社会现象中重要的数量规律性。如新生婴儿的男女比例稳定在 14∶13，即我们在前面的例子中谈到的 107∶100，并解释了这一比例出现的原因。他得出了男性在各年龄组中死亡率均高于女性；男性新生婴儿的死亡率较高；一般疾病与事故的死亡率较稳定，而传染病的死亡率波动较大等很多富有启发性的结论。更为重要的是，约翰·格朗特在研究中运用多种方法对统计资料进行了间接的推算，并相互印证。由于约翰·格朗特的这些研究成果，该书被许多统计学家誉为"真正统计科学的肇端"。

政治算术学派的统计学家们基本上沿着威廉·配第开创的政治经济统计和约翰·格朗特开创的人口统计而展开进一步的研究。在经济统计方面，出现了农业统计、工商统计和物价指数计算方法的研究。在人口统计方面，由于对研究对象进行了扩展，出现了保险统计、卫生统计和医疗统计等分支。除此之外，人口调查、社会调查、道德统计等也逐渐发展起来。

19 世纪中叶以后，包括政治统计、人口统计、经济统计、犯罪统计、道德统计、社会统计等多方面内容的"社会统计学"开始发展起来，与之相适应的社会调查与社会研究也有了较大的发展，并成为社会科学研究的重要方法之一。人们试图通过社会调查，收集、整理、分析资料，以揭示社会现象和问题，并提出解决问题的具体办法。例如，法国经济学家和社会改良家李·普莱（Le Play，1806—1882）曾利用"家庭预算表"来研究社会生活水平和贫困问题；德国统计学家恩斯特·恩格尔（Ernest Engel，1821—1896）在他的《比利时工人家庭的生活费》（1895 年）一文中，提出了著名的"恩格尔法则"，即"家庭收入越多，则饮食消费支出在家庭收入中所占的百分比越少；家庭收入越少，则饮食支出在家庭收入中所占的百分比越大"。在这一法则的基础上，他又引申出至今仍得到人们广泛应用的"恩格尔系数"，用于衡量人们生活水平的高低。

与此同时，经济调查和经济统计学也迅速发展起来。比如，早在 1835 年挪威就与人口普查相结合从事农业统计调查；1839—1840 年法国进行了第一次农业普查；1846 年比利时进行了农业普查；1790 年美国进行了第一次人口普查等。在这期间，美国、德国等还进行了工业普查。到了 20 世纪，这些调查活动日臻成熟。为满足国家和社会客观需要而进行的各种经济调查，不仅取得了大量的社会经济数据，为经济学家证实或提出新的经济理论提供了依据，也为统计学家概括和提出新的统计方法提供了数据材料。到了 19 世纪中叶，德国经济学家和统计学家克尼斯（K.G.A.Knies）在他的论文《独立科学的统计学》（1850 年）中提出，统计学是一门独立的科学。可见，随着统计实践和学科门类的发展和分工，统计学作为一门对社会现象和自然现象进行数量对比分析的方法论科学，已为社会所公认。

学习指引
关于中国的人口普查数据，可在中华人民共和国国家统计局（以下称"国家统计局"）网站按以下路径查询：首页→统计数据→数据查询→普查数据。

此外，20 世纪对国民收入的计算和研究、指数的编制及其方法研究、时间序列分析、经济预测和计量经济学等，也都取得了长足的进展。而这些成就，其思想渊源都可追溯到政治算术学派所开创的统计学的理论和方法，这为后来的社会经济统计的发展奠定了基础。

2. 概率论 —— 数理统计

统计学产生与发展的第二条主线是以概率论为基础形成和发展起来的以随机现象为主要研究对象的数理统计。

在西方，概率论的思想渊源最早可以追溯到意大利的文艺复兴时代，最初的研究是为赌徒们找出掷骰子取胜的一套办法，从而合理地算出成功的概率。这一时期的标志性著作是意大利数学家卡尔达诺（Kirolamo Cardano，1501—1576）编著的《论赌博》一书，他的研究成果为运用数学理论研究概率论开辟了道路。著名的天文学家伽利略·伽利雷（Galileo Galilei，1564—1642）写了一篇同样题目的论文，提出了概率论的基本原理，奠定了数理统计的基础。

几乎与政治算术学派的研究一致，概率论的真正研究历史是从 17 世纪中叶开始的，这一时期是古典统计学的黄金时代，其主要奠基人是法国的帕斯卡（B.Pascal，1623—1662）和费马特（P.Fermat，1606—1665）。他们将赌博中出现的具体问题归纳为一般的概率原理，为后来概率论和统计学的发展奠定了重要的基础。到了 18 世纪，积极研究概率论的还有瑞士数学家贝努里（J.Bernoulli，1654—1705），贝努里全面论述了概率论原理并将概率论建立在数学的基础上，在其所著的《推算法》一书中，提出了著名的"贝努里定理"，这是大数法则的早期形式。

古典统计时期的概率论基本上是独立发展的，它与社会经济统计没有太多的联系，但这一时期也有学者尝试着将概率论应用于社会现象的研究。到了 19 世纪，用概率论研究社会经济现象的人日益增多，在这方面作出重大贡献的是法国数学家拉普拉斯（P.S.Laplace，1749—1827）和比利时统计学家凯特勒（A.Quetelet，1796—1874）。拉普拉斯在其所著的《概率论分析》一书中，总结了前人的研究成果，并以大数法则为桥梁，将概率论与社会经济现象联系起来；凯特勒在发展和应用概率与统计方面作出了重要贡献，其著作主要有《概率论书简》和《社会物理学》等，其主要贡献是将自然科学的研究方法引进社会现象的研究中，他发展了大量观察法并为数理统计学的发展奠定了基础。

从 19 世纪中叶到 20 世纪中叶，概率论的进一步发展为数量统计学的形成和发展奠定了基础。英国生物学家和统计学家高尔顿（F.Galton，1822—1911）首次提出并阐述了"相关"的概念，并首次提出了"相关系数"的概念；英国数理统计学家卡尔·皮尔逊（K.Pearson，1857—1936）提出了计算复相关和偏相关的方法，并将复相关和回归理论扩展到许多领域。

20 世纪初期，大工业的发展对产品质量检验问题提出了新的要求，即只抽取少量产品，作为样本对全部产品的质量好坏作出推断。因为对大批量产品要作全面的检验，既费时又费钱，加之对有些产品再作全部质量检验已不可能，数理统计学派的先驱、英国统计学家戈塞特（W.S.Gosset，1876—1937）建立了"小样本理论"，即所谓的"t 分布"。通过这个理论，人们可以从大量的产品中只抽取较小的样本来完成对全部产品质量的检验和推断，这样就使统计学进入了现代统计学（主要是推断统计学）的新阶段。后来著名统计学家 R.A.费希尔（R.A.Fisher，1890—1962）研究出了 F 统计量、极大似然估计、方差分析等方法。奈曼（J.Neyman，1894—1981）创立了区间估计理论，并和伊根·夏普·皮尔逊（E.S.Pearson，1857—1936）共同发展了假设检验理论。20 世纪杰出的统计学家不胜枚举，正是他们的努力，推动了统计理论的发展和应用。到了 20 世纪中叶，现代统计学的基本框架已经确立。

从 20 世纪 50 年代以来，统计理论、方法和应用进入了一个全面发展的新阶段。一方面，统计学受计算机科学、信息论、混沌理论、人工智能、大数据等现代科学技术的影响，新的研究领域不断出现，如多元统计分析、现代时间序列分析、贝叶斯统计、非参数统计、线性统计模型、探索性数据分析、数据挖掘等。另一方面，统计方法的应用领域也不断扩展，几乎所有的科学研究都离不开统计方法。因为无论是自然科学、工程技术、农学、医学、军事科学，还是社会科学，都离不开数据，对数据进行研究和分析就必然要用到统计方法，现在连纯文科领域的法律、历史、语言、文学、新闻等都越来越重视对统计数据的分析，国外的人文与社会学科普遍开设了统计学的课程，可见，统计学已经成为一门极其重要的基础性学科。

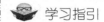
学习指引

推荐扫描二维码观看国家统计局制作的统计科普视频"漫话统计·统计的源流"，该视频既专业又浅显地介绍了统计的含义、统计在中国的产生和发展以及统计在世界范围内产生和发展的简史。

第二节 统计学的应用与分科

一、统计学的应用

统计方法是适用于所有学科领域的通用数据分析方法，只要有数据的地方就会用到统计方法。目前，随着定量研究的日趋重要，统计方法已被应用到自然科学和社会科学的众多领域，统计学也已发展成为由若干分支学科组成的科学体系。可以说，几乎所有的研究领域都要用到统计方法，比如日常生活、公司或企业的生产经营管理、政府部门和学术研究领域等。下面列出在不同领域中应用统计方法的一些例子。

1. 生活中的统计学

我们在日常生活中，经常遇到与统计相关的问题，如果我们从统计学的角度看问题，就能更容易看清事物的本质。以我们生活中最为常见的彩票为例，人们购买彩票都想中大奖，希望能用 2 元钱获得 500 万元的大奖。殊不知，大家在抱着这样的心态购买彩票时，却很少理性地计算中奖的概率。以国内流行的体彩七星彩和福彩双色球为例，只要稍加计算，就能知道我们有多大的中奖概率。体彩七星彩的玩法如下：该类体育彩票每注由 7 位自然数组成，每一位数字都有 0～9 共 10 种变化，其排列组合共有 $10 \times 10 \times 10 \times 10 \times 10 \times 10 \times 10$ 种，即 10^7，也就是共有 1 000 万注，中一等奖的概率是 $\dfrac{1}{10\,000\,000}$。而福彩双色球（33 选 6、16 选 1）中头奖的概率是

$$\frac{1}{C_{33}^6 \times C_{16}^1} = \frac{1}{17\,721\,088}$$

显然，用 2 元钱博得 500 万元的大奖这样的小概率事件，在统计学中被认为是几乎不可能发生的事情。即便有的人实在受不住大奖的诱惑，也可以自己比较一下这两种彩票中奖的概率，理性地选择购买体彩七星彩，从而增加自己中奖的概率。

2. 企业中的统计学

在企业的生产经营活动中，时时刻刻都在利用统计信息作为其行动的指南。充分有效的统计数据在企业了解市场供求状况、把握投资机会、选择投资方向、降低投资风险、调整产品结构、加快产品开发、制定发展战略、加强产品质量管理、进行财务分析以及进行市场前景预测等方面都有积极的作用。

下面以我国的影碟机市场为例来说明统计学在企业决策方面的指导作用。20 世纪 90 年代末，我国影碟机市场已经进入了"微利时代"，影碟机厂商之间的竞争已达到白热化，影碟机厂商是要在这个微利市场继续经营，还是要改变投资方向选择退出呢？他们在作出决策之前

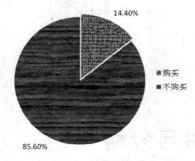

14.40%

■ 购买
■ 不购买

85.60%

图 1.1　2000 年全国城市消费者两年内购买影碟机的意向

会对这个市场进行详细的调研，考虑众多因素后再对其经营方向进行抉择。2000 年蓝田市场研究公司对全国 31 个城市的影碟机市场中消费者未来两年购买影碟机的意向进行了抽样统计调查，调查样本家庭用户总计 22 429 个。图 1.1 为 2000 年全国城市消费者两年内购买影碟机的意向。

从图 1.1 中的统计数字可以看出，城市的影碟机市场发展空间有限，在所有被访家庭中，仅有 14.4%的家庭在未来两年内有购买影碟机的意向，影碟机市场在城市的发展空间很小。这些信息为影碟机厂商经营决策提供了重要的参考。

3. 军事中的统计学

统计在军事中也起着极为重要的作用。要打赢高技术条件下的局部战争，必须对有限的军需资源进行有效、合理的配置。完善成熟的三军联勤体制是使军需资源达到最优配置的制度保障，而要使这一体制得以正常运作，获得及时、准确、充分、翔实的军需资源统计信息就显得至关重要。比如，在瞬息万变的战场上，必须随时计算士兵的伤亡率、物资消耗率、

给养食品利用率等各种指标，只有这样，指挥者才能实时监控战争动态，才能将有限的军需资源，如作战口粮、救生口粮等进行合理有效的配置。

4. 政府中的统计学

对国家的宏观经济进行调控是现代政府部门治理国家的一项重要职能，宏观经济政策关系到一个国家经济的健康发展。而宏观经济政策的制定与实施的主要依据就是统计部门为政府提供的相关统计指标和数据，比如，国内生产总值（GDP）增长率、通货膨胀率、失业率等指标。政府相关部门根据这些数据进行宏观经济预警，进而采取有针对性的政策和措施，避免国家经济出现大起大落。

5. 科学研究中的统计学

在统计学产生与发展的历史进程中，统计学广泛应用于各门学科的相关研究中，从自然科学、社会科学到人文科学，已成为科学研究必不可少的工具。下面举一个统计学在文学研究中应用的例子。

我国古代四大名著之一《红楼梦》的著作者一直存有争议。众所周知，《红楼梦》一书共计120回，自从胡适作《红楼梦考证》以来，一般认为前80回为曹雪芹所著，后40回由高鹗所续。尽管如此，红学界一直对这个问题争论不休，争论主要集中于后40回是否为高鹗一人所续。那么，怎样对这个争论进行一个客观的论证呢？统计学给我们提供了一个客观的方法。20世纪80年代，复旦大学的李贤平副教授和他的学生对这一争议从统计学的视角进行了新颖的注解。他们将《红楼梦》看成120个样本，然后确定与情节无关的47个虚词（之，其，或，亦，……；呀，吗，咧，罢，……；的，着，是，在，……；可，便，就，但，……，儿等）作为变量。我们知道，不同的作家由于写作特点和习惯的差异，在描述相似的情节时，所用的虚词是有差别的。李教授他们的创造性想法是将120回《红楼梦》看作120个样本，将与情节无关的虚词作为变量，将每一回中这些虚词出现的次数作为数据，然后利用多元统计分析中的聚类分析法对这120组数据进行分类，结果果然是两类，前80回一类，后40回一类，这就客观地证实了《红楼梦》不是出自一个人的手笔。他们进一步进行了分析，前80回是否为曹雪芹所写？他们找了一本曹雪芹的其他著作作类似分析，结果表明虚词用词手法一致，证明了《红楼梦》前80回确实出自曹雪芹之手。而《红楼梦》的后40回又是否为高鹗所写呢？论证结果推翻了后40回为高鹗一人所续的说法，而是曹雪芹亲友将其草稿整理而成，宝黛故事为一人所写，贾府衰败情景为另一人所写，等等。这个论证结果在红学界引起了很大的轰动，李教授用多元统计的方法解释了红学界争论多年的问题，使红学界大为赞叹，它从客观的文本入手，不带有任何主观色彩，可信度自然也很高。

我们所学的统计学就是这样一门应用性学科，它用于社会生活的方方面面。我们通过对它的学习，掌握基本的统计理论和方法，了解信息时代怎样收集信息，怎样对收集到的信息进行整理和分析，从中得出有价值的结论来。个人可以利用统计数据进行科学理财和作出更为理性的决策；企业可以利用统计数据来分析经营决策环境，研究供求状况，指导企业活动；政府部门可以利用统计数据和资料进行宏观经济调控，克服市场失灵，实现资源的优化配置。

> **思考实践**
>
> 利用统计学知识解释《红楼梦》著作归属问题不禁令人赞叹，同学们不妨也对《红楼梦》中自己感兴趣的章节中的某些部分进行统计分析，说不定也有意外的发现。

二、统计学的分科

统计学在其他学科中的广泛应用使得统计学逐渐出现与其他学科交叉融合的趋势，比如，与生物学的交叉，形成生物统计学；与医学的交叉，形成卫生统计学；与人口学的交叉，形成人口统计学；与金融学的交叉，形成金融统计学；等等。统计学为多个学科提供了一种共同的数据分析方法，使学科的界限变得越来越模糊，进而逐渐发展成为若干分支学科组成的学科体系。大体来说，根据统计方法研究和应用的侧重点不同，我们可以将统计学分为理论统计学和应用统计学；根据统计方法的构成不同，也可以将统计学分为描述统计学和推断统计学。

1. 理论统计学和应用统计学

理论统计学是以数学原理为核心的统计学，它主要研究统计学的一般理论和统计方法的数学理论。现代统计学的一个重要特点是充分利用了现有的数学理论成果，一般来说，从事统计理论和统计方法研究的人员需要具备坚实的数学基础，数学中的概率论是统计推断的理论基础。正因为如此，广义的统计学是包括概率论在内的。理论统计学是统计方法的理论基础，没有理论统计学的发展，统计学也不可能发展成为今天这样一个完善的科学学科体系。

与很多学科一样，在统计研究方面，从事理论统计学研究的人只占很少的比例，而大部分人的研究集中在统计学的应用领域。应用统计学就是如何运用统计学方法去解释和解决实际问题的学科。由于统计学是一门研究数量方面的方法论科学，无论是自然科学领域还是社会科学领域，都存在数量现象并需要通过统计数据来发掘其内在的规律，进而达到解决实际问题的目的，因此，统计方法的应用几乎拓展到所有科学研究领域。正如在前面阐述的那样，统计方法在金融学中的应用形成了金融统计学；在生物学中的应用形成了生物统计学；在医学中的应用形成了医疗卫生统计学；在农业试验、育种等方面的应用形成了农业统计学；等等。这些不同的分支学科所运用的基本统计方法和理论都是一样的，但由于各应用领域都有其特殊性，统计方法就在应用的时候又形成了一些不同的特点，对统计数据分析得出的结论还需要利用各专业学科的专业知识才能得到进一步的解释。

2. 描述统计学和推断统计学

描述统计学（descriptive statistics）是研究如何收集反映客观现象的数据并通过图形、表格和概括性的数字对这些数据进行描述的统计方法，通过对统计数据进行加工、分组、编制统计表、绘制统计图以及计算平均数、方差等，从而综合与分析得出反映客观现象数量特征和数量关系的规律。对所收集的数据资料进行描述是统计分析的起点和基础性工作，其主要目的是使反映客观事物的统计数据可以一目了然、条理清晰，并能简洁地概括事物的根本特征。对统计数据的收集、整理与显示，以及数据分布特征的测度等内容，在本书后面的章节进行详细说明。例1.1通过绘制人数分布区间柱形图给出了描述统计学的一些基本特征。

【例1.1】表1.1是20××级物流管理某班统计学的成绩表。根据这个成绩表，试对该班的统计学成绩按人数分布画出柱形图。

根据表1.1的数据，我们可以使用电子表格对该班统计学成绩进行简单的描述统计。本章只给出该班人数的分数分布区间，画出柱形图，从而对描述统计有一个大致的认识，关于描述统计的详细内容和分析步骤，在本书后面的章节中进行系统的介绍。

根据表 1.2 的分布区间，我们利用电子表格生成 20××级物流管理某班统计学成绩人数分布柱形图，见图 1.2。

表 1.1　20××级物流管理某班统计学成绩表

学　号	姓名	性别	总成绩	学　号	姓名	性别	总成绩	学　号	姓名	性别	总成绩
20××813001	李瑞祥	男	87	20××813010	白智刚	男	76	20××813018	陶斌	男	78
20××813002	万芳芳	女	93	20××813011	李大杰	男	65	20××813019	王彤	女	76
20××813003	张超	男	85	20××813012	杜平平	女	77	20××813020	李敏	男	64
20××813004	樊力	男	95	20××813013	潘茹	女	76	20××813021	崔云梅	女	62
20××813005	周星池	男	76	20××813014	杨娜	女	73	20××813022	张园园	女	56
20××813006	张大鹏	男	74	20××813015	娄殿秋	女	72	20××813023	于凤岚	女	67
20××813007	吴凤飞	男	75	20××813016	刘勇	男	78	20××813024	李云玲	女	94
20××813008	王明	男	76	20××813017	王俊杰	男	86	20××813025	卞丽宏	女	55
20××813009	崔丽丽	女	84								

表 1.2　20××级物流管理某班统计学成绩人数分布表

分数区间	60 以下	60～70	70～80	80～90	90 以上
人数分布	2	4	12	4	3

　　推断统计学（inferential statistics）是研究如何根据抽样出来的样本数据去推断事物总体数量特征的方法，包括对总体进行估计、假设检验、预测等。它是在对样本数据进行描述统计的基础上，对统计总体的未知数量特征和规律作出概率形式的表述。例如，在财务的审计中，审计人员并非对所有发票进行一一审查，而是抽取一定数量的发票作为样本发票，然后根据样本发票推断全部发票出现错误的概率。又如，美国盖洛普（Gallup）调查公司在美国总统大选前通常

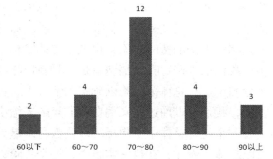

图 1.2　20××级物流管理某班统计学成绩人数分布柱形图

会从全美国的选民中随机抽取 1 500 人左右，调查这些选民的总统选举意向，盖洛普调查公司根据抽样调查的结果在允许有 2% 左右误差的条件下，对大选结果进行预测。这是两个利用样本信息推断事物总体特征的代表性例子。

　　描述统计学和推断统计学几乎包含了现代统计学的全部内容。描述统计学是整个统计学的基础，统计学分析问题的出发点就是运用描述统计学所收集到的统计数据并提供有效的样本信息，推断出事物的总体数量特征是推断统计学的主要任务。需要指出的是，在现实问题的应用研究中，由于我们获得的数据主要是样本数据，因此，推断统计学在现代统计学中的地位和作用越来越重要，已成为统计学的核心内容。

学习指引

推荐扫描二维码观看国家统计局制作的统计科普视频"漫话统计·统计与生活"。该视频介绍了统计与我们生活的关系，用生活中的大量实例告诉我们为什么要学习统计学，一些常用统计指标该怎么理解，一些常见现象背后的统计学原理是什么等。

第三节　统计学的基本概念

现代统计学概念众多，其中有一些概念是经常用到的，正确理解这些概念对以后各章的学习至关重要，因此有必要对其单独介绍，这些概念包括总体、样本、标志、指标、指标体系、参数、统计量和变量等。

一、总体和样本

定义 1.2　在同一性质基础上结合起来要研究的许多个别事物（数据）的集合被称为统计总体，简称总体（population）。

总体通常由所研究的一些个体组成。例如，要研究乡镇工业企业的数量特征，多个乡镇工业企业构成的集合就形成一个总体，因为每一个乡镇工业企业的经济职能是相同的（同一性质），即进行工业生产活动的基本单位。各个事物在某一点上的共同性（即同质性），是形成统计总体的必要条件，也是作为统计总体的一个重要特征。组成总体的每一个元素称为总体单位或个体。在乡镇工业企业总体中，每个乡镇工业企业是一个个体。

在统计学的研究中，确定总体的范围是开展研究工作的第一步。但总体范围的确定有时比较明确，而有时却比较困难。比如，要研究某省的乡镇工业企业的利润情况，这个省在册的乡镇工业企业构成的集合就是一个总体，每个乡镇工业企业就是一个个体，总体的范围很清楚。而对于某食品公司新推出的一种新口味食品，要想知道消费者是否喜欢，首先必须弄清楚哪些人是消费的对象，也就是要确定构成该口味食品的消费者这一总体。但在现实生活中，我们很难确定哪些消费者是这种新口味食品的潜在消费者，这个总体范围的确定就变得十分困难。在总体范围难以确定的情况下，可以根据研究的需要，重新定义总体，例如，上例中，我们可以通过定义消费者的年龄来缩小总体范围。

一个统计总体中所包括的单位数可以是无限的，称为无限总体；也可以是有限的，称为有限总体。例如，在科学实验中，每个实验数据可以看作一个总体中的一个元素，而实验则可以无限地进行下去，因此，由这些实验数据构成的总体就是一个无限总体。在现实的统计学研究中，统计总体大多数是有限的，例如，人口总数、企业总数、待检验的产品总数等，都是有限总体。

对无限总体和有限总体的划分，其主要目的是为了满足推断统计的需要。对无限总体而言，每次抽取一个单位，并不影响下一次的抽样结果，因此，每次抽取可以看作是独立的；对于有限总体来说，抽取一个单位后，总体元素就会减少一个，前一次的抽样结果会影响第二次的抽样结果，因此，每次抽样是不独立的。所以，对不同类型的总体进行抽样，抽样对推断结果的影响是不一样的。

定义 1.3　从总体中抽取的一部分元素的集合，称为样本（sample）。

定义 1.4　构成样本的元素的数目，称为样本容量（sample size），通常简称为样本量。

上面已经提到，从总体中抽取一部分元素作为样本，目的就是要根据样本提供的有关信息去推断总体的特征。比如，要测算新生产出来的 1 000 台液晶显示器的平均寿命，可以从这 1 000 台液晶显示器中随机抽取 50 台，这 50 台液晶显示器就构成了一个样本。然后，我们可以根据这 50 台液晶显示器的平均寿命去推断这 1 000 台液晶显示器的平均寿命。

二、标志、指标和指标体系

（一）标志

定义 1.5 标志（characteristic），是表达总体单位或个体的特征、属性的名称。

例如，在研究某企业职工的构成状况时，该企业的职工就是一个总体单位，职工的性别、年龄、民族、工资收入等是每个职工个体所具有的标志。

标志按其表现形式可以分为品质标志和数量标志。品质标志是表明个体的特征或属性，一般用文字表述，不能用数值表示，如某职工的性别为"女"、民族为"汉族"，某产品的等级为"A"，这里的"女""汉族"和"A"分别是品质标志"性别""民族"和"产品等级"的属性，是这类品质的具体表现。品质标志主要作为统计分组的依据，数量标志是反映个体量的特征。数量标志可用数值具体表示，如某职工的年龄是 30 岁、工资收入是 3 000 元，则"年龄"和"工资"是数量标志，而"30 岁"和"3 000 元"是数值表示。数量标志除了用于统计分组以外，还可用于计算有关平均指标。

（二）指标

定义 1.6 指标（index）是反映总体数量特征的概念。

指标是统计学中最重要的基本概念。在统计中，统计指标占据中心地位，许多统计方法都是围绕指标而产生的。例如人口数、职工人数、工农业总产值、国内生产总值、商品销售额、劳动生产率、失业率等。统计指标通常有三个要素，即指标名称、计量单位和计算方法。需要特殊说明的是，统计指标的含义有时还包括具体数值，比如，2008 年按支出法核算的我国国内生产总值（GDP）总额为 306 859.8 亿元，其中货物和服务净出口额为 24 134.9 亿元。这些都是统计指标，按照这种理解，统计指标除包括上面三个要素之外，还包括时间限制、空间限制和指标数值三个要素。这六个要素可以归纳为两个组成部分，一是统计指标概念，二是统计指标数值。

1. 指标的主要特点

指标主要有以下三个特点。

（1）数量性。指标反映的是客观现象的量，而且是一定可以用数字表示的，不存在不能用数字表示的统计指标，即使是不包括数值的统计指标也具有这个特点。客观现象必须是可以度量的，才能够用数字表示它。

（2）综合性。统计指标说明的对象是总体而不是个体，它是许多个体现象数量综合的结果。一个人的年龄、一个人的工资等都不叫作统计指标，而许多人的平均年龄，许多人的工资总额和平均工资才是统计指标，个体现象的数量综合成为统计指标有一个前提条件，就是这些个体在性质上必须是同类的，把性质不同类的现象综合成统计指标会歪曲人们对客观现象的认识。

（3）具体性。统计指标不是抽象的概念和数字，它是具体的社会现象和自然现象量的反映。不存在脱离了质的内容的统计指标。

2. 指标的分类

指标从不同的角度可划分为不同的种类。

指标按其所说明的总体现象内容的特征，可分为数量指标和质量指标。①数量指标亦称外延指标，是反映社会经济现象发展总规模、总水平或工作总量的统计指标。如全国人口数量、国内生产总值等；②质量指标亦称内含指标，它是反映总体内部的结构、比例和水平等数量关系的，如第三产业在国内生产总值的比重、城镇居民平均每人可支配的生活费收入等。

指标按其表现形式，可分为总量指标、相对指标和平均指标。

（1）总量指标亦称绝对数，是反映某种社会经济现象在一定时间、空间和条件下的总规模、总水平或工作总量的综合指标。总量指标从不同的角度有不同的划分方法。①按反映社会经济现象总体内容不同，可以分为总体单位总量和总体标志总量。②按反映社会经济现象时间状况的不同，可以分为时期指标和时点指标。时期指标表示一段时间积累量的总量，其基本特征有两点：第一，指标的数值大小与时间长短相关；第二，指标的数值相加有意义，相加等于更长时间的积累量。如产量、产值、成本、利润、死亡人数等。时点指标是表示某一时刻（或某一瞬间）状态的总量，其基本特征是：第一，指标的数值大小与时间长短无关；第二，指标的数值相加没有意义。如人口总数、黄金储备量、住房面积、生猪存栏数等。③按计量单位的不同可以分为实物指标、价值指标和劳动计量指标。总量指标一般都有计量单位，总量指标的计量单位有实物单位、劳动单位和货币单位三类，其中实物单位又包括自然单位、度量衡单位、标准单位和复合单位。

（2）相对指标亦称相对数，是两个有联系的总量指标相对比的结果，可以反映社会经济现象总体的结构、比例、速度、强度及密度等。其数值有两种表现形式：无名数和有名数。无名数是一种抽象化的数值，以系数、倍数、番、成数、百分数或千分数等表示。有名数主要用来表示强度的相对指标，以描述事物的密度、强度和普遍程度等。如，人均粮食产量用"千克/人"表示，人口密度用"人/平方千米"表示等。相对指标可分为结构相对指标、比例相对指标、比较相对指标、动态相对指标、计划完成程度相对指标和强度相对指标，其中，结构相对指标和比例相对指标必须在总体进行分组的前提下才能计算。

（3）平均指标亦称平均数，用于说明某一数量标志或者等级在一定时间、空间条件下的一般水平，如平均工资、平均成本、劳动生产率等。平均指标按计算和确定的方法不同，可以分为算术平均数、调和平均数、几何平均数、众数和中位数。前三种平均数是根据总体各单位的标志值计算得到的平均值，称作数值平均数。众数和中位数是根据标志值在分配数列中的位置确定的，称为位置平均数。

学习指引

推荐扫描下面的二维码观看 2017 年 1 月 20 日中央电视台《新闻联播》片段"中国经济稳中向好 五大发展理念开新局"，该视频对 2016 年在五大发展理念引领下取得的成绩进行了描述，所用指标涉及总量指标和部分相对指标。

（三）指标体系

定义 1.7 若干个相互联系的统计指标组成的整体称为指标体系。

习惯上，统计指标指的是单个的统计指标或是笼统的所有的统计指标，但各个统计指标不是孤立的，在一定的范围或条件下这些统计指标是相互联系的。单个统计指标反映总体现象的一个侧面，了解和研究总体现象要使用一套相互联系的统计指标。由于社会经济现象本身的联系是多种多样的，所以描述这个总体的统计指标之间的联系也是多种多样的。例如，一个工业企业是人力、物资、资金、生产、供应、销售相互联系的整体运动，用一系列统计指标反映和研究工业企业的全面情况，这就组成了工业企业统计指标体系。

和单个统计指标相比较，统计指标体系的应用更为广泛，因为，任何社会现象和自然现象都是一个相互联系的有机整体。一个企业是由许多有机联系的部门组成的整体，整个国民经济是由许多有机联系的部门或地区组成的整体，生产、分配、流通、消费是有机联系的复杂过程。人们所进行的各种社会活动也是相互联系的。这些社会经济现象的相互联系是产生统计指标体系的客观基础，同时也产生了使用统计指标体系的要求。另外，以对社会现象总体的认识来讲，一个指标的作用是有限的，因为它只能反映社会总体及其运动的一个侧面，不能只靠一个指标来了解情况和作出判断，而要使用相互联系的一套指标来反映它和研究它，否则，就会产生片面性。对自然现象的认识也是如此，需要使用一整套相互联系的指标才能揭示自然现象的本质。

三、参数、统计量和变量

定义 1.8 用来描述总体特征的概括性数字度量，称为参数（parameter）。

参数是研究者为了了解总体的某种特征而统计出来的某种特征值。一般来讲，研究者所关心的参数通常有总体平均数、总体标准差等。由于总体数据通常是不知道的，所以参数是一个未知的常数。比如，不知道某一地区所有人口的平均年龄，不知道一个城市所有家庭收入的差异，不知道一批产品的合格率，等等。因为参数是未知的，所以才进行抽样，根据样本计算出来的统计量去估计总体参数。参数估计是统计研究的重要内容，后面的章节会进行详细介绍。

定义 1.9 用来描述样本特征的概括性数字度量，称为统计量（statistic）。

与参数相比，统计量是根据已知的样本数据计算出来的一个量。研究者通常关心的统计量有样本平均数、样本标准差等。由于样本是从总体中抽取出来的，所以统计量总是可以求得的。抽样的目的是根据样本统计量去估计总体参数，比如，我们可以用样本平均数去估计总体平均数，用样本标准差去估计总体标准差等。

除了上面提到的常用的样本统计量之外，常用的样本统计量还有用于统计检验的 z 统计量、t 统计量、F 统计量等，它们的内容都会在后面相关的章节中进行系统介绍。

定义 1.10 说明现象某种特征的概念，称为变量（variable）。

顾名思义，变量的特点是从一次观察到下一次观察会呈现出差别或变化。如"商品销售额""受教育程度""年龄"等都是变量。变量的具体取值称为变量值，比如商品销售额可以为 10 万元、20 万元、30 万元……这些数字就是变量值。统计数据就是统计变量的某些取值。

统计讲堂
统计学的基本概念

本章小结

对"统计"一词可以有多种的理解。它可以指统计数据的收集活动，即统计工作；也可指统计活动的结果，即统计数据；还可以指分析数据的方法和技术，即统计学。统计学具有数量性、总体性、具体性和指导性的特点。

统计学将大量社会现象的总体数量方面作为研究对象，并提供了一套科学的统计方法来分析和探索数量的内在规律。这些方法专门用来收集数据、整理数据、描述数据的特征，进而分析和探索（或推断）出事物总体的数量规律。

统计学产生于 17 世纪中叶，其形成过程是从几个不同的领域开始的，并在各自的领域产生了许多不同的学派，如形成于德国的"国势学派"，形成于英国的"政治算术学派"，产生于 19 世纪中叶的"数理统计学派""社会统计学派"，等等。我们对统计学历史的考察是从两条主线展开的，其一是以"政治算术学派"为开端形成和发展起来的以社会经济问题为主要研究对象的社会经济统计；其二是以概率论的研究为开端并以概率论为基础形成和发展起来的以方法和应用统计研究为主的数理统计。

统计方法是适用于所有学科领域的通用数据分析方法，只要有数据的地方就会用到统计方法。随着定量研究的日趋重要，统计方法已被应用到自然科学和社会科学的众多领域，统计学也已发展成为由若干分支学科组成的科学体系。可以说，几乎所有的研究领域都要用到统计方法，比如日常生活、企业的生产经营管理、政府部门和学术研究领域等。

所以，统计学是一门非常实用的课程，它会教给我们许多基本的数据处理和分析的方法。在大数据时代，结合计算机的应用，学习实用的统计方法能培养我们缜密细致的作风，也能大大提高我们分析问题和解决问题的能力。此外，学好统计学能为其他课程，如计量经济学、技术经济学、财务管理学、管理运筹学等课程的学习奠定坚实的基础。

统计学有多个分支学科。根据统计方法研究和应用的侧重点不同，可以将统计学分为理论统计学和应用统计学；根据统计方法的构成不同，可将统计学分为描述统计学和推断统计学。理论统计学主要研究统计学的一般理论和统计方法的数学理论；应用统计学就是如何运用统计学方法去解释和解决实际问题的学科。描述统计学是研究如何取得反映客观现象的数据并通过图形、表格和概括性的数字对数据进行描述的统计方法，通过对统计数据进行加工、分组、编制统计表、绘制统计图以及计算平均数、方差等，从而综合与分析得出反映客观现象规律的数量特征和数量关系；推断统计学是研究如何根据抽样出来的样本数据去推断事物总体数量特征的方法，包括对总体进行估计、假设检验、预测等，它是在对样本数据进行描述统计的基础上，对统计总体的未知数量特征和规律作出概率形式的表达。

统计学中常用的概念包括总体、样本、标志、指标、指标体系、参数、统计量和变量等，这些概念对于掌握和应用统计方法是至关重要的。

补充说明：如何学好应用统计学，编者认为在学好概率论数理统计等前导课的基础上，最重要的是要与统计实践、实验紧密结合。如统计工作过程的实践，包括设计调查问卷、实地调查、汇总分析数据、撰写调查报告。统计实验尤其要与电子表格（Excel 或 WPS 电子表格）或 SPSS 等统计软件的运用结合起来，加大设计性、综合性实验的比重，这样会极大地提高学习效果，提高读者的创新能力和解决实际问题的能力（对于非统计专业的读者，编者建议重点使用电子表格，电子表格简单易学，其统计、分析数据的能力可以满足常规的工作需求）。

学习指引

百度百科、MBA 智库百科均有"统计学"词条，可供读者在学习中参考。在学习中遇到不懂的名词时也可在网络百科中查找。

 思考与练习

一、不定项选择题

1．一个统计总体（　　）。

    A．只能有一个标志　　　　　　　　　B．只能有一个指标

C．可以有多个标志 D．可以有多个指标

2．对 100 名职工的工资收入情况进行调查，则总体单位是（　　　）。

A．100 名职工 B．100 名职工的工资总额

C．每一名职工 D．每一名职工的工资

3．某班学生统计学考试成绩分别为 65 分、72 分、81 分和 87 分，这四个数值是（　　　）。

A．指标 B．标志 C．变量 D．标志值

4．下列属于品质标志的是（　　　）。

A．工人年龄 B．工人性别 C．工人体重 D．工人工资

5．某工业企业的职工人数、商品销售额是（　　　）。

A．连续变量 B．离散变量

C．前者是离散变量，后者是连续变量 D．前者是连续变量，后者是离散变量

6．下面指标中，属于质量指标的是（　　　）。

A．全国人口数量 B．国内生产总值 C．劳动生产率 D．工人工资

7．以下指标中属于质量指标的是（　　　）。

A．播种面积 B．销售量 C．单位成本 D．产量

8．下列各项中属于数量指标的是（　　　）。

A．劳动生产率 B．产量 C．人口密度 D．资金利税率

9．总量指标的计量单位包括三类，即（　　　）。

A．实物单位 B．标准单位 C．劳动单位

D．货币单位 E．度量衡单位 F．复合单位

10．下列总量指标中属于时点指标的是（　　　）。

A．黄金储备量 B．钢铁总产量 C．住房面积

D．毕业生人数 E．死亡人数 F．人口总数

11．下列相对指标中指标不能颠倒分子和分母的是（　　　）。

A．结构相对指标 B．强度相对指标

C．比例相对指标 D．计划完成相对指标

二、简答题

1．一项调查表明，消费者每月在网上购物的平均花费是 200 元，他们选择在网上购物的主要原因是"价格便宜"。

（1）这一研究的总体是什么？

（2）研究者所关心的参数是什么？

（3）"消费者每月在网上购物的平均花费是 200 元"是参数还是统计量？

（4）研究者所使用的主要是描述统计方法还是推断统计方法？

2．要调查某商场销售的全部冰箱情况，试指出总体、个体是什么？试举出几个品质标志、数量标志、数量指标和质量指标的实例。

第二章　统计数据的收集

【本章要点】

1．了解统计数据的来源；
2．了解普查、重点调查、典型调查及抽样调查的基本内涵；
3．了解统计数据的类型及质量要求；
4．掌握统计调查方案的设计。

【实验导引】

1．本章上机实验主要练习 Excel 的常用操作，如工作表的移动、复制；单元格的选择；单元格格式设置；单元格的隐藏与显示；行、列、单元格的插入与删除；窗口的重排；绝对地址与相对地址的使用；序列的填充等。另外，还介绍了两个重要函数 VLOOKUP 和 OFFSET 的运用。

2．参见"附录1　实验指导书"中实验一，完成调查方案的设计、调查数据的收集等内容。

第一节　统计数据的来源

在日常生活中，我们经常会面对各种各样的统计数据，但就来源而言，主要有如下两类。其一为数据的间接来源，我们也称之为二手数据，是指该统计数据来源于已有的数据；其二为数据的直接来源，我们也称之为一手数据，是指该统计数据来源于直接的调查、观察或科学实验。如图 2.1 所示。

一、统计数据的间接来源

无论是在科学研究还是在管理决策中，我们都经常需要各种数据。对于大多数学者及管理者来说，亲自去作调查获得原始数据往往是不可能的（即使是可能的，有时候也要耗费大量的人力、物力和财力）。因此，他们所使用的数据大多是别人调查或科学实验的数据，这些数据对使用者来说是二手数据。在科学研究和管理决策中，我们要善于利用各种现成的数据。二手数据有取自系统外部的，也有取自系统内部的，包括各种公开出版或未公开报道的数据。公开出版的数据如《中国统

 学习指引

关于中国统计年鉴数据，可在国家统计局网站按以下路径进行查询：首页→统计数据→数据查询→中国统计年鉴。

计年鉴》《中国农村统计年鉴》《中国人口统计年鉴》《中国市场统计年鉴》《中国社会统计年鉴》以及各省、市、地区的统计年鉴等。未公开出版的数据如各种会议的会议纪要以及内部报表等。随着互联网的普及和发展，从网络上获取统计数据已成为当今获取数据的重要渠道。

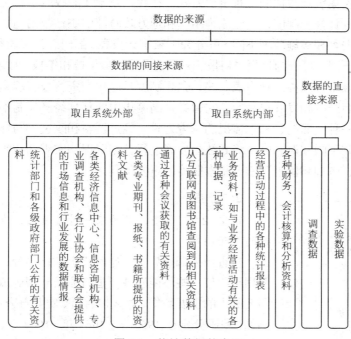

图 2.1　统计数据的来源

尽管利用二手数据对使用者来说既经济又方便，但在使用的过程中应注意统计数据的含义、计算口径和计算方法，避免出现误用或滥用统计数据的情况，以防止对统计分析造成影响，甚至导致决策失误的后果。同时，使用者在引用二手数据时，一定要注明数据的出处。

二、统计数据的直接来源

尽管使用二手数据经济、方便，但在进行科学研究与管理决策时，我们经常会遇到没有二手数据可以直接利用的情况，此时，就需要我们专门组织调查或直接进行科学试验以获取一手数据。试验是获取自然科学数据的主要手段，统计调查则是获取社会经济数据的重要手段。

统计调查的种类可以从不同的角度进行划分。按调查对象包括的范围可以分为全面调查和非全面调查。全面调查指对调查对象中包括的全部单位无一例外地进行调查登记；非全面调查则指对调查对象中一部分单位进行调查。按调查登记的时间是否具有连续性可以分为经常性调查和一次性调查。经常性调查是对时期现象的调查，是指对调查对象随时间变化的情况进行不断的登记；一次性调查是间隔一定时间而进行的调查，主要是对时点现象的调查，一般间隔时间相当长（如一年以上），如工业普查、设备普查等，按收集资料的方式可以分为直接观察法、报告法、采访法、通信法、实验调查法和网上调查法，按组织形式可以分为统计报表和专门调查。专门调查指为了了解某个情况或研究某个问题而专门组织的调查，主要包括普查、重点调查、典型调查和抽样调查。

1. 统计报表

定义 2.1 统计报表，是指按照国家有关法规的规定，自上而下地统一布置，自下而上地逐级提供基本统计数据的调查方式。

统计报表是收集统计数据的一种重要方式，在我国几十年的政府统计工作中，已形成了一套比较完备的统计报表制度，它已成为中央和地方政府部门统计数据的主要来源。

统计报表按内容和实施范围不同，可分为国家统计报表、部门统计报表和地方统计报表；按报送周期长短不同，可分为日报、旬报、月报、季报、半年报和年报；按填报单位的不同，可分为基层统计报表和综合统计报表。统计报表制度是以生产资料公有制为基础，适应政府管理职能的需要而产生和发展起来的，它曾经是高度集中的计划经济体制不可分割的组成部分。但是，作为一种全面的、基本情况的调查方式，经过调整和改进，同样也可以作为社会主义市场经济体制下国家对国民经济和社会发展进行计划管理和宏观调控的重要工具，是政府执行其"信息、咨询和监督"三大基本职能的重要工具。

学习指引

推荐扫描二维码观看国家统计局制作的统计科普视频"漫话统计·如何获取统计数据"。该系列视频下载自国家统计局网站"统计知识"栏目，其中有统计百科、常见问题解答、统计词典、统计科普视频等内容，推荐读者课外登录网站进行学习指引。

2. 普查

定义 2.2 普查，是为某一特定目的，专门组织的一次性的全面调查。

普查用来调查属于一定时点上的社会经济现象总量。主要用于收集一些不能够或不适宜用统计报表取得的、关系到国情国力的重要数据，如人口普查、农业普查和经济普查等。例如，我国分别在 1953 年、1964 年、1982 年、1990 年、2000 年和 2010 年进行了 6 次全国人口普查；全国工业普查每 10 年进行一次，在每逢年份的末尾数字为"0"的年份进行；农业普查每 10 年进行一次，在每逢年份的末尾数字为"6"的年份进行；经济普查每 5 年进行一次，在每逢年份的末尾数字为"3"和"8"的年份进行。

普查的组织方式主要有两种，一种是组织专门的普查机构，配备一定数量的普查人员，对调查单位直接进行登记；另一种是利用调查单位的原始核算资料，颁发一定的调查表格，由被调查单位填报。进行普查时要规定统一的调查时点，如我国第六次人口普查的调查时点是 2010 年 11 月 1 日零时，第三次农业普查的调查时点为 2016 年 12 月 31 日 24 时。

全国及各地区的普查可以摸清要调查的基本情况，获得丰富的统计数据。但这种普查涉及千家万户，所花费的时间、人力、财力和物力都非常巨大，因而只能间隔较长的时间进行一次，而每两次普查之间的年份，则以抽样调查的方法获得连续的统计数据。

3. 重点调查

定义 2.3 重点调查，是指在调查对象中，选择部分重点单位进行调查，用以了解总体基本情况的非全面调查。

在定义 2.3 中，重点单位指在全部单位中只占少数，然而它们的某个或某几个标志值占总体的标志值比重较大的单位。如要了解全国某年的棉花生产基本情况，可以只抽取新疆、山东、河北、湖北、安徽五个省（自治区）进行重点调查即可，因为这五个省（自治区）的棉花总产量占全国棉花总产量的 95%以上（2018 年数据）。上述五个省（自治区）就是重点单位。

4. 典型调查

定义 2.4 典型调查，是指从调查对象中选择少数具有代表性的单位进行深入细致调查的一种非全面调查。

典型调查较为细致，适用于对新情况、新问题的调研，要求研究者有较丰富的经验，在划分类别、选择典型上有较大的把握。典型调查具有两个突出的作用：一是研究尚未充分发展、处于萌芽状况的新生事物或某种倾向性的社会问题。通过对典型单位进行深入细致的调查，可以及时发现新情况、新问题，探测事物发展变化的趋势，形成科学的预见；二是分析事物的不同类型，研究它们之间的差别和相互关系。例如，通过调查可以区别先进事物与落后事物，分别总结它们之间的经验教训，进一步进行政策研究，促进事物的转化与发展。此外，在总体内部差别不大，或分类后各类型内部差别不大的情况下，典型单位的代表性很显著，也可用典型调查资料来补充和验证全面调查的数字。

5. 抽样调查

定义 2.5 抽样调查，是指按照随机原则，从总体中抽取部分单位进行调查，用以推断总体特征的一种非全面调查。

抽样调查是实际中应用最为广泛、最为重要的调查方法，它是一种通过随机样本对总体的数量规律性进行推断的调查研究方法。虽然抽样调查不可避免地存在着由样本推断总体而产生的抽样误差，但这种统计方法不仅可以估计出误差的大小，而且可以进一步控制这些误差。另外，与普查相比，抽样调查既能节省人力、财力和物力，又能保证实效性，因此抽样调查已经成为科学研究及管理决策最重要的方法之一。

 学习指引

推荐扫描二维码观看国家统计局制作的我国2015年1%人口抽样调查宣传片。该视频介绍了我国为什么要进行人口的1%抽样调查，还以2015年1%人口抽样调查为例介绍了抽样调查的基本知识。

第二节　统计数据的类型与质量

统计数据是对社会经济数据和自然科学数据进行观察与测量的结果。按照不同的侧重点我们可以对统计数据进行分类，此外，本节还将探讨统计数据的质量问题。

一、统计数据的类型

1. 分类数据、顺序数据和数值型数据

按照不同的计量尺度，我们可以将统计数据分为分类数据、顺序数据和数值型数据。

定义 2.6 分类数据，是指只能归于某一类别的非数值型数据。

分类数据是对事物进行分类的结果，该数据表现为类别，主要是用文字来表述的，当然也可以用数字来表示，但此时的数字通常没有数字含义。如按性别我们可以将人口分为"男"和"女"，为便于统计处理，我们可以用数字代码来表示分类数据的各个类别，比如用"1"表示"男"，用"0"表示"女"，此处的"1"和"0"没有任何的数字含义。

与分类数据相比，还有一类数据也表现为类别，但这些类别是有顺序的，即顺序数据。

定义 2.7 顺序数据，是指只能归于某一有序类别的非数字型数据。

顺序数据也是对事物进行分类的结果，但这些类别是有顺序的，它是由顺序尺度计量形成的。如考试成绩可以分为"优秀""良好""及格"和"不及格"；收入可以分为"低收入""中等收入"和"高收入"。尽管上述数据不能用数字表示，但是这些数据是可以进行排序的，因此称为顺序数据。

定义 2.8 数值型数据，是指按数字尺度测量的观测值。

社会科学所接触的大部分数据都属于数值型数据。数值型数据是使用自然或度量单位对事物进行测量的结果，其结果表现为具体的数值。如某年各地区的地区生产总值、某学校各专业的在校生数量以及某同学的历史学习成绩等。

分类数据和顺序数据统称为品质数据，它们的共同点在于这两类数据都不能用数值表示，而是通常用文字来表述，其结果均表现为类型。分类数据和顺序数据也有区别，区别就在于顺序数据虽然不能用数值表示，但可以排序。

2. 截面数据、时间序列数据和面板数据

按照所描述的事物与时间的关系，可以将统计数据分为截面数据（cross-sectional data）、时间序列数据（time series data）和面板数据（penal data）。

定义 2.9 截面数据，是指在某一时点收集的不同对象的数据。

截面数据对应同一时点上不同空间（对象）所组成的一维数据集合，研究的是某一时点上的某种经济现象，突出空间（对象）的差异。截面数据的突出特点就是离散性高，体现的是个体的个性，突出个体的差异。通常，截面数据表现的是无规律的而非真正的随机变化。如某年，我国各省级行政单位的地区生产总值以及某班级每个同学的《统计学》成绩构成的数据集合都属于截面数据。

定义 2.10 反映某种现象的指标在不同时间点上的取值所构成的按时间先后排列的数据集，称为时间序列数据。

时间序列数据是按照时间顺序收集到的，用于记录现象随时间变化的情况。如 1978—2018 年我国国内生产总值数据就是时间序列数据。

时间序列数据在统计和经济分析中，有着相当重要的作用：

（1）它可以描述社会经济现象发展变化的过程和结果。

（2）通过对时间序列数据进行分析，可以研究社会经济现象发展变化的水平、速度和趋势。

（3）通过对时间序列数据进行研究，可以探索社会经济现象发展变化的规律性，并可以对其发展进行预测。

（4）将不同的但又有联系的时间序列数据结合起来，进行对比分析或相关分析，可以揭示现象之间的依存关系。

（5）时间序列数据的编制，可以作为整理和积累历史资料的方法和手段。

定义 2.11 面板数据，是截面数据与时间序列数据综合起来的一种数据类型。

面板数据有时间序列和截面两个维度，当这类数据按两个维度排列时，是排在一个平面上的，与只有一个维度的数据排在一条线上有着明显的不同。整个表格像是一个面板，所以把"panel data"译作"面板数据"。但是，如果从其内在含义上讲，把"panel data"译为"时间序列—截面数据"，更能揭示这类数据的本质特点。1978—2018 年我国各省级行政单位的地区生产总值数据就是面板数据。

二、统计数据的质量

统计数据的准确性是统计工作的生命，提高统计数据质量是统计工作的重中之重。本部分内容探讨统计误差的分类。如何有效地控制各种误差，提高统计数据的质量，是研究人员和现场调查人员面临的挑战。因此，还需要了解统计数据的质量要求。

1. 统计误差

定义 2.12 在统计调查中，调查资料与实际情况间的偏差称为统计误差。

统计误差可分为可消除性误差和不可消除性误差。可消除性误差又分为登记性误差和系统性误差。登记性误差是指在登记资料的过程中人们有意或无意导致的偏差。系统性误差是指由于违反了抽样调查的随机原则而导致的误差，如有意识地多选好的单位或较差的单位进行调查而造成的误差。不可消除误差可分为技术性误差和代表性误差。技术性误差指在一定的时间、空间条件下，因技术原因所导致的误差，如用普通卷尺能测量的精度与螺旋分尺能达到的精度之间的误差。代表性误差是非全面调查所固有的，非全面调查只对调查对象中的一部分单位进行调查，由于这部分单位不可能完全反映调查对象的性质，所以必然会产生误差。

为了得到准确的统计资料，我们必须采取各种措施，防止可能发生的登记性误差，把误差降到最低限度。为此要做好以下几项工作。

（1）编制科学的统计调查方案。包括明确调查目的、调查对象，设置合理的选项，说明调查项目的具体含义和计算方法，选定合理的调查方法。

（2）抓好调查方案的实施工作。包括对统计人员的业务培训，提高统计人员的素质；做好统计基础工作，建立健全计量工作、原始记录、统计台账和内部报表等项制度，使统计资料的来源准确可靠；对调查资料加强审核工作，发现差错及时纠正。

（3）为了防止有意行为产生的登记误差，应从建立健全统计法制入手，教育统计人员严格执行《统计法》，坚持原则，同一切弄虚作假的行为作斗争，维护统计数字的真实性。

（4）关于代表性误差的防止，用重点调查和典型调查结果估计总体，我们在调查前应从多方面加以研究，并广泛征求有关方面的意见，使选出的调查单位具有较高的代表性。如是抽样调查则应严格遵守随机原则，保证足够的样本容量，选择适当的抽样调查方式，以控制误差的范围。

2. 统计数据的质量要求

对于统计数据的质量，需从精度、准确性、关联性、及时性、一致性和最小成本六个方面进行衡量：①精度，即最低的抽样误差或随机误差；②准确性，即最小的非抽样误差或偏差；③关联性，即满足用户决策、管理和研究需要；④及时性，即在最短的时间里取得并公布数据；⑤一致性，即保持时间序列的可比性；⑥最小成本，即以最经济的方式取得数据。

第三节　调查方案设计

在统计分析中，通常需要根据统计任务的要求确定统计总体，并运用科学的方法，从总体中获取相关的数据、资料，这一过程就是统计调查。

一、统计调查的目的

任何社会经济现象和活动，都可以根据需要，从不同方面、不同角度来收集资料。有了明确的调查目的，才能正确地确定调查的内容，收集与之有关的数据。这样不仅有利于提高调查资料的时效性、缩短调查时间，而且也有利于提高数据的实用性，确保所收集到的数据有助于我们解决所要分析的实际问题。统计调查目的应尽可能明确具体、突出中心，否则，调查得到的统计数据可能并不是我们所需要的。

二、统计调查的对象

统计调查的对象需要根据调查的目的来确定。调查的目的越明确，调查对象的确定也就越容易。确定调查对象是为了解决向谁进行调查的问题。

定义 2.13 统计调查的对象，是指根据调查目的的需要，接受调查的某一社会经济现象的总体。

调查对象是由性质相同的多个单位组成的。确定调查对象就是要明确该总体的空间范围和时间界限。例如，对 20××年吉林省高校应届毕业生的就业情况进行统计分析时，调查对象就是吉林省 20××年的所有高校应届毕业生构成的总体。

确定调查对象通常是一个比较复杂的问题，因为社会经济现象彼此之间既相互联系又彼此交错，所以在确定调查对象时，要把它和其他相近的社会经济现象划分清楚，区别应调查的和不应调查的对象。只有调查对象的含义确切、界限清楚，才能避免登记的重复和遗漏，保证统计资料的准确性。

三、统计调查单位

我们根据统计任务确定了调查对象后，还需要进一步确定统计调查单位。

定义 2.14 统计调查单位，是指所要研究的总体单位，也即所要登记的标志的承担者。

例如，在上面统计大学生就业情况的例子中，调查单位即为吉林省 20××年的每一位高校应届毕业生。在进行统计分析时，很容易将统计调查单位和报告单位相混淆。报告单位也称填报单位，即负责报告调查内容、提交统计资料的单位和组织。报告单位一定是具有一定行政、经济独立性的单位，而调查单位可以是人、企事业单位或者客观经济现象。因此，调查单位和报告单位有时是一致的，有时是有区别的，要注意分清。上述例子中，如果直接向应届毕业生进行调查，则两者是一致的；如果向各所高等学校进行调查，这两者就是不一致的。此时，应届毕业生是调查单位，而高等学校则是报告单位。

四、调查表

我们确定了调查目的、调查对象和调查单位以后，为了获取统计数据，通常需要设计调查表。

定义 2.15 把具体的统计调查项目用表格的形式表现出来，就是调查表。

调查表是统计调查的重要工具，我们利用调查表进行调查，不仅能够条理清晰地得到所需要的资料，也便于调查后对资料进行汇总整理。

调查表一般由表头、表体和表脚三部分组成。

（1）表头在调查表的上方，通常包括调查表的名称、填报单位的名称、地址、性质以及隶属关系等。这些项目有的在汇总时是有用的，有的则可能没用。

（2）表体是调查表的主要部分，它是调查内容的具体表现。大多数调查项目的内容在表体里。

（3）表脚通常包括调查员和填表人的姓名、填报日期、上报日期以及填表说明等。

学习指引

推荐扫描二维码观看国家统计局制作的第三次全国农业普查宣传片。该视频以我国2017 年第三次农业普查为对象，介绍了什么是农业普查、农业普查的对象、普查的内容、普查的方式、普查的流程等内容。

五、组织实施计划

组织实施计划是指能确保实施统计调查的具体工作计划，包括人员构成、经费预算、时间安排等。

第四节　调查问卷设计

统计调查采用问卷的形式较普遍，如网上调查、抽样调查、重点调查和典型调查等，问卷设计也是调查设计中的一个重要部分。

一、调查问卷及问卷设计标准

调查问卷是一种特殊形式的调查表，其特点是用表中一系列按照严密逻辑结构组成的问题，向被调查者调查具体事实和个人对某问题的反映、看法。它的优点是客观、格式统一、效率高，统计结果能数量化、规范化，不用花太多精力培训使用人员，问卷可以不记名，能比较真实地反映被调查者的态度和观点。调查问卷的缺点是不够灵活，多数调查问卷为封闭式的，不能充分说明被调查者的态度，调查问卷的适用对象需要具有一定文化程度。

调查问卷设计过程也是研究目的逐步具体化的过程。调查问卷设计过程需要梳理问题，并画出目标体系"树"（主干可多设计一些问题），做到无遗漏，不贪多；明确有关变量和测量变量的具体指标，选择合适的指标和指标数量。问卷设计的出发点是要获得真正需要的信息，基本要求是信息要真实可靠、易于整理和进行统计分析。要达到此要求，在调查问卷设计时必须做到如下几点：

（1）主题问句是反映调查和假设要测量的变量。

（2）整套问卷围绕一个主题，编排恰当。

（3）问句简短、易于理解、表述准确。

（4）问句不超出被调查者的知识能力范围。

（5）问卷要易于列表说明和进行统计分析。

（6）问句无暗示并确保不带有任何倾向，不涉及敏感问题。

二、调查问卷的开发程序

调查问卷设计是由一系列相关工作过程构成的，为使调查问卷具有科学性和可行性，调查问卷设计应按照一定的程序进行。

1. 准备阶段

准备阶段是指调查人员根据调查问卷需要，确定调查主题的范围和调查项目，将所需问卷资料一一列出，分析哪些是主要资料，哪些是次要资料，哪些是调查的必备资料，哪些是可要可不要的资料；分析哪些资料需要通过问卷来取得，需要向谁进行调查等，并对必要的资料加以收集；同时要分析调查对象的各种特征，即分析了解各调查对象的社会阶层、行为规范、社会环境等社会特征，文化程度、知识水平、理解能力等文化特征，需求动机等心理特征，以此作为拟定问卷的基础。在此阶段，调查人员应充分征求有关人员的意见，以避免问卷中出现常规性问题，力求使问卷切合实际，满足各方面分析研究的需要。可以说，调查问卷设计的准备阶段是整个问卷设计的基础，是问卷调查能否成功的前提条件。

2. 初步设计

在准备工作的基础上，调查人员可以根据收集到的资料，按照调查问卷的设计原则设计问卷初稿，主要是确定问卷结构，拟定并编排问题。在初步设计中，首先要标明每项资料需要采用的提问方式，并详细列出各种问题，然后对列出的问题进行检查、筛选、编排，设计每个项目。对列出的每个问题，都要充分考虑是否有必要，能否得到答案。同时，要考虑问卷是否需要编码，或是否需要向被调查者说明调查目的、要求、注意事项等，这些都是设计调查问卷时需要关注的方面，必须认真思考、反复推敲。

3. 试答和修改

一般来说，初步设计出来的问卷都存在一些问题，因此，调查人员需要将初步设计出来的问卷在小范围内进行试验性调查，以便找出问卷初稿中存在的问题，了解被调查者是否乐意回答以及是否能够回答所有的问题，哪些语句不清、多余或遗漏，问题的顺序是否符合逻辑，回答的时间是否过长等。如果发现问题，调查人员应对问卷做必要的修改，使问卷更加完善。试调查与正式调查的目的是不一样的，它并非要获得完整的问卷，而是要求被调查者对问卷各方面提出意见，以利于修改。

4. 印制问卷

印制问卷就是将最后定稿的问卷，按照调查工作的需要进行印刷、装订，制成正式调查问卷。

三、调查问卷措辞应注意的问题

调查问卷的措辞，特别是问卷中问句设计的要求是：表达要简明、生动，注意概念的准确性，避免提似是而非的问题。具体应注意以下几个问题。

1. 避免提出笼统、抽象或过于专业化的问题

笼统、抽象或过于专业化的问题容易造成被调查者的理解困难，不易回答，且有时对实

际调查工作并无指导意义。例如：

您对我校食堂的伙食感觉如何？

这样的问题过于笼统，很难达到预期效果，可具体提问，如：

您认为我校食堂饭菜的味道是否可口，品种是否多样，价格是否合理？

2. 避免使用不确切的词

调查问卷中应避免使用"普通""经常""一些""美丽"等词语。这些词语，各人理解往往不同，因而在调查问卷设计中应避免使用。

3. 避免使用含糊不清的句子

例如：

您最近是出门旅游，还是休息？

出门旅游也是休息的一种方式，它和休息并不存在选择关系。正确的问法是：

您最近是出门旅游，还是在家休息？

4. 避免引导性提问

如果调查问卷中提出的问题不是"折中"的，而是暗示出调查者的观点和见解，可能诱导被调查者跟着这种倾向进行回答，这种提问就是"引导性提问"。

5. 避免提断定性的问题

例如：

您一天抽多少支烟？

这种问题即为断定性问题，被调查者如果不抽烟，就无法回答。正确的处理办法是加一条"过滤"性问题。如"您抽烟吗？"如果被调查者回答"是"，则可继续提问，否则就可终止提问。

6. 避免提令被调查者难堪或禁忌和敏感的问题

如各地风俗和民族习惯中忌讳的问题，涉及个人利害关系的问题，个人隐私问题等禁忌和敏感的问题，不能出现在调查问卷中。

四、回答项目的设计

回答项目的设计即答案设计，是问卷设计的重要组成部分，特别是在封闭式问卷中，其答案设计必须经过周密细致的考虑。

（一）答案设计的基本方法

在设计答案时，调查人员可以根据具体情况采用合适的方法。答案设计的方法主要包括如下几种。

1. 二项选择法

二项选择法也称真伪法或二分法，是指提出的问题仅有两个答案可以选择，即"是"或"否"，"有"或"无"等。这两个答案是对立的、排斥的，被调查者的回答非此即彼，没有更多的选择。

例如："您是否是在校学生？"答案只能是"是"或"否"。又如："您在校期间，是否有过不及格的经历？"回答只有"是"或"否"。

这种方法的优点是被调查者易于理解，可迅速得到明确的答案，便于统计处理，分析也比较容易。但在这种方式下，被调查者没有进一步阐明理由的机会，难以反映被调查者的意见与程度的差别，了解的情况也不够深入。此种方法适用于互相排斥的两项选择式问题，以及询问较为简单的事实性问题。

2. 多项选择法

多项选择法是指所提出的问题事先拟定好两个以上的答案，被调查者可任选其中的一个或几个答案。例如：

您喜欢下列哪一个品牌的手机？（在对应的选项上涂黑）

A．华为　　　　　B．小米　　　　　C．三星
D．苹果　　　　　E．OPPO　　　　　F．vivo
G．联想　　　　　H．摩托罗拉

由于所设答案不一定能表达出被调查者所有的选择，所以在问题的最后通常可设"其他"项目，以使被调查者能充分表达自己的看法。这个方法比二项选择法的强制选择有所缓和，而且答案有一定的范围，便于统计处理。但采用这种方法时，设计者要考虑以下两种情况：

（1）要考虑到全部可能出现的结果及答案可能出现的重复和遗漏。

（2）要注意选择答案的排列顺序。有些回答者常常喜欢选择第一个答案，从而使调查结果发生偏差。此外，答案较多，容易使回答者无从选择，或产生厌烦。一般这种多项选择答案应控制在八个以内，当样本量有限时，多项选择易使调查结果分散，缺乏说服力。

3. 顺位法

顺位法是列出若干项目，由被调查者按重要性决定先后顺序。顺位法主要有两种：一种是被调查者对全部答案进行排序；另一种是被调查者只对其中的某些答案进行排序。究竟采用何种方法，应由调查者来决定。若干项目的具体排列顺序，则由被调查者根据自己所喜欢的事物和认识事物的程度等进行排列。

4. 回忆法

回忆法是指通过被调查者回忆，了解其对不同商品质量、品牌等方面印象的强弱。例如，请您举出最近在电视广告中出现的各种洗发水的品牌。

调查时，可根据被调查者所回忆品牌的先后顺序和快慢以及各种品牌被回忆出的频率进行分析研究。

5. 比较法

比较法是把若干可比较的事物整理成两两对比的形式，要求被调查者进行对比并作出肯定回答的方法。例如：

请比较下列课程中哪一门你更喜欢？（每一对中只选一个，在对应字母的位置涂黑）。

（1）A．微观经济学　　　　　　　B．宏观经济学
（2）A．应用统计学　　　　　　　B．计量经济学
（3）A．基础会计学　　　　　　　B．市场营销

比较法适用于对质量和效用等问题进行评价。应用比较法要考虑被调查者对所要回答问题中的商品品牌等项目是否熟悉，否则将会导致空项发生。

（二）答案设计的注意事项

我们在设计问卷的答案时，要注意以下几个问题。

（1）答案要穷尽。所谓答案要穷尽，即指要将问题所有的答案尽可能地列出，才能使每个被调查者都有答案可选，不至于因被调查者找不到合适的可选答案而放弃回答。

（2）答案须互斥。从逻辑上讲，互斥是指两个概念之间不能出现交叉和包容的现象。在设计答案时，一个问题所列出的不同答案必须互不相容、互不重叠，否则被调查者可能会作出有重复内容的双重选择，对资料的整理分析不利，影响调查效果。

（3）避免问题与答案不一致。

 思考实践

　　仔细观察案例《房地产市场需求情况调查问卷》，对这份问卷的结构进行分析，看看有没有能够改进的地方。

案例

房地产市场需求情况调查问卷

尊敬的女士/先生：

您好！

首先感谢您参加本次调查。我公司现正进行一项关于房地产市场需求状况的市场调查，请按您的实际情况填写下列资料，再次感谢您的合作。

甄 别 问 卷

1. 请问您的年龄是否在 18 岁以上？（回答"是"继续，回答"否"终止，感谢您的配合）

2. 请问您是否参与家中的购房决策？（参与继续，不参与终止）

3. 请问您在未来两年内是否有购房的计划？（"有"继续，"否"终止）

年　　龄：＿＿＿＿＿＿＿＿　性　　别：＿＿＿＿＿＿＿＿＿

职　　业：＿＿＿＿＿＿＿＿　婚姻状况：＿＿＿＿＿＿＿＿＿

家庭人口：＿＿＿＿＿＿＿＿　居住地址：＿＿＿＿＿＿＿＿＿

联系电话：＿＿＿＿＿＿＿＿＿

主 体 问 卷

一、购买意向调查

1. 您的经济状况可承担的购房类型是：

　　A. 保障性住房　　　　　　　　B. 单位集资房

　　C. 普通商品房　　　　　　　　D. 高档商品住房

2. 您打算在何时购房？

　　A. 正在选购　　　B. 半年之内　　　C. 一年之内　　　D. 两年之内

3. 您买房是出于哪一种需求？

　　A. 满足居住需要　　　　　　　B. 改善居住条件

　　C. 结婚用房　　　　　　　　　D. 外来常住人口购房

  E. 动拆迁购房   F. 为父母或子女购房

  G. 第二居所   H. 投资   I. 其他

4. 如果您购房,您希望住宅的地理位置是:

  A. 市中心或靠近市中心   B. 市区边缘

  C. 近郊   D. 无所谓,只要周边设施完善即可

5. 若购房,您将采用什么方式付款?

  A. 一次性付款 B. 按揭付款 C. 公积金贷款   D. 分期付款

6. 您能够接受的最高单价是每平方米建筑面积多少元?

  A. 4 000 元以下   B. 4 001~5 000 元

  C. 5 001~6 000 元   D. 6 001~7 000 元

  E. 7 001~8 000 元   F. 8 000 元以上

7. 如果您购房,您能承受的总价款是多少(包括按揭贷款)?

  A. 20 万元以下   B. 20 万~30 万元

  C. 30 万~40 万元   D. 40 万~50 万元

  E. 50 万~60 万元   F. 60 万~70 万元

  G. 70 万~80 万元   H. 80 万元以上

8. 在首付款交完后,您每月能够承受的还款支付能力为多少元?

  A. 1 000 元以下   B. 1 001~2 000 元

  C. 2 001~3 000 元   D. 3 001~4 000 元

  E. 4 001~5 000 元   F. 5 000 元以上

9. 买房后,您能够接受的物业管理费每月每平方米是多少元?

  A. 0.5 元以下   B. 0.5~0.8 元   C. 0.8~1.0 元

  D. 1.0~1.5 元   E. 1.5 元以上

10. 如果您购房,您是否需要车位?

  A. 需要   B. 不需要

11. 您在购买住房时考虑的主要因素有哪些?(可多选)

  A. 价格   B. 房屋质量   C. 小区规划   D. 地理位置

  E. 户型设计   F. 园林景观   G. 开发商信誉 H. 物业管理

  I. 供暖质量   J. 周边配套   K. 交通条件   L. 小区内人口素质

  M. 其他因素,诸如_____

二、您对住房的要求

12. 购房时,您需求的住宅建筑类型是:

  A. 1~3 层别墅   B. 4~5 层洋房   C. 6 层电梯洋房

  D. 多层   E. 小高层(9~11 层)

  F. 中高层(12~17 层)   G. 高层(17 层以上)

13. 购房时,您需要的住宅物业类型是:

  A. 新房   B. 二手房   C. 普通住宅

  D. 公寓   E. 别墅

14. 您在选房时，对户型的要求是哪种？

    A. 一室一厅   B. 两室一厅   C. 两室两厅

    D. 三室一厅一卫   E. 三室两厅一卫   F. 三室两厅两卫

    G. 四室两厅两卫   H. 五室以上   I. 框架房自由分割

15. 您对住房的装修的要求是：

    A. 毛坯房   B. 简单装修   C. 精装修

16. 您对住房建筑风格的要求是：

    A. 中式风格   B. 现代时尚   C. 欧式风格

    D. 美式风格   E. 日式风格   F. 其他

17. 您希望的供暖方式是：

    A. 普通供暖   B. 地热供暖   C. 电热供暖   D. 自行解决

18. 您对住房周边配套的要求是：

    A. 购物场所   B. 医疗保健   C. 农贸市场

    D. 银行邮政   E. 体育健身   F. 文化活动

    G. 餐饮娱乐   H. 公共交通   I. 其他

……

 **本章小结**

    本章主要介绍了统计数据的来源、统计数据的类型、调查方案的设计以及调查问卷的设计。

    统计数据主要来源有以下两个渠道：一个是间接来源；另一个是通过直接的调查、观察或者进行科学实验而得到的一手数据，即直接来源。通过间接来源获得的二手数据对使用者来说既经济又方便，是获得统计数据的主要手段之一，但引用时要对二手数据进行甄别，并注明出处。

    按照统计数据分类方式的不同，可以将统计数据分为不同的类型。按照计量尺度的不同，可以将统计数据分为分类数据、顺序数据和数值型数据。分类数据和顺序数据由于都不能用数字表示，因此我们也将其统称为品质数据。在进行统计分析时，我们遇到的数据主要以数值型数据为主。

    在统计分析中，通常需要根据统计任务的要求确定统计总体，并运用科学的方法从总体中获取相关的数据，即进行统计调查。在进行统计调查时，调查人员首先要制订调查方案。调查方案的内容主要包括调查目的、调查对象、调查单位和调查表。

    统计调查最普遍的形式为调查问卷，调查问卷又称调查表或询问表，是以问题的形式，系统地记载调查内容的一种方式。设计调查问卷是统计调查的关键。

思考与练习

一、不定项选择题

1. 调查几个重要棉花产地就可以了解我国棉花生产的基本情况和问题,这种调查属于(   )。

    A. 普查   B. 抽样调查   C. 典型调查   D. 重点调查

2. 省统计局对百货商场工作人员进行全面调查时,调查单位是(   )。

    A. 所有百货商场   B. 省统计局

    C. 百货商场的每一个工作人员   D. 每一个百货商场

3. 某地区对小学学生情况进行普查,则每所小学是(   )。

    A. 调查对象   B. 调查单位   C. 填报单位   D. 调查项目

4. 2000 年 11 月 1 日零点的全国人口普查是(   )。

    A. 一次性调查和非全面调查   B. 经常性调查和非全面调查

    C. 一次性调查和全面调查   D. 经常性调查和全面调查

5. 城市金融机构要了解居民储蓄额占其收入额的比重,应采用的调查方法是(   )。

    A. 统计报表   B. 抽样调查   C. 普查   D. 典型调查

6. 下列各项中属于全面调查的是(   )。

    A. 重点调查   B. 典型调查   C. 抽样调查   D. 人口普查

7. 下列调查中,调查单位与填报单位一致的是(   )。

    A. 企业设备调查   B. 人口普查

    C. 农村牲畜调查   D. 工业企业基本情况调查

二、简答题

1. 简述统计调查问卷的设计程序。

2. 简述设计调查问卷问题应注意的问题。

三、分析与论述题

结合实际,自选项目并设计一份统计调查问卷。

第三章　统计数据的整理

【本章要点】

1. 掌握统计数据预处理的操作；
2. 了解统计数据的分组，掌握分组依据、组限、组距以及组中值等概念；
3. 学习统计表的分类及设计规则；
4. 了解统计图的常用分类，掌握如何利用 Excel 和 SPSS 软件绘制各类统计图。

【实验导引】

1. 本章上机实验主要练习图表的绘制、数据库管理（筛选、排序、合并计算、分类汇总、透视分析）。

2. 参见"附录 1　实验指导书"中实验一，完成调查数据的汇总，撰写调查报告。

统计调查所获得的数据都是零散的、无序的，只能反映调查个体的特征，不能够揭示调查对象的总体特征。因此，在进行统计分析之前，必须对这些资料进行整理，资料整理是统计分析的前提条件。

第一节　统计数据的预处理

统计数据的预处理是数据整理和分析的前一步，是在对数据分类或分组之前所作的必要处理，主要包括数据的审核、数据的排序、数据的筛选、数据的透视等几方面的内容。

一、统计数据的审核

统计数据的审核是指检查数据中是否存在错误或者缺憾，通过不同渠道获得的数据在审核内容和审核方法上存在差异。在进行调查研究时，我们所获得的数据通常有原始数据和二手数据两类，这两类数据在审核侧重点和审核方法上存在着较大差异。

（1）对于原始数据，主要从数据的完整性和准确性两方面进行审核。统计数据的完整性审核主要检查应调查的单位或个体是否有遗漏、所有的调查项目或变量是否填写齐全等。统计数据的准确性审核主要检查数据是否能够真实反映实际情况，数据所反映的内容是否符合实际以及数据是否存在错误、计算是否正确等。对于检查中发现的错误，调查人员应在进行数据分析之前及时作出纠正、剔除等。

（2）二手数据可以来自多种渠道，有些数据可能是在特定时段、为特定目的通过专门调查而获得的，或者是按特定目的的需要作了加工整理而得来的。因此，二手数据主要从适用性和时效性两个方面进行审核。在进行统计数据的适用性审核时，需要弄清楚数据的来源、数据的口径以及相关背景材料，以便确定这些数据是否符合自己分析研究的需要。统计数据的时效性审核主要检查数据所反映内容的时间特征是否能够贴切地反映研究者所研究的内容。在条件允许的情况下，研究者应尽可能使用最新的数据。

二、统计数据的排序

数据排序是将数据按照一定的顺序进行排列。对于研究者来说，将数据进行排列能够直观地看到数据的变化趋势，进而得到解决问题的方法。对于一些特定问题，数据排序本身就是研究的目的之一，比如我国的大部分大学在评定学生学年奖学金时采用综合素质测评的方法，对学生的综合得分予以排序后，便可以得出各类奖学金的获得者名单。

统计数据在排序的时候有升序和降序之分。

对于字母型数据，我们大多时候采用升序排序，因为这样的排序结果与字母的自然顺序一致，符合使用习惯；对于汉字型数据的排序，可以按汉语拼音字母顺序和笔画顺序进行排序，也可以按照笔画数目的多少等进行排序；对于数值型数据，可以按数据值大小进行升序或降序排序，设一组数据 x_1, x_2, $\cdots$, x_n，升序排序后可表示为 $x_{(1)}<x_{(2)}<\cdots<x_{(n)}$，降序排序后可以表示为 $x_{(1)}>x_{(2)}>\cdots>x_{(n)}$。

我们借助电子表格可以很容易地完成数据的排序。在电子表格[①]工作表中选择需要排序的数据，单击菜单中的"数据"选项，然后单击"排序"按钮，弹出"排序"对话框，如图 3.1 所示。在"排序"对话框中，可以选择主要关键字、排序依据和排序次序，还可以进行添加条件和删除条件等操作。

单击"选项"按钮，弹出"排序选项"对话框，如图 3.2 所示。在这里可以选择排序的方向、排序的方法以及排序是否区分大小写等。

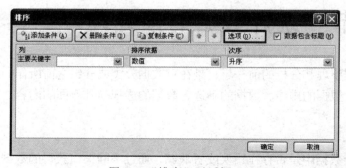

图 3.1 "排序"对话框

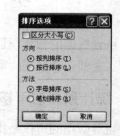

图 3.2 "排序选项"对话框

在设置好排序选项后，单击"确定"按钮，然后在"排序"对话框中设置好主要关键词、排序依据和次序，再单击"确定"按钮，即可得到数据的排序结果。

---

① 注：本书截图和操作均在 Excel 2007 软件下进行，其他版本的 Excel 或 WPS 表格功能与之基本相同，操作会略有差异，读者使用自己最熟悉的电子表格即可，不必统一使用该版本软件。

三、统计数据的筛选

统计人员对于在数据审核过程中发现的错误应尽可能予以纠正，当这些错误不能予以纠正或者有些数据不符合调查的要求而又无法弥补时，就需要对数据进行筛选。

统计数据的筛选（data filter）主要包括两方面内容：一是将不符合要求或有明显错误的数据予以剔除；二是将符合某个特定条件的数据筛选出来，而把不符合这个特定条件的数据予以剔除。

统计数据的筛选可借助计算机来完成。下面，我们通过一个简单的例子来说明用电子表格进行数据筛选的过程。

【例 3.1】图 3.3 是某专业 10 名学生的 5 门课程的考核成绩。试用电子表格软件进行如下操作：① 筛选出统计学考核成绩为 88 分的学生；② 筛选出计量考核成绩排前 3 名的学生；③ 筛选出 5 门课程的考核成绩都大于 70 分的学生。

下面是利用 Excel 进行数据筛选的具体操作过程。

对于限定条件较少的数据筛选问题，我们通常用自动筛选。电子表格中对数据进行自动筛选的前提是，在电子表格中数据要按图 3.3 进行排列，即一列一个变量，一行一条记录，首行是标题（标志）。

	A	B	C	D	E	F
1	姓　名	外语	统计学	计算机	马哲	计量
2	张　红	85	88	82	82	79
3	李　伟	70	92	78	71	77
4	王　君	65	65	66	51	50
5	张　丽	50	49	57	70	64
6	李　宇	90	80	80	52	77
7	李　宁	75	88	91	62	82
8	胡金涛	66	87	89	86	51
9	杨　石	55	70	68	53	74
10	张东健	89	78	78	72	54
11	孙　云	80	89	88	84	69

图 3.3　某专业 10 名的 5 门课程考核成绩

在数据区域内选定某个单元格或选择所有需要进行筛选的数据区域，单击“菜单栏”中的“数据”选项，然后单击“排序和筛选”中的“筛选”按钮，得到图 3.4，此时数据的标题行会出现下拉按钮，如图 3.4 所示。

在得到图 3.4 后，单击“统计学”中的下拉按钮，然后单击“数据筛选”中的“等于”选项，如图 3.5 所示。

	A	B	C	D	E	F
1	姓　名 ▾	外语 ▾	统计学 ▾	计算机 ▾	马哲 ▾	计量 ▾
2	张　红	85	88	82	82	79
3	李　伟	70	92	78	71	77
4	王　君	65	65	66	51	50
5	张　丽	50	49	57	70	64
6	李　宇	90	80	80	52	77
7	李　宁	75	88	91	62	82
8	胡金涛	66	87	89	86	51
9	杨　石	55	70	68	53	74
10	张东健	89	78	78	72	54
11	孙　云	80	89	88	84	69

图 3.4　Excel 中的数据的自动筛选

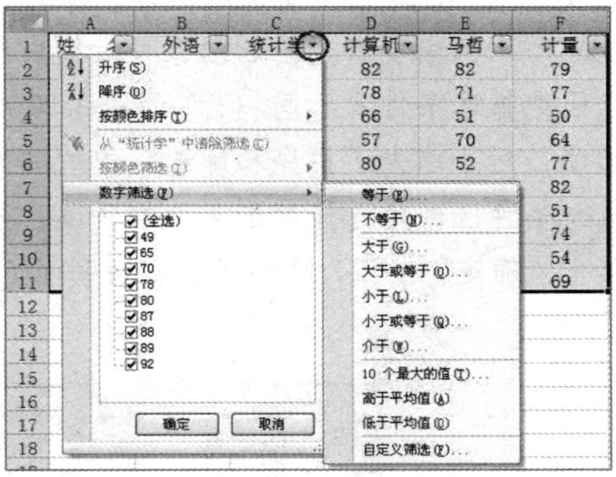

图 3.5　数据筛选

此时弹出“自定义自动筛选方式”对话框，如图 3.6 所示。在输入框内输入 88，单击“确定”按钮，即可得到统计学考核成绩为 88 分的学生数据表，如图 3.7 所示。

在进行对计量考核成绩排前 3 名的学生的筛选操作时，像上面一样，首先单击“数据筛选”中的“10 个最大的值”选项，弹出“自动筛选前 10 个”对话框，如图 3.8 所示。把对话框中的数值"10"调整为"3"，单击"确定"按钮，这样我们就得到了计量考核成绩排前3名的学生数据，如图3.9所示。在图3.9中，我们发现筛选出的数据中李伟和李宇的计量考核成绩均为77分，属于并列第三，Excel在筛选的时候会将并列的数据一并筛选出来。

图3.6 "自定义自动筛选方式"对话框

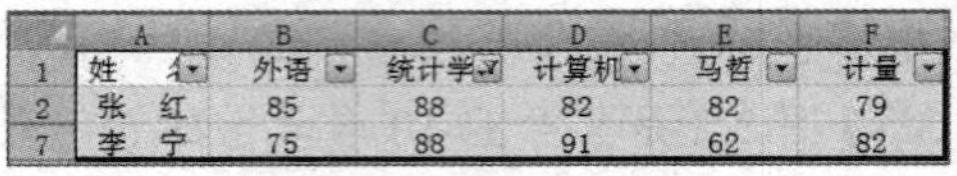

图3.7 统计学考核成绩为88分的学生

图3.8 "自动筛选前10个"对话框

图3.9 计量考核成绩排前3名的学生

当然，在具体应用电子表格的"自动筛选"功能的时候，我们可以筛选出大于、大于或等于、小于、小于或等于某个数值的数据，还可以筛选出介于某两个值之间的数据，甚至还可以筛选出大于或小于平均值的数据。

当对数据筛选的限定条件较多时，自动筛选功能就无法满足筛选目的，我们往往需要借助 Excel 中的"高级筛选"功能。比如，在此例中，我们需要筛选出 5 门课程都大于 70 分的学生数据，其限定条件有 5 个，限定条件较多，因此需要用到"高级筛选"功能。

在对数据进行高级筛选时，我们需要在 Excel 表格中预留出一定的空间，将限定条件列输入到表格中。在这里需要说明的是，筛选条件置于同一行表示"且"，筛选条件置于不同行表示"或"。本例中要筛选出 5 门课程考核成绩都大于 70 分的学生数据，逻辑关系属于"且"，因此我们把筛选条件置于同一行，如图 3.10 所示。条件区域输入完成后，单击菜单栏中的"数据"选项，然后单击"排序和筛选"中的"高级"选项。列表区域是选择需要进行筛选的数据区域，条件区域是选择筛选条件的区域，当然也可以选择是否更改筛选结果的输出位置，然后单击"确定"按钮，这样我们就得到了 5 门课程考核都大于 70 分的学生数据，如图 3.11 所示。

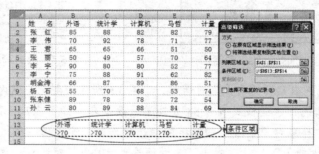

图3.10 统计数据的高级筛选

如果我们误把筛选条件置于不同行，我们会得到如图 3.12 所示的结果，有兴趣的读者可以自己动手试一试。

	姓　名	外语	统计学	计算机	马哲	计量	
1	姓　名	外语	统计学	计算机	马哲	计量	
2	张　红	85	88	82	82	79	
12							
13		外语	统计学	计算机	马哲	计量	条件区域
14		>70	>70	>70	>70	>70	

图 3.11　各门课程考核成绩都大于 70 分的学生

	姓　名	外语	统计学	计算机	马哲	计量
1	姓　名	外语	统计学	计算机	马哲	计量
2	张　红	85	88	82	82	79
6	李　宇	90	80	80	52	77
7	李　宁	75	88	91	62	82
10	张东健	89	78	78	72	54
11	孙　云	80	89	88	84	69

图 3.12　筛选条件置于不同行的筛选结果

四、数据透视表和数据透视图

在对数据进行处理时，为了从复杂的数据中提取出有用的信息，我们可以使用电子表格提供的数据透视表与数据透视图。

【例 3.2】图 3.13 给出了某公司 5、6 月份的产品销售情况数据，请根据这些数据创建数据透视表和数据透视图。

使用 Excel 创建数据透视表的步骤如下。

第一步：选中任意数据区域某一单元格，单击菜单栏中"插入"选项，然后单击"插入数据透视表"按选项选择插入数据表还是数据图。选择"数据表"并单击，此时弹出"创建数据透视表"对话框，如图 3.14 所示。

	销售人员	月份	地区	产品	销售收入	酬金
1	销售人员	月份	地区	产品	销售收入	酬金
2	刘小明	5	A	甲	12 300	615
3	马　涛	5	A	乙	8 600	430
4	刘小明	5	B	甲	7 500	375
5	黄中雨	5	C	甲	15 200	760
6	马　涛	6	A	乙	16 200	810
7	黄中雨	6	B	乙	8 500	425
8	刘小明	6	C	甲	9 800	490
9	马　涛	6	C	乙	13 400	670
10	黄中雨	6	B	甲	19 000	950

图 3.13　某公司 5、6 月份的产品销售情况

图 3.14　"创建数据透视表"对话框

一般来说，Excel 会自动选择数据区域，在此也可以手动选择，单击"确定"按钮。Excel 会在新的工作表中显示数据透视表预览。此时，数据透视表工具栏以及数据透视表字段列表也会显示在工作表界面，如图 3.15 所示。

图 3.15　数据透视表工作界面

第二步：我们可以根据分析需要，设计透视表的版式。在数据透视表字段列表中我们可以选择需要的字段，以及在列标签区域和行标签区域确定行、列的字段。比如，此例中，选择字段"销售人员""月份""地区"，把"销售人员"拖动到列标签区域内，把"地区"拖动到行标签区域内，就可以得到如图 3.16 所示的数据透视表。

图 3.16 数据透视表

当然，我们可以根据不同的研究目的设计不同的透视表结构，从而达到数据透视的目的。

用 Excel 绘制数据透视图与绘制数据透视表的步骤大体一致，且设计规则相仿，此处不再列举，请读者自己尝试。

第二节 统 计 表

统计表是用于整理和显示统计数据的基本工具之一。在数据的收集、整理、描述和分析过程中，我们都要用到统计表。本节主要介绍统计表的分类以及统计表的设计规则。

一、统计表的分类

统计调查得到的资料经过整理汇总后，可以得出很多说明一定现象的系统化的统计资料，把这些系统化的资料加以排列，填在一定格式的表格上，这种表格就称为统计表。

统计表按其主词是否分组以及如何分组可以分为简单表、分组表和复合表三种。

1. 简单表

简单表是指未经过任何分组的统计表，表 3.1 就是一张简单表。简单表往往只是将收集到的数据资料一一填入表中，或仅仅列出总体各个单位的名称，或按时间顺序简单排列。简单表应用较为普遍，我们通过简单表可以直接对比个体之间的有关标志，但简单表反映问题往往比较粗略。

 学习指引

表 3.1 整理自国家数据库，登录其网站后进入"年度数据"栏目，在指标中选择"财政—国家财政收支总额及增长速度"即可查到（国家统计局网站按以下路径也可进入国家数据库：首页→统计数据→数据查询→年度数据）。有兴趣的读者可查询最新数据填入表 3.1。

表 3.1 我国历年财政收入与财政支出表

年份	财政收入（亿元）	财政支出（亿元）	年份	财政收入（亿元）	财政支出（亿元）	年份	财政收入（亿元）	财政支出（亿元）
2001	16 386.00	18 903.00	2008	61 330.35	62 592.66	2015	152 269.23	175 877.77
2002	18 903.64	22 053.15	2009	68 518.30	76 299.93	2016	159 604.97	187 755.21
2003	21 715.25	24 649.95	2010	83 101.51	89 874.16	2017	172 567.00	203 330.00
2004	26 396.47	28 486.89	2011	103 874.43	109 247.79	2018		
2005	31 649.29	33 930.28	2012	117 253.52	125 952.97	2019		
2006	38 760.20	40 422.73	2013	129 209.64	140 212.10	2020		
2007	51 321.78	49 781.35	2014	140 370.03	151 785.56	2021		

2．分组表

分组表是按照某个标志对统计数据进行分组而编制的统计表。这类统计表与简单表相比，能够更加深入地反映研究对象的本质特征和内在规律，如表 3.2 所示。

表 3.2　某高校商学院 20×2—20×3 年毕业生就业情况统计表

专　业	20×2 年				20×3 年			
	就业人数	灵活就业人数	毕业生人数	就业率（%）	就业人数	灵活就业人数	毕业生人数	就业率（%）
会计学								
行政管理								
市场营销学								
国际贸易								
金融学								
合　计								

3．复合表

在实际应用中，我们很可能由于分析问题的需要而选择两个或者两个以上的标志对统计数据进行分组，进而设计一种形式较为复杂的统计表，这种表我们称之为复合表。复合表可以在更深层次揭示总体内部各单位之间的联系，有利于我们全面掌握和分析总体的内在规律，但整理起来比较烦琐。例如，20×3 年对某地区 100 家工业企业的调查中，我们可以按企业类型和企业规模两个标志对数据进行分组，如表 3.3 所示。

表 3.3　20×3 年某地区 100 家工业企业调查表

企业类型	工业增加值	企业规模	全年利润
国有			
大型			
中型			
小型			
私营			
大型			
中型			
小型			

二、统计表的设计规则

在以上介绍的统计表的分类中，我们发现这些表有一些共同的特征。它们都由共同的元素构成，包括表头、行标题、列标题、数字资料等。下面简单介绍统计表的结构和设计要求。

1．统计表的结构

统计表一般由表头、行标题、列标题、数字资料、纵横格线、表外附加几部分组成，如图 3.17 所示。表头又称为标题，是整个统计表的名称；行标题、列标题又可以分别称为横向标题和纵向标题，主要用来标示数据的填充方向和内容；数字资料是通过调查或者整理而填入的数据内容；表外附加通常放在统计表的下方，有资料来源、指标的注释和必要的说明等表外附加内容。

2．统计表的设计要求

设计的统计表，应该满足以下要求。

（1）表头应该简洁凝练。表头是数据使用者的第一视觉，表头的名称应该涵盖统计表所反映的内容，或者说能够让使用者一眼就能够看出统计表是什么时间的或者是做什么的。

（2）合理安排统计表的结构。例如行标题、列标题以及数字资料的位置应该怎样设计、统计表边框的长度和宽度应该调整为多少，怎样安排才能够适合阅读习惯等。表格中的个体或标志应该按照时间和空间的自然顺序和逻辑顺序进行排列。

我国历年财政收入与财政支出表 ← 表头

（单位：亿元）

年　份	财政收入	财政支出
2004	26 396.47	28 486.89
2005	31 649.29	33 930.28
2006	38 760.2	40 422.73
2007	51 321.78	49 781.35
2008	61 330.35	62 592.66

（资料来源：《中国统计年鉴（2009）》）← 表外附加

列标题　行标题　数据资料

图 3.17　统计表的结构

（3）为了能够使统计表美观易读，通常将上下两条横向边框调整为较粗的线，其他表线用细线；统计表的两端一般为开口，列标题之间用竖线分开，行标题之间可以不用横线分开。

（4）在统计表中填充数据时应注意，同行或同列的数据精度要一致；统计表中一般不应有空缺，数据为“0”则填“0”，数据缺失或不需要填写的应该填“—”。

（5）在使用统计表时，必要时可在表的下方加上注释。对于引用数据一定要注明资料来源，以示对他人劳动成果的尊重和供读者查阅使用。

第三节　统计分组和频数分布

经过对统计数据的预处理之后，为了更深一步地对数据进行分析与统计，我们还需要对这些数据进行分组。

统计分组（statistics classification）就是根据统计研究的目的和研究对象的本质特征，将统计总体按照一定的划分标志分为若干性质不同的部分。

一、按品质标志分组

统计资料按品质标志分组可以区别个体之间的不同属性。例如，按“性别”对某高校新生进行分组，就分成男生和女生两个部分，如表 3.4 所示；按“企业规模”对某地区工业企业进行分组就分成了大型、中型和小型三个级别，如表 3.5 所示。除此之外，我们还可以按照地区、品牌、职称等进行分组。

表 3.4　某高校新生按性别分组

按性别分组	人　数	百分比/%
男	600	60
女	400	40

表 3.5　某地区工业企业按企业规模分组

按企业规模分组	数　目	百分比/%
大型企业	20	20
中型企业	40	40
小型企业	40	40

我们在进行分组时，要遵循“互斥”原则和“穷尽”原则。互斥原则是指要注意划分清楚各组的界限，使每一数据唯一属于一个分组；穷尽原则是指所有数据都必须属于其中的一个分组，不能使数据无组可归。

二、按数量标志分组

按数量标志分组是统计整理中最常见的形式，它是选择反映事物数量差异程度的数量标志作为分组标志，将总体划分为具有不同数值的组成部分，以便反映出各组别在数量上存在的差异。按数量标志进行分组的方法主要有两种：一是单变量分组；二是组距分组。

表 3.6　某公司每日完成订单数统计表

完成订单数	业务员数
0	1
1	3
2	12
3	15
4	6
5	3
5 以上	0
合　计	40

（一）单变量分组

单变量分组适用于变量值较少的离散型数据，将每一个标志作为一组，并把标志值按大小顺序一一排列出来，与相应的单位数构成一个统计表，如表 3.6 所示。

单变量分组的优点是能够反映完全的数据信息，不会造成任何数据信息的丢失。但是，当标志值较多或者标志值变动范围较大时，如果再用单变量分组会使统计表过于冗长，使研究者不易掌握全部数据的特点，这时我们就需要用到组距分组。

（二）组距分组

组距分组适用于变量较多的连续型变量。在进行组距分组时，我们把变量值的变化范围分成若干个区间，每个数值归属于相应区间。在对统计数据进行组距分组时，我们通常要考虑确定最佳的组数、组限以及组距。

1. 组数的确定

在对统计数据进行组距分组时，组数划分得越多，资料显示得就越详细，信息损失就越少，但越不容易进行统计分析；反之，组数划分得越少，信息缺失就越严重，但便于提炼数据的特征。因此，组数划分的多少往往要视具体研究的问题而定。例如，当我们对学员的应用统计学成绩进行分组时，按及格和不及格可以分为两组，如表 3.7 所示，这时主要考查的是学员成绩是否及格；按不及格、及格、良好、优秀分为四组，如表 3.8 所示，这时主要考查的是学员成绩的等级。

表 3.7　按及格和不及格分类的应用统计学成绩

按成绩分组	学　生　数
60 分以下	5
60 分及以上	44
合　计	50

表 3.8　按成绩等级分类的应用统计学成绩

按成绩分组	学　生　数
60 分以下	5
60～70	11
70～85	23
85～100	11
合　计	50

在对统计数据进行组距分组时，组数的确定应以能够显示数据的分布特征和规律为目的。对于一组数据究竟应该分为多少组适宜，研究者往往需要根据一定的实践经验来确定。除了按经验进行分组外，我们在这里还可以使用美国统计学家 Sturges 提出的经验公式确定组数：

$$K \approx 1 + \frac{\ln N}{\ln 2} \tag{3.1}$$

式中，K 代表组数；N 代表分组数据的总数。

例如，我们在对某专业 50 名学员的应用统计学成绩进行分组时，取 $N=50$，按式（3.1）计算得 $K\approx6.64$，因此我们可以考虑将该总体分为七组。在实际分组时，组数一般为 $5\leqslant K\leqslant15$，且往往把数据分为奇数组。

2. 组限的确定

在组距分组中我们经常要用到组限，组限是指一个分组的两端值，包括上限和下限。

定义 3.1 一个分组中最大的数值称为上限（upper limit）。

定义 3.2 一个分组中最小的数值称为下限（lower limit）。

在确定组限时，相邻组的上、下限应该重叠设置，以防止数据在归类时发生遗漏。同时，为了保证不出现重复填报的现象，有一个约定俗成的原则，即"上限不在内"，就是说各组均不统计本组上限的数据，只统计本组下限变量值的数据，如将在校学生按年龄分为两组"10～20，20～30"，则 20 岁的同学位于"20～30"组。

3. 组距的确定

定义 3.3 一个分组中的上限与下限的差称为组距（class width）。

$$组距=上限-下限 \tag{3.2}$$

组距的大小与组数有密切的关系。在总体一定的情况下，所分的组数越多，组距就越小；相反，所分的组数越少，组距就越大。若各组之间组距是相等的，我们称之为等距分组，当总体标志值的变化比较均匀时，我们可以采用等距分组；若各组之间组距是不相等的，我们则称之为异距分组，当总体单位的标志值变动有急剧增长或下降，波动幅度较大时，往往采用异距分组。如果全部数据中的最大值和最小值与其他数据相差悬殊，为避免出现空白组（即没有变量值的组）或个别极端值被漏掉，第一组和最后一组可以采取大于或小于某个值的开口组，开口组通常以相邻组的组距作为其组距。在这里我们主要讲一下等距分组中组距的确定，可根据全部数据的最大值和最小值及所分的组数来确定，即

$$组距 =（最大值 - 最小值）÷组数 \tag{3.3}$$

4. 组中值

采用组距式分组往往使得各组内的实际数据不能被识别，为了了解各组内的一般情况，就需要确定一个能够反映组内数据一般水平的数值，这时我们就需要用到组中值。

定义 3.4 每一组的下限和上限之间的中点值，称为组中值（class midpoint）。

$$组中值=\frac{上限 + 下限}{2} \tag{3.4}$$

前面已经讲到，开口组的组距一般以邻组的组距为准。因此，开口组的组中值计算公式如下：

$$缺下限开口组的组中值=上限 - \frac{邻组组距}{2} \tag{3.5}$$

$$缺上限开口组的组中值=下限 + \frac{邻组组距}{2} \tag{3.6}$$

在用组中值代表每组一般水平的时候，有一个基本假设，即各变量在本组内呈均匀分布或在组中值两侧呈对称分布。基于这一考虑，在确定各组组限时，我们应该尽量使每组的平均数与该组的组中值相等或接近，这样在计算时就可以减少使用组中值的代表性误差。

三、频数与频数分布

本节第一部分介绍了统计分组的概念及应用。在对统计数据按标志进行分组时，会形成不同的类别或组，以及每个类别或组中出现的累计次数，把各个组与次数列入同一表格，就形成了频数分布，如表 3.9 所示。

定义 3.5 落在某一特定类别或组中的数据个数，称为频数（frequency）。

定义 3.6 把各个类别或组及落在其中的相应频数全部列出，并用表格形式表现出来，称为频数分布（frequency distribution）。

定义 3.7 各组单位数与总体单位数的比值，称为频率（frequency rate）。

表 3.9　20××年某企业员工构成按性别分组

性别	人数（人）	比率（%）
男	150	75
女	50	25
合计	200	100

在频数分布的基础上，可以将各组的频数由下至上或者由上至下依次累计，由此而形成的由标志值与频数累计值构成的表格称为"向上累计频数分布"或"向下累计频数分布"，如图 3.18 所示。

	A	B	C	D	E	F	G
1	评价级别	户数(户)	百分比(%)	向上累积		向下累积	
2				户数(户)	百分比(%)	户数(户)	百分比(%)
3	非常满意	20	2	20	2	1000	100
4	满意	182	18.2	202	20.2	980	98
5	基本满意	600	60	802	80.2	798	79.8
6	不满意	120	12	922	92.2	198	19.8
7	非常不满意	78	7.8	1000	100	78	7.8
8	合计	1000	-	-	-	-	-

图 3.18　某小区业主对物业服务满意度调查数据

定义 3.8 将各有序类别或组的频数逐级累加起来得到的频数，称为累积频数（cumulative frequencies）。

定义 3.9 将各有序类别或组的频率逐级累加起来得到的频率，称为累积频率（cumulative percentages）。

例如，在关于某小区业主对物业满意程度调查中，将评价级别分为非常满意、满意、基本满意、不满意和非常不满意。通过调查可得到一个频数分布，通过进一步计算可得到各个评价级别的累积频数和累积频率，如图 3.18 所示。

定义 3.10 向上累计，又称以下累计，是将各组次数和比率，由变量值低的组向变量值高的组逐组累计。组距数列的向上累计，表明各组上限以下（小于上限）总共所包含的总体次数。

定义 3.11 向下累计，又称以上累计，是将各组次数和比率，由变量值高的组向变量值低的组逐组累计。组距数列的向下累计，表明各组下限以上（大于等于下限）总共所包含的总体次数。

例如在图 3.19 中，第三组月收入在 2300～2600 元的职工人数向上累计值为 240 人，表示月收入小于该组上限 2600 元的职工有 240 人；而第四组月收入在 2600～2900 元的职工人数向下累计值为 260 人，则表示月收入大于等于该组下限 2600 元的职工有 260 人。

	A	B	C	D	E	F	G
1	按月收入分组	职工人数（人）	百分比（%）	向上累计		向下累计	
2				职工人数（人）	百分比（%）	职工人数（人）	百分比（%）
3	2000以下	40	8	40	8	500	100
4	2000～2300	90	18	130	26	460	92
5	2300～2600	110	22	240	48	370	74
6	2600～2900	105	21	345	69	260	52
7	2900～3200	70	14	415	83	155	31
8	3200～3500	50	10	465	93	85	17
9	3500以上	35	7	500	100	35	7
10	合计	500	100	——	——	——	——

图 3.19　某企业 20××年职工收入抽样调查资料

四、利用电子表格绘制不变直方图和可变直方图

下面通过例 3.3 学习利用电子表格绘制不变直方图和可变直方图。

【例 3.3】下列是某专业某班 50 名学员的统计学成绩，据此对数据进行分组，并绘制不变直方图。

$$97 \quad 74 \quad 75 \quad 86 \quad 72 \quad 82 \quad 63 \quad 79 \quad 61 \quad 72$$
$$59 \quad 51 \quad 65 \quad 69 \quad 69 \quad 71 \quad 78 \quad 83 \quad 84 \quad 81$$
$$77 \quad 67 \quad 87 \quad 70 \quad 99 \quad 80 \quad 75 \quad 61 \quad 66 \quad 62$$
$$95 \quad 84 \quad 86 \quad 75 \quad 74 \quad 54 \quad 50 \quad 73 \quad 74 \quad 72$$
$$88 \quad 76 \quad 68 \quad 91 \quad 90 \quad 91 \quad 58 \quad 64 \quad 85 \quad 75$$

图 3.20　"输入区域"与"接收区域"

利用 Excel 绘制不变直方图的步骤如下。

第一步：确定组数和组距。在本例中，按经验把上述数据分为 5 组，且采用等距分组法。即分为 59 及以下、60～69、70～79、80～89、90～99 等五个组。

第二步：将上述数据分别录入 Excel 工作表中，并把各组上限确定为接收区域的数值，即 59、69、79、89、99，并依次输入到同一列中，如图 3.20 所示。需要说明的是，在 Excel 中，上限是在内的，也就是说，如考分为 59 分，则归入上限为 59 分的那一组。

第三步：前两步的准备工作做好之后，单击菜单栏中"数据"菜单选项中的"数据分析"。当然，对于首次使用 Excel "数据分析"功能的读者，首先单击"Microsoft Office"按钮，单击"Excel 选项"，在"Excel 选项"对话框中，单击"加载项"，选中"分析工具库"，如图 3.21 所示，单击"转到"按钮，出现"加载项"对话框。

在"加载项"对话框中选中"分析工具库"，单击"确定"按钮。此时，Excel "数据分析"功能加载成功，在数据工具栏下，将会出现数据分析模块，单击"数据分析"按钮，出现"数据分析"对话框，如图 3.22 所示。

选择"直方图"，单击"确定"按钮。此时弹出"直方图"对话框，如图 3.23 所示。

然后依次将"输入区域"和"接收区域"填好，并在"输出选项"中选择"图表输出"选项，单击"确定"按钮，即可得到一个不变直方图，如图 3.24 所示。

图 3.21　加载分析工具库

图 3.22　"数据分析"对话框

图 3.23　"直方图"对话框

当然，根据统计人员个人的习惯以及图示效果的不同，还可能需要对以上直方图进行修改，在这里不再叙述，由读者自己进行尝试。

Excel 的"直方图"工具有一定的缺陷，频数分布及直方图没有与数据链接，当改变任何一个数据时，频数分布表和直方图不会跟着改变。因此，需要通过其他方法来绘制可变直方图。

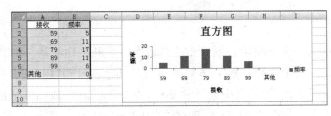

图 3.24　不变直方图

【例 3.4】利用例 3.3 的数据绘制可变直方图。

可变直方图的绘制步骤如下。

第一步：选择与接收区域相临近的单元格区域，作为频数分布表输出的区域，如图 3.25所示。

	A	B	C	D	E	F
	LINEST	▼	✗ ✓ fx	=frequency(A2:A51, B2:B6)		
1	学员统计学成绩	分组上限	频率			
2	=frequency(A2:A51,B2:B6)					
3	74	69				
4	75	79				
5	86	89				
6	72	99				
7	82					

图 3.25　频数输出

第二步：选择统计函数中的"FREQUENCY"函数，在对话框"Date-array"后输入数据区域，在"Bins-array"后输入接收区域，如图 3.25 所示。同时按"Ctrl + Shift + Enter"组合键，即可得到频数分布。

第三步：最后，根据分组上限和频数绘制簇状柱状图（一般用于绘制直方图）即可。

由例 3.4 所述的方法绘制的直方图就是可变直方图，比如在输入区域中改变某个或某些数据时，这个可变直方图就随着发生变化。

第四节　统　计　图

在本章第二节中，我们介绍了将统计数据填入统计表内，以达到展示统计数据的目的。与统计表相比，统计图是一种更为简洁、形象、直观的数据展示方法。统计图与统计表一样，可以从数量方面显示出研究对象的规模、水平、结构、发展趋势和比例关系，是统计资料的一种重要表现形式。

👓 **学习指引**

推荐扫描二维码观看 2016 年 12 月 26 日中央电视台《新闻联播》片段"商务部：我国进出口实现回稳向好"，该视频用直观的可视化图形，对我国 2016 年对外进出口情况进行了描述。

一、统计图的类型

在用统计图对统计数据进行展示的时候，不同类型的数据可以采用不同类型的统计图（如图 3.26 所示）。我们在这里主要介绍茎叶图、箱线图、直方图、线图、散点图、气泡图和雷达图等。

1. 茎叶图

茎叶图是用来显示未分组原始数据分布的统计图。茎叶图由"茎"和"叶"两部分组成，图形主要由数字组成，其中由高位数字作"树茎"，低位数字作"树叶"，而且"树叶"上只保留最后一位数字。图 3.27 所示为由某专业 50 名学员的统计学成绩绘成的茎叶图。茎叶图保留了原始资料的资讯，将图 3.26 的茎和叶顺时针旋转 90 度，实际上就是一个直方图，可以看出其分布特征。

2. 箱线图

箱线图是一种描述数据分布的统计图，它和茎叶图一样，也是用于展示原始数据的一种统计图。箱线图由一组数据的最大值、最小值、中位数和上、下两个四分位数五个特征值绘制而成，主要包括"一个箱子"和"两条线"。因此在绘制箱线图时，首先应该就一组数据找到五个特征值，然后连接两个四分位数画出箱子，再将两个极值点（最大值与最小值）与箱子相连，这样就构成了一个基本的箱线图，如图 3.28 所示。箱线图可以粗略地看出是否具有对称性，分布的分散信息等，常用于质量管理、人事测评、探索性数据分析等统计分析中。

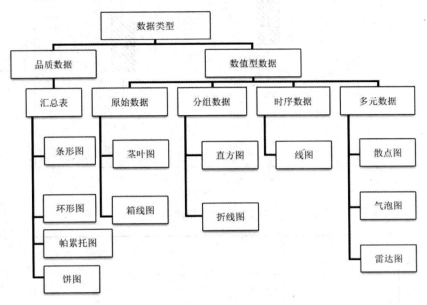

图 3.26　统计图的类型

树　茎	树　　叶	数据个数
9	975110	6
8	87665443210	11
7	98765555444322200	17
6	99876543211	11
5	98410	5

图 3.27　学员统计学成绩茎叶图

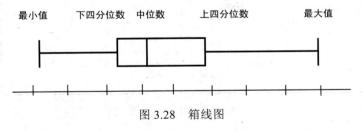

图 3.28　箱线图

　　在实际应用中，我们还会遇到单式箱线图和复式箱线图。单式箱线图往往只是根据一个标志进行绘制，而复式箱线图则根据一个以上的标志进行绘制。如在对 324 名建筑行业农民工的身高体重按婚姻状况和年龄段分布进行图示整理时，如果只按年龄段 18～35、36～55 进行绘制，我们得到一个单式箱线图，如图 3.29 所示。如果我们在按年龄段 18～35、36～55 为标志的基础上再按已婚和未婚进行划分之后，再绘制箱线图，就可以得到一个复式箱线图，如图 3.30 所示。

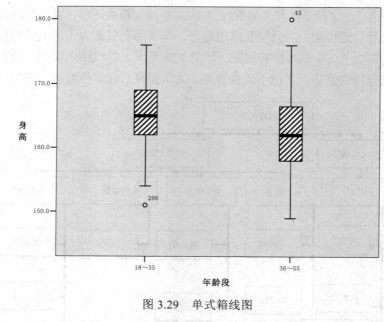

图 3.29　单式箱线图

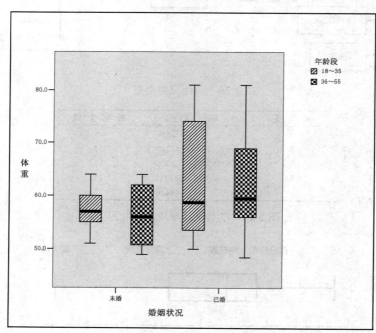

图 3.30　复式箱线图

3．柱形图与条形图

柱形图与条形图都是用宽度相同的条形的高度或长短来表示各类别数据的图形。在类别上可分为单式柱形图（条形图）和复式柱形图（条形图）等形式，主要用于反映分类数据的频数分布。如一家市场调查公司曾经为调查不同品牌手机的市场占有率，采用网络辅助调查的方式随机对某知名手机论坛的 100 名会员进行了调查，在调查数据的基础上编制了频数分布表，得到了频数分布表之后还绘制了柱形图和条形图，如图 3.31 和图 3.32 所示。

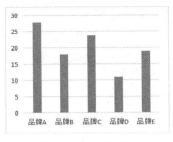

图 3.31　柱形图

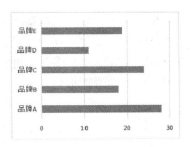

图 3.32　条形图

4. 饼图与圆环图

饼图也称圆形图，是用圆形及圆内扇形的角度来表示数值大小的图形，如图 3.33 所示。饼图主要用于表示样本或总体中各组成部分所占的比例，用于研究结构性问题。绘制饼图时，样本或总体中各部分所占的百分比用圆内的各个扇形角度表示，这些扇形的中心角度，按各部分数据百分比占 360° 的相应比例确定。图 3.34 所示的圆环图与饼图的功能与画法相一致，在此不再赘述。例如，在上面讲到的对手机论坛用户的调查中，我们可以根据频数分布绘制饼图和圆环图，如图 3.33 和图 3.34 所示。

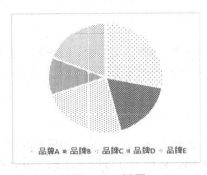

图 3.33　饼图

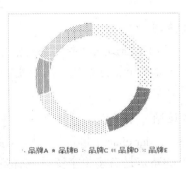

图 3.34　圆环图

5. 直方图

直方图（histogram）是一种用于展示分组数据的统计图。在对数据进行分组后，我们会得到频数分布表，在频数分布表的基础之上，我们就可以绘制直方图。直方图用矩形的宽度和高度（即面积）来展示频数分布，例如在上一节中，我们利用 Excel 绘制了学员统计学成绩的不变直方图和可变直方图，在这里不再列举。

 思考实践

推荐读者调查一下本班同学的手机使用情况，分别用柱形图、饼图和圆环图表示调查的结果。

6. 线图

线图（line plot）也叫折线图，是用于展示时间序列数据（time series data）所常用的一种统计图。线图是在平面直角坐标系上用曲线表现数据变化趋势与特征的图形。如果一组数值型数据是在不同时间上取得的，那么我们称这组数据为时间序列数据，则可以绘制线图。例如，当我们需要反映 1978—2016 年人均国内生产总值与居民消费水平的时候，就可以绘制线图，如图 3.35 所示。

7. 散点图

散点图（scatter plot）是用不同位置的点来展示数据的一种图形。散点图经常被用于研究两个变量之间的相关关系，是探索数据之间的关联形态以及程度的一种常用统计图。例如在研究 1978—2016 年间人均国内生产总值与居民消费水平的相关关系时，我们就可以绘制散点图，如图 3.36 所示。从图 3.36 中我们可以看出，人均消费随着人均国内生产总值的提高不断增加，且呈现一种线性的正相关关系。

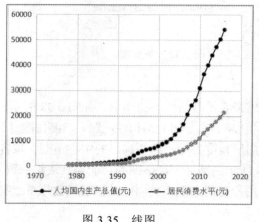

图 3.35　线图

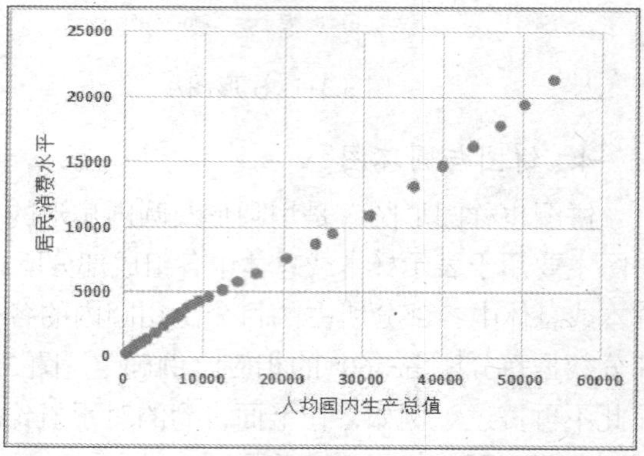

图 3.36　散点图

8. 气泡图

气泡图是用于描述三个变量之间相互关系的统计图。我们将气泡图也绘制在平面直角坐标系中，用 x 轴和 y 轴分别代表两个变量，用气泡的大小来代替第三个变量。在实际应用中，气泡图用得比较少。

9. 雷达图

雷达图（radar chart）也是用于展示多变量数据的统计图之一，又称为戴布拉图、蜘蛛网图。雷达图的特点是有多少个变量就有多少个坐标轴，这些坐标轴将一个圆等分，每个变量在各自的坐标轴进行取值，把所有变量的取值连接起来，便形成了一个多边形，这样就构成了一个雷达图，如图 3.37 所示。

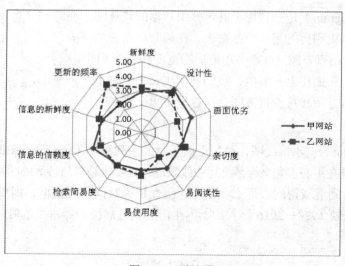

图 3.37　雷达图

10. 帕累托图

帕累托图是以意大利经济学家帕累托（V.Pareto）的名字命名的统计图，也称排列图或主次因素分析图。帕累托图用条形的长短表示各组数据的大小，用线段的逐渐上升趋势表现各组构成接近 100% 的过程。帕累托图是条形图和线图的结合，条形从高到低依次排列。按照绘制帕累托图所依据的标志不同，我们可以将帕累托图分为简单帕累托图和分段帕累托图。如在 2000 年我国人口按年龄段划分，就可以得到一个简单帕累托图，如图 3.38 所示；如果在按照地域，比如华东、中南、西南、华北、东北、西北进行划分的基础上，再按年龄段划分，就可以得到一个分段帕累托图，如图 3.39 所示。图 3.37 ~ 图 3.39 都是用 SPSS 软件绘制而成的。

思考实践

雷达图在现实生活中应用比较广泛，一些能力测试一般应用雷达图表示能力分布，同学们还能想出雷达图的其他应用实例吗？

学习指引

推荐扫描二维码观看 2016 年 12 月 15 日中央电视台《新闻联播》片段"'十三五'开局考·经济答卷：稳中求进 增长更有含金量"。该视频用直观的可视化图形，对我国"十三五"开局之年 2016 年的国民经济整体运行情况进行了介绍。

11. 质量控制图

质量控制图作为质量控制的工具，用于对个体或均数的变动情况进行监测。质量控制图根据数理统计原理确定一个范围，用以界定观察值或均数的波动是正常的还是异常的，并以图的形式表达出来。图 3.40 就是一个质量控制图。

二、利用电子表格绘制常用的统计图

我们在绘制统计图的时候，一些统计图可以借助 Excel、WPS 表格等电子表格轻松完成，比如直方图、折线图、饼图、散点图、气泡图、雷达图等。由于利用电子表格绘制这些统计图时，不同类型的数据需要绘制不同类型的统计图，而绘制这些图形的具体操作却大同小异，此处以例 3.5 为例简单介绍利用 Excel 绘制散点图的具体操作。

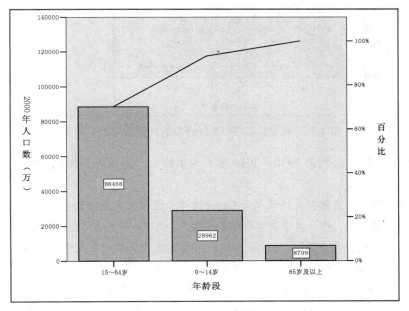

图 3.38　简单帕累托图

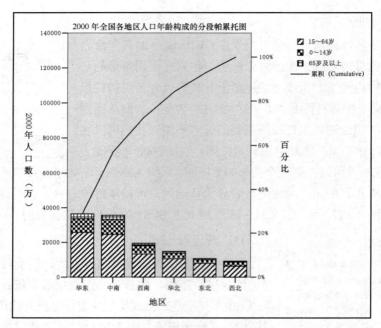

图 3.39　分段帕累托图

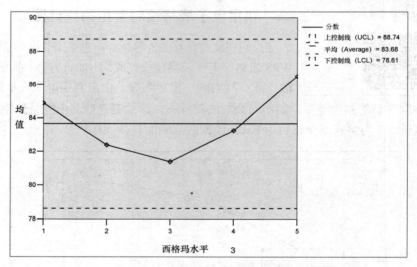

图 3.40　质量控制图（5 位评委的均数质量控制图）

【例 3.5】表 3.10 是我国 1978—2016 年人均国内生产总值与居民消费水平数据，试利用电子表格绘制散点图。

打开 Excel 软件，将数据有序录入到 Excel 表中。按住鼠标左键选中人均国内生产总值和居民消费水平的数据区域，然后单击菜单栏中的"插入"选项，再单击"图表"模块中的"散点图"，选择"仅带数据标记的散点图"。此时会生成一个形式比较简单的散点图，如图 3.41 所示。

出于实际的或是美观的需要，我们经常会对以上比较简单的图表进行改善与美化。单击"图表工具器"中的"图表对象"，此时菜单栏会出现"图表工具"。在"图表工具"正文有"设计""布局"和"格式"三个按钮，在完善图表时，我们就可以充分利用"图表工具"提供的功能来操作。比如，为了使图 3.41 显得更加美观，我们可以选择"图表工具"中的"格式"

按钮，对图表进行填充颜色等操作；选择"布局"按钮中的"坐标轴标题"为图表添加坐标轴。在完成上述操作之后，我们可以得到形式较为美观的统计图，如图 3.42 所示。

表 3.10　1978—2017 年我国人均国内生产总值与居民消费水平

年份	人均国内生产总值（元）	居民消费水平（元）	年份	人均国内生产总值（元）	居民消费水平（元）	年份	人均国内生产总值（元）	居民消费水平（元）
1978	381	184	1992	2 311	1 116	2006	16 165	6 138
1979	419	208	1993	2 998	1 393	2007	19 524	7 103
1980	463	238	1994	4 044	1 833	2008	22 698	8 183
1981	492	264	1995	5 046	2 355	2009	26222	9514
1982	528	288	1996	5 846	2 789	2010	30876	10919
1983	583	316	1997	6 420	3 002	2011	36403	13134
1984	695	361	1998	6 796	3 159	2012	40007	14699
1985	858	446	1999	7 159	3 346	2013	43852	16190
1986	963	497	2000	7 858	3 632	2014	47203	17778
1987	1 112	565	2001	8 622	3 869	2015	50251	19397
1988	1 366	714	2002	9 398	4 106	2016	53935	21285
1989	1 519	788	2003	10 542	4 411	2017	59660	22902
1990	1 644	833	2004	12 336	4 925	—	—	—
1991	1 893	932	2005	14 053	5 463	—	—	—

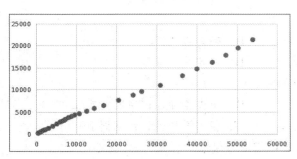

图 3.41　简单形式的散点图

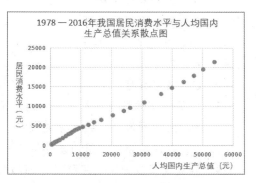

图 3.42　经过修改的散点图

由于对图表的使用习惯以及审美的不同，每个人设计的图表各不相同。要想利用电子表格设计出美观大方、清晰醒目的统计图，就需要多练习、多实践，并能够举一反三，充分利用电子表格提供的强大的图表设计功能。

　本章小结

本章介绍了统计数据整理的相关内容，包括统计数据的预处理、统计数据的分组以及统计数据的图表展示。

在统计数据的预处理方面，主要介绍了统计数据的审核、排序、筛选、插补等内容，同时还介绍了电子表格的透视表与透视

图功能。

　　统计数据可分为品质数据和数量数据，因此，在统计数据的分组上也可按品质标志分组或按数量标志分组。按品质标志分组比较简单，只需要根据个体的不同品质直接进行分组即可；按数量标志分组时则需要根据变量是离散型数据还是连续型数据，按照单变量进行分组或是按照组距进行分组。在按照组距进行分组时，我们介绍了组限、组距以及组中值等概念。无论是按品质标志进行分组还是按数量标志进行分组，对数据进行分组整理之后都会形成频数分布，由此我们引出了累计频数分布的概念。

　　对统计数据的展示有两个重要的工具——统计表和统计图。本章重点介绍了统计表的结构、类型以及设计规则，还介绍了一些常用的统计图以及如何利用电子表格绘制常用的统计图。

 思考与练习

一、不定项选择题

1．统计数据的预处理不包括（　　　　）。
　　A．统计数据排序　　　　　　　　　　B．统计数据的筛选
　　C．统计数据的分组　　　　　　　　　D．统计数据的审核

2．统计分组的关键在于（　　　　）。
　　A．确定分组标志　　　　　　　　　　B．确定组数
　　C．确定组距　　　　　　　　　　　　D．确定分组界限

3．将统计总体按某一标志分组的结果表现为（　　　　）。
　　A．组内同质性，组间差异性　　　　　B．组内差异性，组间同质性
　　C．组内差异性，组间差异性　　　　　D．组内同质性，组间同质性

4．确定连续型变量的组限时，相邻两组的组限必须（　　　　）。
　　A．不等　　　　　B．重叠　　　　　C．间断　　　　　D．没有要求

5．确定离散型变量的组限时，相邻两组的组限必须（　　　　）。
　　A．不等　　　　　B．重叠　　　　　C．间断　　　　　D．没有要求

6．在频数分布中，比率是指（　　　　）。
　　A．各组分布次数比率之比　　　　　　B．各组分布次数与总次数之比
　　C．各组分布次数相互之比　　　　　　D．各组比率相互之比

7．工业企业按经济类型分组和工业企业按职工人数分组，这两个统计分组是（　　　　）。
　　A．按数量标志分组
　　B．按品质标志分组
　　C．前者按数量标志分组，后者按品质标志分组
　　D．前者按品质标志分组，后者按数量标志分组

8．等距数列中，组距的大小与组数的多少成（　　　　）。
　　A．正比　　　　　B．等比　　　　　C．反比　　　　　D．不成比例

9．要准确地反映异距数列的实际分布情况，必须计算（　　　）。

    A．次数　　　　　　B．次数密度　　　　　　C．频率　　　　　　　D．累计频率

10．在组距数列中，向下累计到某组的次数是 100，这表示总体单位中（　　　）。

    A．大于等于该组下限的累计次数是 100

    B．小于等于该组下限的累计次数是 100

    C．大于该组上限的累计次数是 100

    D．小于该组上限的累计次数是 100

11．李明收集了近 20 年来我国进出口贸易的相关资料，如果要反映这 20 年我国进出口贸易的变化状况，用（　　　）最合适。

    A．直方图　　　　　B．散点图　　　　　　C．饼图　　　　　　　D．折线图

12．在对数据进行分组时，组距的大小与组数的多少成（　　　）。

    A．正比　　　　　　　　　　　　　　　　B．反比

    C．等比　　　　　　　　　　　　　　　　D．以上各种情形都有可能

二、简答题

1．什么是统计数据的预处理？统计数据的预处理的意义有哪些？

2．什么是统计分组？统计分组的作用有哪些？

3．简述统计表的构成及设计规则。

4．怎样确定开口组的组中值？

5．简述常见的几种统计图的概念以及应用范围。

三、计算题

1．某行业协会所属 40 个企业某年的产品销售收入数据（单位：万元）如下：

    152　124　129　116　100　103　92　95　127　104

    105　119　114　115　87　103　118　142　135　125

    117　108　105　110　107　137　120　136　117　108

    97　88　123　115　119　138　112　146　113　126

（1）根据上面的数据进行适当分组，编制频数分布表，并计算出累积频数和累积频率。

（2）按该行业协会有关规定，销售收入在 125 万元以上为先进企业，115 万～125 万元为良好企业，105 万～115 万元为一般企业，105 万元以下为落后企业，将上述销售收入数据按先进企业、良好企业、一般企业、落后企业进行分组。

2．某百货公司连续 40 天的商品销售数据（单位：万元）如下：

    41　25　29　47　38　34　30　38　43　40

    46　36　45　37　37　36　45　43　33　44

    47　35　28　46　34　30　37　44　26　38

    48　44　42　36　37　37　49　39　42　32

（1）根据上面的数据进行适当的分组，并编制频数分布表。

（2）利用电子表格绘制频数分布的直方图（包括不可变直方图和可变直方图）和折线图。

第四章　描述性统计

【本章要点】

1．掌握数据集中趋势的度量；
2．掌握数据离散趋势的度量；
3．了解数据偏态和峰态的度量。

【实验导引】

通过本章上机实验，掌握求和、计数、平均值、标准差、方差、偏态和峰态等常用统计函数的运用，此外，应特别需要巩固 VLOOKUP、OFFSET 函数的运用。

第一节　集中趋势的度量

集中趋势是用来测度一组数据是否向某一中心值集中及集中的程度，通过计算集中趋势的统计量，我们可以确定该组数据中心点所在的位置。测度数据集中趋势的统计量主要包括平均数、众数、中位数和分位数。本节就上述四种度量数据集中趋势的统计量逐一进行介绍，并对平均数、众数和中位数进行比较。

 学习指引

算术平均数的原理和计算都不复杂，但其背后被平均的对象却是各种各样的，情况千差万别。在分组比较中占优势的一方，可能在合并后的总评中反而成为劣势的一方，这就是统计上著名的悖论——"辛普森悖论"。推荐扫描二维码阅读"辛普森悖论"的实例。

一、平均数

定义 4.1　一组数据相加后除以数据的个数而得到的结果，称为平均数，也称为均值（mean）。

平均数在统计学中占有重要的地位，是测度集中趋势最常用的统计量，广泛应用于对数值型数据集中趋势的测度，但由于分类数据和顺序数据不能用数值测度，因此平均数对分类数据和顺序数据不适用。根据所统计数据的不同，平均数有不同的计算形式和计算公式。

1．简单算术平均数与加权平均数

对于原始数据和经过分组的数据，计算平均数的过程和步骤稍有不同。设一组未经加工处理的样本数据为 $x_1, x_2, \cdots, x_n$，样本容量（样本中包含数据的个数）为 n，则样本平均数可用 $\overline{x}$ 表示，其计算公式为

$$\overline{x} = \frac{x_1 + x_2 + \cdots + x_n}{n} = \frac{\sum\limits_{i=1}^{n} x_i}{n} \tag{4.1}$$

小提示

利用 Excel 或 WPS 表格中的 AVERAGE 函数可以计算一组数据的简单算术平均数，其语法为 AVERAGE（number1，number2，…），括号中的参数可以是数字或者是包含数字的名称、单元格区域或单元格引用。

对于经过加工处理的数据，则需要采用加权法计算平均数。不妨设原始数据被分成 k 组，分别用 $M_1, M_2, \cdots, M_k$ 和 $f_1, f_2, \cdots, f_k$ 表示各组的组中值和频数，则样本加权平均数的计算公式为

$$\overline{x} = \frac{M_1 f_1 + M_2 f_2 + \cdots + M_k f_k}{f_1 + f_2 + \cdots + f_k} = \frac{\sum\limits_{i=1}^{k} M_i f_i}{\sum\limits_{i=1}^{k} f_i} \tag{4.2}$$

式中，$n = \sum\limits_{i=1}^{k} f_i$ 为样本容量。

【例 4.1】图 4.1 中的前两列数据为某企业员工年龄的统计分组数据，根据数据计算该企业员工的平均年龄。

	A	B	C	D	E
1	员工按年龄分组	员工人数（f_i）	组中值（M_i）	$M_i f_i$	
2	20岁以下	24	15	360	=20-0.5*(30-20)
3	20～30	39	25	975	
4	30～40	84	35	2940	=B4*C4
5	40～50	120	45	5400	
6	50岁以上	33	55	1815	=50+0.5*(50-40)
7	合计	300	—	11490	=sum(D2:D6)

图 4.1　某企业员工平均年龄计算表

解： 计算过程如图 4.1 所示，计算表的后两列。根据式（4.2），可得

$$\overline{x} = \frac{\sum\limits_{i=1}^{k} M_i f_i}{\sum\limits_{i=1}^{k} f_i} = \frac{11\,490}{300} \approx 38 \text{（岁）}$$

根据式（4.2），计算平均数是用各组的组中值代表各组的实际数据，但在使用这一代表值时应假定各组数据在组内是均匀分布的，如果实际数据与这一假定相吻合，那么计算的结果还是比较准确的，否则计算结果的误差会较大。

式（4.1）为简单平均数（simple mean），其数值的大小只与变量值的大小有关；式（4.2）为加权平均数（weighted mean），其数值的大小不仅受各组组中值（M_i）大小的影响，而且受各组变量值出现的频数（f_i）的影响。某一组数据的权数越大，说明该组的数据越多，那么该组数据的大小对平均数的影响就越大，反之，某一组数据的权数越小，则说明该组的数据

越少，该组数据的大小对平均数的影响就越小。实际上，将式（4.2）变形为下面的形式，我们就能更清楚地看出这一点。

$$\bar{x} = \frac{\sum_{i=1}^{k} M_k f_k}{n} = \sum_{i=1}^{k} M_k \times \frac{f_k}{n} \tag{4.3}$$

由式（4.3）可以看出，平均数受各组组中值（M_k）和各组权数（f_k / n）大小的影响。当我们得到的不是各组变量值出现的频数，而是频率时，也可直接根据式（4.3）计算平均数。

平均数在统计学中具有重要的地位，它是进行统计分析和统计推断的基础。从统计思想上来看，平均数是一组数据的重心所在，是数据误差相互抵消后的必然结果。比如，我们对同一事物进行多次测量，若所得的测量结果不一致，可能是由于测量误差所致，也可能是其他因素的偶然影响。利用平均数作为其代表值，则可以使误差相互抵消，并反映出事物必然性的数量特征。

2. 几何平均数

当我们所面临的数据是比率数据（如国内生产总值增长率、货币供给增长率等），此时通常用几何平均法计算平均比率。在实际应用中，几何平均数主要用于计算现象的平均增长率。

定义 4.2 n 个变量值乘积的 n 次方根，称为几何平均数（geometric mean）。

几何平均数的计算公式为

$$G_m = \sqrt[n]{x_1 \times x_2 \times \cdots \times x_n} = \sqrt[n]{\prod_{i=1}^{n} x_i} \tag{4.4}$$

 小提示

利用 Excel 或 WPS 表格中的 GEOMEAN 函数可以计算一组数据的几何平均数，其语法为 GEOMEAN（number1，number2，…），括号中的参数可以是数字或者是包含数字的名称、单元格区域或单元格引用。如果任一数据点小于等于 0，则 GEOMEAN 返回错误#NUM!!。

【例 4.2】某农场 20×0 年的粮食产量为 100 万吨，20×1 年与 20×0 年相比，增长率为 9%；20×2 年与 20×1 年相比，增长率为 16%；20×3 年与 20×2 年相比，增长率为 20%。求各年的年平均增长率。

解：通过给出的数据可知，各年与前一年相比的比值（即发展速度）分别为 109%、116%、120%，则平均发展速度等于

$$G_m = \sqrt[n]{x_1 \times x_2 \times \cdots \times x_n} = \sqrt[3]{109\% \times 116\% \times 120\%} = 114.91\%$$

所以年平均增长率为

114.91%−100%=14.91%

在例 4.2 中，如果采用算术平均数计算，则年平均增长率为（9%+16%+20%）/3=15%，尽管它与几何平均数的结果相差不大，但这一结果是错误的。因为根据各年的增长率可知，20×1 年的粮食产量为 109（=100×109%）万吨，20×2 年的粮食产量为 126.44（=109×116%）万吨，20×3 年的粮食产量为 151.73（=126.44×120%）万吨。如果按照算术平均数计算的平均增长率计算，20×3 年的粮食产量应为 100×115%×115%×115%=152.09 万吨，而实际产量为 151.73 万吨，它与按几何平均数计算的平均增长率推算的结果是一致的，即 100×114.91%×114.91%×114.91%=151.73 万吨。我们通过下面的分析也可以看出这一点。

设开始的数值为 x_0，年增长率分别为 $G_1,G_2,\cdots,G_n$，第 n 年的数值为

$$x_n = x_0 \times (1+G_1) \times (1+G_2) \times \cdots \times (1+G_n) = x_0 \prod_{i=1}^{n}(1+G_i) \tag{4.5}$$

从 x_0 到 x_n 用了 n 年，每年的增长率都相同，则这个增长率 G 就是平均增长率 $\overline{G}$，即式（4.5）中的 G_i 都等于 G。因此，我们有

$$(1+\overline{G})^n = \prod_{i=1}^{n}(1+G_i) \tag{4.6}$$

整理得

$$\overline{G} = \sqrt[n]{\prod_{i=1}^{n}(1+G_i)} - 1 \tag{4.7}$$

当所平均的各比率数值差别不大时，利用算术平均数和几何平均数计算的结果相差不大；如果各比率的数值相差较大时，这两者的差别就很明显。例 4.3 可以很形象地反映这一现象。

【例 4.3】如果将例 4.2 中农场在 20×1 年、20×2 年、20×3 年和 20×4 年的粮食产量的年增长率分别设定为 4.5%、2.1%、25.5%、1.9%。重新计算该农场的粮食产量的年平均增长率。

解：根据式（4.7），得

$$\overline{G} = \sqrt[n]{\prod_{i=1}^{n}(1+G_i)} - 1 = \sqrt[4]{104.5\% \times 102.1\% \times 125.5\% \times 101.9\%} - 1 \approx 8.08\%$$

即该农场粮食产量年平均增长率为 8.08%。农场 20×0 年的粮食产量为 100 万吨，按各年的平均增长率计算，其 20×4 年的粮食产量应为

$$100 \times 104.5\% \times 102.1\% \times 125.5\% \times 101.9\% = 100 \times (108.09)^4$$
$$\approx 136.45（万吨）$$

如果按算术平均数计算，其平均增长率为

$$\overline{G} = (4.5\% + 2.1\% + 25.5\% + 1.9\%) / 4 = 8.5\%$$

如果按这样的年平均增长率计算，则该农场 20×4 年的粮食产量应为

$$100 \times (108.5)^4 = 138.59（万吨）$$

两者相差 2.14 万吨，而这部分产量农场是不可能生产出来的。这就说明，在计算比率数据的平均值时，采用几何平均数要比算术平均数测度其集中趋势更为合理。

二、众数

众数也是测度数据的集中趋势比较常用的统计量。一般来说，只有在数据量较大的情况下，众数才有意义。

定义 4.3 一组数据中出现频数最多的变量值，称为众数（mode），用 M_0 表示。

【例 4.4】某班级共有 10 名同学，"应用统计学"课程的成绩如下，计算该门课程成绩的众数。

$$90 \quad 95 \quad 92 \quad 80 \quad 80 \quad 75 \quad 78 \quad 65 \quad 80 \quad 93$$

解："应用统计学"课程成绩出现频数最多的是 80，因此众数为 80。

众数是一个位置代表值，它不受数据中极端值的影响。从分布的角度看，众数是具有明显集中趋势点的数值，一组数据分布的最高峰点所对应的数值即为众数。当然，如果数据的分布没有明显的集中趋势或最高峰点，众数也可能不存在；如果一组数据有两个或多个最高峰点，也可以有两个或多个众数。众数一般在数据分布偏斜程度较大时使用，如在编制物价指数时，农贸市场上某种商品的价格常以众数为代表。

小提示

利用 Excel 或 WPS 表格中的 MODE 函数可以计算一组数据的众数，其语法为 MODE（number1，number2，…），括号中的参数可以是数字或者是包含数字的名称、单元格区域或单元格引用。

三、中位数

定义 4.4 一组数据排序后处于中间位置上的变量值，称为中位数（median），用 M_e 表示。

中位数将全部数据等分成两部分，每部分包含一半的数据，其中一部分数据比中位数大，另一部分数据则比中位数小。中位数主要用于测度数据的集中趋势，有其实际运用价值。如年龄中位数可用于同一时期人口年龄构成类型的对比分析，也可用于不同时期人口年龄构成类型的对比分析。国际上通常用年龄中位数指标作为划分人口年龄构成类型的标准。①年龄中位数在 20 岁以下为年轻型人口；②年龄中位数在 20～30 岁为成年型人口；③年龄中位数在 30 岁以上为老年型人口。年龄中位数向上移动的轨迹，则反映了人口总体逐渐老化的过程。我们还可以用收入中位数反映某一群体的平均收入水平。

根据未分组数据计算中位数时，要先对数据进行排序，然后确定中位数的位置，最后确定中位数的具体数值。中位数位置的确定公式为

$$中位数位置 = \frac{n+1}{2} \tag{4.8}$$

式中，n 为数据的个数。

设一组数据为 $x_1, x_2, \cdots, x_n$，从小到大排序后为 $x_{(1)}, x_{(2)}, \cdots, x_{(n)}$，则中位数为

$$M_e = \begin{cases} x_{((n+1)/2)} & n为奇数 \\ \frac{1}{2}\{x_{(n/2)} + x_{(1+n/2)}\} & n为偶数 \end{cases} \tag{4.9}$$

【例 4.5】 利用例 4.4 中的数据，计算"应用统计学"课程成绩的中位数。

解： 先将"应用统计学"课程成绩数据排序，结果如下：

$$65 \quad 75 \quad 78 \quad 80 \quad 80 \quad 80 \quad 90 \quad 92 \quad 93 \quad 95$$

由于数据的个数为偶数，于是根据式（4.9），可以得到"应用统计学"课程成绩的中位数为

$$M_e = \frac{1}{2}\{x_{(n/2)} + x_{(1+n/2)}\} = \frac{1}{2}\{80 + 80\} = 80$$

小提示

利用 Excel 或 WPS 表格中的 MEDIAN 函数可以计算一组数据的中位数，其语法为 MEDIAN（number1，number2，…），number1，number2，…是用于计算中位数的 1～几个参数。如果一组数据中包含偶数个数据，函数 MEDIAN 将返回位于中间的两个数的平均值。

中位数是一个位置代表值，其特点是不受极端值的影响。

四、分位数

中位数是从中间点将全部数据等分为两部分。与中位数类似的还有四分位数（quartile）、十分位数（deciles）和百分位数（percentile）等。它们分别是用 3 个点、9 个点和 99 个点将

数据 4 等分、10 等分和 100 等分后各分位点上的值。在此，我们只介绍四分位数的计算。

定义 4.5 一组数据排序后处于四分之一和四分之三位置上的值，称为四分位数，也称为四分位点。

四分位数是通过 3 个点将全部数据等分为四部分，其中每部分包含四分之一的数据。显然，中间的四分位数就是中位数，因此通常所说的四分位数是指处在四分之一（称为下四分位数，用 Q_L 表示）和处在四分之三（称为上四分位数，用 Q_U 表示）位置上的数值。可以通过 Q_L、Q_U 比较分析数据变量的趋势。分位数的计算方法与中位数的计算方法类似，根据未分组数据计算四分位数时，首先应对数据进行排序，然后确定四分位数所在的位置，该位置上的数值就是四分位数。与中位数不同的是，四分位数位置的确定方法有几种，而且每种方法得到的结果会有一定差异，但差异不会很大。由于不同统计软件使用的计算方法可能不一样，因此对同一组数据使用不同统计软件计算所得到的四分位数结果可能也会有所差异，四分位数在箱线图的绘制方面应用很广泛。Excel 的算法是按下列公式确定四分位数的位置：

$$Q_L 位置 = \frac{n+3}{4} \tag{4.10}$$

$$Q_U 位置 = \frac{3n+1}{4} \tag{4.11}$$

如果四分位数的位置是整数，那么四分位数就是该位置对应的值；如果四分位数是在 0.5 的位置上，则取该位置两侧值的平均数；如果四分位数是在 0.25 或 0.75 的位置上，则四分位数等于按比例分摊位置两侧数值的和。粗略地说，在排序数据中，至少有 25% 的数据会小于或等于 Q_L，而至少有 75% 的数据会大于或等于 Q_L；至少有 75% 的数据会小于或等于 Q_U，而至少有 25% 的数据会大于或等于 Q_U。在 Q_L 和 Q_U 之间大约包含了 50% 的数据。

【例 4.6】利用例 4.4 中的数据，计算"应用统计学"课程成绩的四分位数。

解： 先将"应用统计学"课程成绩数据排序，结果如下：

| 65 | 75 | 78 | 80 | 80 | 80 | 90 | 92 | 93 | 95 |

由于

$$Q_L 位置 = \frac{n+3}{4} = \frac{13}{4} = 3.25$$

即 Q_L 在第 3 个数值和第 4 个数值之间的 0.25 的位置上，故

$$Q_L = 78 \times 0.75 + 80 \times 0.25 = 78.5$$

同理，由于

$$Q_U 位置 = \frac{3n+1}{4} = \frac{31}{4} = 7.75$$

即 Q_U 在第 7 个数值和第 8 个数值之间的 0.75 的位置上，故

$$Q_U = 90 \times 0.25 + 92 \times 0.75 = 91.5$$

 小提示

利用 Excel 或 WPS 表格中的 QUARTILE 函数可以计算一组数据的四分位数，其语法为 QUARTILE（array，quart），array 为需要求得四分位数的数组或数字型单元格区域，quart 决定返回哪一个四分位数值。quart 取 0 时，函数返回最小值；quart 取 1 时，函数返回下四分位数；quart 取 2 时，函数返回中位数；quart 取 3 时，函数返回上四分位数；quart 取 4 时，函数返回最大值。

五、众数、中位数和平均数的比较

尽管平均数、众数和中位数都可以用来测度一组数据的集中趋势，但这三个统计量既有区别又有联系，并且具有不同的特点和应用场合。

1. 众数、中位数和平均数的关系

从数据分布的角度来看，众数始终是一组数据分布的最高峰值，中位数是处于一组数据中间位置上的值，而平均数则是全部数据的算术平均值。因此，对于具有单峰分布的大多数数据而言，众数、中位数和平均数之间具有以下关系：如果数据的分布是对称的，那么众数（M_0）、中位数（M_e）和平均数（$\bar{x}$）必定相等，即 $M_0 = M_e = \bar{x}$。如果数据是左偏分布，那就说明数据存在极小值，必然拉动平均数向极小值一方靠拢，而众数和中位数由于是位置代表值，不受极值的影响，因此这三者之间的关系表现为 $\bar{x} < M_e < M_0$；如果数据是右偏分布，那就说明数据存在极大值，必然拉动平均数向极大值一方靠拢，即 $M_0 < M_e < \bar{x}$。上述关系如图 4.2 所示。

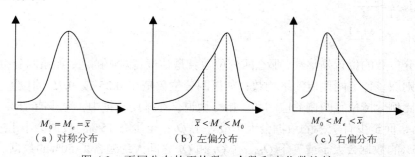

(a) 对称分布	(b) 左偏分布	(c) 右偏分布
$M_0 = M_e = \bar{x}$	$\bar{x} < M_e < M_0$	$M_0 < M_e < \bar{x}$

图 4.2　不同分布的平均数、众数和中位数比较

2. 众数、中位数和平均数的特点与应用场合

众数、中位数和平均数各自具有不同的特点，掌握它们之间的关系和各自的特点，有助于在实际应用中选择合理的度量值来描述数据的集中趋势。

众数是一组数据分布的峰值，它是一种位置代表值，不受极端值的影响。其缺点是具有不唯一性，对于一组数据可能有一个众数，也可能有两个或多个众数，也可能没有众数。众数只有在数据量较多时才有意义，当数据量较少时，不宜使用众数。虽然对于顺序数据以及数值型数据也可以计算众数，但众数主要适合作为分类数据集中趋势的度量值。

中位数是一组数据中间位置上的代表值，与中位数类似的还有四分位数、十分位数和百分位数等，它们也都是位置代表值，其特点是不受数据极端值的影响。当一组数据的分布偏斜程度较大时，使用中位数也许是一个好的选择。中位数以及其他分位数主要适合作为顺序数据集中趋势的度量值，虽然我们对于顺序数据也可以使用众数，但以中位数为宜。

统计讲堂
集中趋势的度量指标

平均数是对数值型数据进行计算得到的，而且是利用了全部数据信息，它是实际中应用最广泛的集中趋势度量值。平均数主要适合于作为数值型数据的集中趋势度量值，虽然我们对于数值型数据也可以计算众数和中位数，但以平均数为宜。当数据呈对称分布或接近对称分布时，这三个代表值相等或接近相等，这时应选择平均数作为集中趋势的代表值。但平均数的主要缺点是易受数据极端值的影响，对于

偏态分布的数据，平均数的代表性较差。因此，当数据为偏态分布，特别是当偏斜的程度较大时，我们可以考虑选择众数或中位数等位置代表值，这时它们的代表性要比平均数好。

第二节　离散程度的度量

对于一组数据，我们可以利用平均数、众数和中位数等测度集中趋势的统计量反映各变量值向其中心值聚集的程度。但是，各变量值之间的差异状况如何进行测量呢？这就需要考察数据的分散程度。数据的分散程度是数据分布的另一个重要特征，它所反映的是各变量值远离其中心值的程度，因此也称为离中趋势。我们知道，集中趋势的各度量值是对数据水平的概括性度量，而它对一组数据的代表程度，则取决于该组数据的离散水平。数据的离散程度越大，集中趋势的度量值对该组数据的代表性就越差；离散程度越小，其代表性就越好。而离中趋势的各度量值就是对数据离散程度所作的描述。

描述数据离散程度的度量值，根据数据类型的不同，主要有极差、方差和标准差、平均差以及变异系数等。

一、极差

定义 4.6　一组数据的最大值和最小值的差，称为极差（range），也称全距，用 R 表示。极差的计算公式为

$$R = \text{Max}(x) - \text{Min}(x) \qquad\qquad (4.12)$$

式中，$\text{Max}(x)$ 和 $\text{Min}(x)$ 分别表示一组数据的最大值和最小值。

从式（4.12）不难看出，只要我们知道一组数据的极大值和极小值，就可以计算出极差，因此可以说极差是描述数据离散程度的最简单度量值，其计算简单、易于理解，但容易受极端值的影响。由于极差只是利用了一组数据两端（最大值和最小值）的信息，不能反映出中间数据的分散状况，因而它不能准确描述数据的分散程度。

 小提示

利用 Excel 或 WPS 表格中的 MAX 和 MIN 函数可以计算一组数据的极差，其语法为 MAX（number1，number2，…）–MIN（number1，number2，…）。其中，函数 MAX 计算一组数据的最大值，函数 MIN 计算一组数据的最小值。

二、平均差

定义 4.7　各变量值与其平均数离差绝对值的平均数，称为平均差（mean deviation），也称为平均绝对离差（mean absolute deviation），用 M_d 表示。

对于原始数据和分组数据平均差的计算方法稍有不同，对于未分组的数据，平均差的计算公式为

$$M_d = \frac{\sum_{i=1}^{n} |x_i - \overline{x}|}{n} \qquad (4.13)$$

如果我们事先对数据进行了分组，则平均差的计算公式为

$$M_d = \frac{\sum_{i=1}^{n} |M_i - \overline{x}| f_i}{n} \qquad (4.14)$$

【例 4.7】利用例 4.1 的数据，计算某企业员工年龄的平均差。

解：如图 4.3 所示，计算表中的数据可得

$$M_d = \frac{\sum_{i=1}^{n} |M_i - \overline{x}| f_i}{n} = \frac{2\,710.2}{300} = 9.034（岁）$$

	A	B	C	D	E	F	G
1	员工按年龄分组	员工人数 (f_i)	组中值 (M_i)	$M_i f_i$	$\|M_i - \overline{x}\|$	$\|M_i - \overline{x}\| f_i$	
2	20岁以下	24	15	360	23.3	559.2	→ABS =(C2-B8)
3	20~30	39	25	975	13.3	518.7	=E4*B4
4	30~40	84	35	2940	3.3	277.2	
5	40~50	120	45	5400	6.7	804	=SUM(F2:F6)
6	50岁以上	33	55	1815	16.7	551.1	
7	合计	300	—	11490		2710.2	=F7/B7
8	平均年龄 ($\overline{x}$)：	38.3		=D7/B7	平均差：	9.034	

图 4.3　某企业员工年龄平均差的计算表

📖 **小提示**

利用 Excel 或 WPS 表格中的 AVEDEV 函数可以计算一组数据的平均差，其语法为 AVEDEV（number1，number2，…），"number1，number2，…"是用于计算平均差的一组参数。

三、方差和标准差

平均差的计算公式中包含绝对值符号，其意义在于消去离差的正负号，但在数学计算上不太方便，为此我们用平方的办法消去离差的正负号，这样计算的离差平均数称为方差。方差（或标准差）是实际中应用最广泛的离散程度度量值，它反映了每个数据与其平均数相比平均相差的数值，因此它能准确地反映出数据的离散程度。

定义 4.8　各变量值与其平均数离差平方的平均数，称为方差（variance）。通常用 σ^2（总体方差）或 s^2（样本方差）表示。

总体方差的计算公式为

$$\sigma^2 = E(x - E(x))^2 = \int (x - E(x))^2 f(x) \mathrm{d}x \qquad (4.15)$$

式中，$f(x)$ 为随机变量 x 的概率密度函数，$E(x)$ 为随机变量 x 的数学期望。

原始数据和分组数据样本方差的计算方法稍有区别，对于原始数据的样本方差计算公式为

$$s^2 = \frac{\sum_{i=1}^{n} (x_i - \overline{x})^2}{n-1} \qquad (4.16)$$

对于分组数据，样本方差的计算公式为

$$s^2 = \frac{\sum\limits_{i=1}^{k} (M_i - \overline{x})^2 f_i}{n-1} \tag{4.17}$$

样本方差是用样本数据个数或总频数减 1 去除离差平方和，其中样本数据个数减 1（即 $n-1$）称为自由度（degree of freedom）。自由度是指附加给独立观测值的约束或限制的个数。从字面含义来看，自由度是指一组数据中可以自由取值的个数。当样本数据的个数为 n 时，若样本平均数 $\overline{x}$ 确定后，则附加给 n 个观测值的约束个数就是 1 个，因此，只有 $n-1$ 个数据可以自由取值，其中必有一个数据不能自由取值。按照这个逻辑，如果对 n 个观测值附加的约束个数为 k 个，那么自由度则为 $n-k$。之所以计算样本方差时分母选择 $n-1$ 而不是 n，是因为这样计算出来的样本方差恰好是总体方差的无偏估计。

定义 4.9 方差的平方根，称为标准差（standard deviation）。通常用 σ（总体标准差）或 s（样本标准差）表示。

与方差不同的是，标准差的量纲与变量值的计量单位相同，因此，其实际意义要比方差更清楚。因此，我们对实际问题进行分析时更多地使用标准差。

与总体方差相对应，总体标准差的计算公式为

$$\sigma = \sqrt{E(x - E(x))^2} = \sqrt{\int (x - E(x))^2 f(x) \mathrm{d}x} \tag{4.18}$$

与样本方差相对应，对于原始数据，其样本标准差的计算公式为

$$s = \sqrt{\frac{\sum\limits_{i=1}^{n} (x_i - \overline{x})^2}{n-1}} \tag{4.19}$$

对于分组数据样本标准差的计算公式为

$$s = \sqrt{\frac{\sum\limits_{i=1}^{k} (M_i - \overline{x})^2 f_i}{n-1}} \tag{4.20}$$

【例 4.8】 利用例 4.1 的数据，计算某企业员工年龄的方差和标准差。

解： 由图 4.4 的计算表可得到员工年龄的方差和标准差。

员工按年龄分组（f_i）	员工人数（f_i）	组中值（M_i）	$M_i f_i$	$(M_i - \overline{x})^2$	$(M_i - \overline{x})^2 f_i$	
20岁以下	24	15	360	542.29	13029.36	=(C2-B8)^2
20-30	39	25	975	176.89	6898.71	
30-40	84	35	2940	10.89	914.76	=E5*B5
40-50	120	45	5400	44.89	5386.8	
50岁以上	33	55	1815	278.89	9203.37	=SUM(F2:F6)
合计	300		11490		35433	
平均年龄	38.3					

图 4.4 某企业员工年龄方差和标准差的计算表

该企业员工年龄的方差为

$$s^2 = \frac{\sum\limits_{i=1}^{k} (M_i - \overline{x})^2 f_i}{n-1} = \frac{35\,433}{299} = 118.51$$

该企业员工年龄的标准差为

$$s = \sqrt{\frac{\sum\limits_{i=1}^{k} (M_i - \overline{x})^2 f_i}{n-1}} = \sqrt{118.51} = 10.89$$

四、变异系数

上面介绍的极差、平均差、方差和标准差都是反映数据分散程度的绝对值，其数值的大小一方面受到原变量值本身水平高低的影响，也就是与变量的平均数有关。变量值绝对水平高的，离散程度的度量值自然也就大；绝对水平低的，离散程度的度量值自然也就小。另一方面，它们与原变量值的计量单位有关，采用不同计量单位计量的变量值，其离散程度的度量值也就不同。因此，对于平均水平不同或计量单位不同的不同组别的变量值，是不能用上述离散程度的度量值直接比较其离散程度的。为消除变量值水平高低和计量单位不同对离散程度度量值的影响，我们需要计算变异系数。

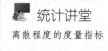

统计讲堂

离散程度的度量指标

定义 4.10 一组数据的标准差与其相应的平均数之比，称为变异系数（coefficient of variation），也称为离散系数。

变异系数是度量数据离散程度的相对统计量。变异系数通常是根据标准差来计算的，因此也称为标准差系数，其计算公式为

$$v = \frac{s}{\bar{x}} \tag{4.21}$$

变异系数的作用主要是比较不同样本数据的离散程度。变异系数大的，说明数据的离散程度也就大；变异系数小的，说明数据的离散程度也就小。当然，对于样本均值接近 0 的样本数据，变异系数的值可能会变大，这时采用变异系数度量样本的离散程度时需要谨慎。

【例 4.9】 某班级共有 12 名同学，期末考试英语和计算机成绩如图 4.5 所示，试比较该班英语成绩与计算机成绩离散程度的大小。

解： 由图 4.5 的计算表可以看出，尽管该班计算机成绩的标准差大于英语成绩的标准差，但由于计算机课程的平均成绩较高，而英语课程的平均成绩相对较低，最后导致计算出来的英语课程成绩变异系数 0.08 比计算机课程成绩的变异系数 0.06 要大，说明英语成绩的离散程度更大一些。

图 4.5　某班级期末考试英语与计算机成绩

第三节　偏态和峰态的度量

尽管集中趋势和离散程度可以分别测度一组数据的集中趋势和离散趋势，是测度数据分布的两个重要特征，但要全面了解数据分布的特点，我们还需要知道数据分布的形状是否对

称、偏斜程度以及分布的扁平程度等。偏态和峰态就是对分布形状的测度。

一、偏态及其测度

偏态一词最早由统计学家卡尔·皮尔逊（K.Pearson）于 1895 年提出，用于测度一组数据分布是否对称及非对称的程度。

定义 4.11 数据分布的不对称性，称为偏态（skewness）。

利用众数、中位数和平均数之间的关系就可以大体判断数据分布是对称、左偏还是右偏的，即通过上述三个统计量可以判别偏态的方向，但要测度偏斜的程度还需要计算偏态系数。

定义 4.12 对数据分布的不对称性的度量值，称为偏态系数（coefficient of skewness）。记为 SK。

偏态系数的计算公式有很多，对于未分组数据，常采用下面的公式

$$SK = \frac{n}{(n-1)(n-2)} \sum_{i=1}^{n} \left(\frac{x_i - \overline{x}}{s} \right)^3 \tag{4.22}$$

式中，s 为样本标准差。

偏态系数用于测度数据分布的非对称性程度。当一组数据的偏态系数等于 0 时，表明该组数据的分布是对称的；如果偏态系数明显不等于 0，表明分布是非对称的，偏态系数小于 0，是一种左偏分布，又称为负偏；偏态系数大于 0，是一种右偏分布，又称为正偏。若偏态系数大于 1 或小于−1，被称为高度偏态分布；若偏态系数介于 0.5～1 或−1～−0.5，被认为是中等偏态分布；偏态系数越接近 0，偏斜程度就越低。

 小提示

利用 Excel 中的 SKEW 函数可以计算一组数据的偏态系数，其语法为 SKEW（number1，number2，…）。如果数据点少于三个，或样本标准差为 0，则函数 SKEW 返回错误值#DIV/0!!。

二、峰态及其测度

峰态一词最早由统计学家卡尔·皮尔逊（K.Pearson）于 1905 年提出。峰态是对数据分布平峰或尖峰程度的测度。

定义 4.13 数据分布的平峰或尖峰程度，称为峰态（kurtosis）。

我们对一组数据峰态的测度需要计算峰态系数。

定义 4.14 对数据分布峰态的度量值，称为峰态系数（coefficient of kurtosis），记作 K。

峰态通常是与标准正态分布相比较而言的。如果一组数据服从标准正态分布，则峰态系数的值等于 0；若峰态系数的值不等于 0，表明这组数据的分布比正态分布更平或更尖，通常称为平峰分布或尖峰分布，如图 4.6 和图 4.7 所示。

对于未分组数据计算峰态系数时，通常采用下面的公式：

$$K = \frac{n(n+1)\left\{ \sum_{i=1}^{n}(x_i - \overline{x})^4 - 3(n-1)\left[\sum_{i=1}^{n}(x_i - \overline{x})^2 \right]^2 \right\}}{(n-1)(n-2)(n-3)s^4} \tag{4.23}$$

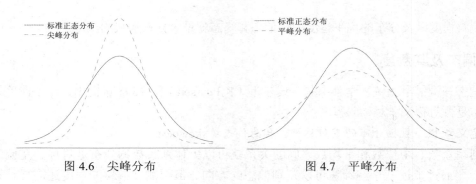

图 4.6　尖峰分布　　　　　　　　　　图 4.7　平峰分布

对于分组数据计算峰态系数是用离差四次方的平均数，再除以标准差的四次方，其计算公式为

$$K = \frac{\sum_{i=1}^{k} (M_i - \bar{x})^4 f_i}{ns^4} - 3 \tag{4.24}$$

上述两式中均除以 s^4 是为了将峰态系数转化成相对数。用峰态系数说明分布的尖峰或平峰程度，是通过与标准正态分布的峰态系数比较而言的。由于正态分布的峰态系数为 0，所以 $K>0$ 时为尖峰分布，此时的数据分布更为集中；$K<0$ 时为平峰分布，此时的数据分布更为分散。

 小提示

　　利用 Excel 或 WPS 表格中的 KURT 函数可以计算一组数据的峰态系数，其语法为 KURT（number1，number2，…）。如果数据点少于四个，或样本标准差为 0，则函数 KURT 返回错误值 #DIV/0!!。

本章前面介绍的有关集中趋势、离散程度以及偏态和峰态等相关描述性统计指标的计算可以利用 Excel 的"数据分析"工具直接实现。

单击"数据分析"按钮，出现图 4.8 所示的"数据分析"对话框。

选中图 4.8 所示"数据分析"对话框中的"描述统计"，单击"确定"按钮，出现图 4.9 所示的"描述统计"对话框。

在"描述统计"对话框中主要包括如下内容：

（1）输入区域。在此输入框输入待分析数据区域的单元格引用。该引用必须由两个或两个以上按列或行组织的相邻数据区域组成。

图 4.8　"数据分析"对话框

图 4.9　"描述统计"对话框

（2）分组方式。如果需要指出输入区域中数据是按行还是按列排列，请单击"逐行"或"逐列"按钮。

（3）标志位于第一行。如果输入区域的第一行中包含标志项，请选中"标志位于第一行"复选框。如果输入区域没有标志项，则不选择，Excel 将在输出表中自动生成数据标志。

（4）输出区域。在此输入框输入对输出表左上角单元格的引用，此工具将为每个数据集产生两列信息，左边一列包含统计标志项，右边一列包含统计值。根据所选择的"分组方式"选项的不同，Excel 将为输入表中的每一行或每一列生成一个两列的统计表。

（5）新工作表组。单击此选项，可在当前工作簿插入新工作表，并由新工作表的"A1"单元格开始粘贴数据结果。如果需要给新工作表命名，请在右侧编辑框中输入新工作表的名称。

（6）新工作簿。单击此选项，可创建一新工作簿，并在新工作簿的新工作表中粘贴计算结果。

（7）汇总统计。如果需要 Excel 在输出表中生成下列统计结果，请选中此选项。这些统计结果有：均值、方差、标准差、中位数、众数、极差、最大值、最小值、总和、数据个数、偏态、峰态和标准误差。

🙂 思考实践

　　本章大部分内容同学们都在概率论和数理统计的课程中学过了，能否分辨出应用统计学中统计计算方法和数学中统计计算方法的异同呢？请牢记本章的数学公式，并进行分类和总结。

（8）平均数置信度。如果需要在输出表的某一行中包含均值的置信度，请选中此项，然后在右侧的编辑框中，输入所要使用的置信度。例如，数值95%可用来计算在显著性水平为5%时的均值置信度。

（9）第 K 大值。如果需要在输出表的某一行中包含每个区域的数据的第 K 个最大值，请选中复选框，然后再在右侧的编辑框中，输入 K 的数值。如果输入 1，则这一行将包含数据集中的最大数值。

（10）第 K 小值。如果需要在输出表的某一行中包含每个区域的数据的第 K 个最小值，请选中复选框，然后再在右侧的编辑框中输入 K 的数值。如果输入 1，则这一行将包含数据集中的最小数值。

📺 统计讲堂

描述性统计（潘鸿主讲）

| （一） | （二） | （三） | （四） | （五） |

 本章小结

　　本章介绍了数据集中趋势和离散程度的一些主要度量值。在集中趋势中，本章介绍了平均数、众数、中位数以及四分位数。平均数是集中趋势的最常用度量值，其缺点是易受极端值的影响；众数是一组数据中出现次数最多的变量值，其特点是不受极端值的影响；中位数

是一组数据经排序后处于中间位置上的变量值，与之类似的还有四分位数，它是处于25%和75%位置上的变量值，它们都不受极端值的影响。

度量数据离散程度的统计量主要有极差、平均差、方差、标准差以及离散系数等。极差是描述数据离散程度的最简单测度值，其计算简单、易于理解，由于极差只是利用了一组数据两端（最大值和最小值）的信息，因此容易受极端值的影响。平均差可以较好地反映变量值的离散程度，但由于公式中包含绝对值，因此计算相对复杂。方差是一组数据各变量值与其均值离差平方和的平均数，其平方根称为标准差，它是度量数据离散程度的最常用度量值，主要用于衡量均值对一组数据的代表程度。变异系数是一组数据的标准差与其相应的均值之比，它测度了一组数据的相对离散程度，主要用于对不同组别数据离散程度的比较。

本章还介绍了测度一组数据分布形状的统计量：偏态和峰态。这两个统计量可以帮助我们进一步了解数据分布的特征。

 思考与练习

一、不定项选择题

1. 1990年发表的一篇文章讨论了男性和女性工商管理硕士（MBA）毕业生起薪的差别。文章称，从前20名商学院毕业的女性工商管理硕士（MBA）的平均起薪是54 749美元，中位数是47 543美元，标准差是10 250美元。对样本均值可解释为（　　　）。

　　A. 大多数女性工商管理硕士（MBA）的起薪是54 749美元

　　B. 最常见到的起薪是54 749美元

　　C. 样本起薪的平均值为54 749美元

　　D. 有一半的起薪低于54 749美元

2. 同上题，根据这些数据可以判断，女性工商管理硕士（MBA）起薪的分布形状是（　　　）。

　　A. 尖峰，对称　　　B. 右偏　　　　　　C. 左偏　　　　　　　D. 均匀

3. 10家公司在电视广告上的花费如下（单位：万元）：72，63.1，54.7，54.3，29，26.9，25，23.9，23，20，那么，样本的方差为（　　　）。

　　A. 19.543 3　　　　B. 381.939　　　　C. 18.540 4　　　　D. 343.745

4. 10家公司在电视广告上的花费如下（单位：万元）：72，63.1，54.7，54.3，29，26.9，25，23.9，23，20，那么，样本数据的中位数为（　　　）。

　　A. 28.46　　　　　B. 30.20　　　　　C. 27.95　　　　　　D. 28.12

5. 对于右偏分布，均值、中位数和众数之间的关系是（　　　）。

　　A. 均值＞中位数＞众数　　　　　　　B. 中位数＞均值＞众数

　　C. 众数＞中位数＞均值　　　　　　　D. 众数＞均值＞中位数

6. 某班学生的统计学平均成绩是70分，最高分是96分，最低分是62分，根据这些信息，可以计算的离散程度的测度指标是（　　　）。

　　A. 方差　　　　　　B. 极差　　　　　　C. 标准差　　　　　　D. 变异系数

7．五所大学新生的教科书费用如下（单位：元）：200，250，375，125，280。教科书费用的方差是（   ）。

    A．92.965   B．8 642.5   C．83.150 5   D．6 914.0

8．五种新型车的最高时速如下（km/h）：100，125，115，175，120。它们的标准差为（   ）km/h。

    A．28.416 5   B．807.5   C．25.416 5   D．646.0

9．大学生每学期花在教科书上的费用平均为280元，标准差为40元。如果已知学生在教科书上的花费是呈尖峰对称分布的，则在教科书上的花费在160～320元的学生占（   ）。

    A．大约95%   B．大约97.35%   C．大约81.5%   D．大约84%

10．某班学生的平均成绩是180分，标准差是50分。如果没有成绩分布的其他信息，可以判断成绩在80～280分的学生占（   ）。

    A．大约95%   B．至少89%   C．大约68%   D．至少75%

11．当某一分布为左偏分布时，测度集中趋势的三个统计量：众数 M_0，中位数 M_e 和平均数 $\bar{x}$ 的关系为（   ）。

    A．$M_0 < M_e < \bar{x}$ B．$M_e < M_0 < \bar{x}$ C．$\bar{x} < M_0 < M_e$ D．$\bar{x} < M_e < M_0$

12．（   ）是测度离散趋势的度量值。

    A．平均数   B．方差   C．中位数   D．峰态

13．下列有关样本方差的公式，描述正确的是（   ）。

    A．$s^2 = \dfrac{(x_i - \bar{x})^2}{n-1}$ B．$s^2 = \dfrac{(x_i - E(x))^2}{n-1}$

    C．$s^2 = \dfrac{\sum (x_i - \bar{x})^2}{n-1}$ D．$s^2 = \dfrac{\sum (x_i - \bar{x})^2}{n}$

14．下列指标中，易受极端值影响的指标为（   ）。

    A．众数   B．平均数   C．四分位数   D．中位数

15．下列有关变异系数的定义正确的是（   ）。

    A．$\dfrac{s^2}{n}$ B．$\dfrac{s^2}{\bar{x}}$ C．$\dfrac{s}{\bar{x}}$ D．$\dfrac{\bar{x}}{s}$

二、简答题

1．什么是数据的集中趋势，度量数据集中趋势的指标有哪些？

2．什么是数据的离散程度，度量数据离散程度的指标有哪些？

3．在不同分布类型中（对称、左偏和右偏分布），比较平均数、众数和中位数之间的关系。

第五章 抽 样

【本章要点】

1．了解抽样的基本术语；

2．了解抽样的方法；

3．结合电子表格软件的运用，掌握正态分布、t分布、卡方分布和F分布等常用统计量的分布；

4．掌握样本均值、样本比例和样本方差的抽样分布。

【实验导引】

第五章～第六章的上机实验内容参见"附录1实验指导书"中实验二的"抽样"部分，计划为4学时，建议上机实验与理论讲授交叉进行，实验素材的电子文档需从人邮教育社区（www.ryjiaoyu.com）本书相关页面下载（文件名中含"应用统计学实验用素材"）。本章上机实验主要复习概率分布内容——离散概率分布和连续概率分布，练习随机抽样，掌握中心极限定理的计算机实验——抽样分布的计算机实验，运用构架进行抽样估计的必要样本容量计算。

第一节 抽 样 概 述

定义5.1 抽样调查是根据随机原则从总体中抽取部分样本数据进行调查，并利用样本的数据资料计算样本指标，以样本特征值对总体特征值作出具有一定可靠程度的估计和判断的统计方法。

抽样调查相比于全面调查，具有花费少、适应性强的特点。抽样调查有以下几个基本术语。

一、全及总体

全及总体是指由与被调查对象具有同一性质的全部单位所构成的集合体，简称总体。总体按其各单位标志的性质不同，可以分为变量总体和属性总体两类。构成变量总体的各个单位可以用一定数量标志加以反映，例如，研究居民的收入水平，每户居民的收入就是它的数量标志，反映各户的数量特征。那些只能用文字描述属性特征的总体称为属性总体，如在研究职工文化程度时，职工总体就是属性总体。

对于变量总体可分为无限总体和有限总体两大类。有限总体所包含的单位数是有限的，因而它的变量值也是有限的。无限总体所包含的单位数是无限多的，因而它的变量值也是无限的。通常全及总体的单位数用大写的英文字母 N 表示。例如，人口总体、粮食产量总体、钢材产量总体等。

二、样本

样本是从总体中抽取的进行调查的部分单位的集合体，又称抽样总体。样本中的单位数常用 n 表示。一般来说，当 $n \geqslant 30$ 时称大样本，当 $n < 30$ 时称小样本。

三、抽样框

抽样框是包括全部抽样单位的名单框架。具体的表现形式大致有三种：其一，名单抽样框，如学生名单、职工名单、企业名单等；其二，区域抽样框，如将一个城市按行政区划分为若干区、街道、居委会等；其三，时间抽样框，如对流水线上的产品每隔一定时间抽取一定单位。

四、抽样单位

抽样单位是指在抽样框上排列的个体单位。如，对学生进行调查的时候，学生名单就是一个抽样框，每一个学生就是一个抽样单位。

五、总体参数和样本统计量

总体参数是反映总体数量特征的数值。在抽样推断中，参数是未知的、待估计的确定值。不同性质的总体，需要计算不同的参数。对于变量总体，由于各单位的标志可以用数量来表示，所以可以计算总体平均数。其表达式为

$$\mu = \frac{\sum X}{N}$$

对于属性总体，由于各单位标志不能用数量来表示，只能用文字进行描述，所以，常常计算结构相对指标，称为总体成数，用英文字母 π 表示，它说明总体中具有某种标志的单位数在总体中所占的比重。设总体有 N 个单位，有 N_1 个单位具有某种属性，N_0 个单位不具有某种属性，$N_1 + N_0 = N$，π 为总体中具有某种属性的单位数所占的比重，Q 为不具有某种属性的单位数所占的比重，则总体成数为

$$\pi = \frac{N_1}{N} \tag{5.1}$$

$$Q = \frac{N_0}{N} = \frac{N - N_1}{N} = 1 - \pi \tag{5.2}$$

此外，总体参数还有总体方差 σ^2 和总体标准差 σ，它们都是度量总体标志值分散程度的指标。

$$\sigma^2 = \frac{\sum (X - \bar{X})^2}{N} \tag{5.3}$$

$$\sigma = \sqrt{\frac{\sum (X - \bar{X})^2}{N}} \tag{5.4}$$

样本统计量是根据样本资料计算的反映样本数量特征的变量，它的值随着样本的不同而变化，因此是一个随机变量。与总体参数相对应，样本统计量主要有抽样平均数 $\bar{x}$、抽样成数 p、样本方差 s^2 和样本标准差 s。$\bar{x}$ 和 p 用小写英文字母表示，以便与总体相区别。

$$\bar{x} = \frac{\sum x}{n} \tag{5.5}$$

设样本 n 个单位中，n_1 个单位具有某种属性，n_0 个单位不具有某种属性，$n_1+n_0=n$，p 为样本中具有某种属性的单位数所占的比重，q 为不具有某种属性的单位数所占的比重，则抽样成数为

$$p = \frac{n_1}{n} \tag{5.6}$$

$$q = \frac{n_0}{n} = \frac{n - n_1}{n} = 1 - p \tag{5.7}$$

样本方差和样本标准差分别为

$$s^2 = \frac{\sum (x - \bar{x})^2}{n - 1} \tag{5.8}$$

$$s = \sqrt{\frac{\sum (x - \bar{x})^2}{n - 1}} \tag{5.9}$$

总体参数和样本统计量的符号表达方式归纳如表 5.1 所示。

表 5.1　总体参数和样本统计量符号

总体参数符号	样本统计量符号
总体容量：N	样本容量：n
总体平均数：μ	样本平均数：$\bar{x}$
总体成数：π	抽样成数：p
总体方差：σ^2	样本方差：s^2
总体标准差：σ	样本标准差：s

第二节　抽样方法及其分类

通过前面章节的学习，我们知道，样本是按照一定的抽样规则从总体中抽取的一部分单位的集合。在样本的抽取与选择过程中，研究者往往遵循不同的抽样规则。大体来说，根据抽取的规则不同，抽样方法有概率抽样和非概率抽样两种。所谓概率抽样是根据一个已知的概率来抽取样本单位，也就是根据一个已知的概率选取被调查者，无须调查人员在抽样中判断或抽选，换句话说，哪个单位被抽中与否不取决于研究人员的主观意愿，而是取决于客观的机会，即给定的概率。因此，哪个单位被抽中与否是随机的。非概率抽样则是研究人员有意识地选取样本单位，样本单位的抽取不是随机的。

一般来说，统计学中的抽样推断都是建立在概率抽样的基础之上的。本节主要介绍一些常用的概率抽样方法。

一、简单随机抽样

定义 5.2　从含有 N 个元素的总体中，抽取 n 个元素作为样本，使得总体中的每一个元素都有相同的概率被抽中，这样的抽样方式称为简单随机抽样。

简单随机抽样（simple random sampling）有时也叫纯随机抽样，在抽样时，往往是从总体中不加任何分组、划类、排队等，完全随机地抽取调查单位。其特点是，每个样本单位被抽中的概率相等，样本的每个单位完全独立，彼此间无一定的关联性和排斥性。简单随机抽样是其他几种抽样方法的基础，通常只是在总体单位之间差异程度较小和数量较少时，才采用这种方法。

简单随机抽样的方法有重复抽样（sampling with replacement）和不重复抽样（sampling without replacement）两种。重复抽样又称有放回的抽样，从总体中抽取样本时，每次被抽中的单位再被放回到总体中参与下一次抽样，即每次抽样时总体单位数都是 N；不重复抽样又称无放回的抽样，总体中随机抽选的单位经观察后不放回到总体中，即不再参加下次抽样。

简单随机抽样的具体方法一般有以下三种。

（1）直接抽选法，即从总体中直接随机抽选样本。如从货架商品中随机抽取若干商品进行检验；从农贸市场摊位中随意选择若干摊位进行调查或访问等。

（2）抽签法，先将总体中的所有个体编号（号码可以从 1～N），并把号码写在形状、大小相同的号签上。号签可以用小球、卡片、纸条等制作，然后将这些号签放在同一个箱子里，进行均匀搅拌。抽签时，每次从箱子中抽出 1 个号签，连续抽取 k 次，就得到一个样本容量为 k 的样本。在对个体编号时，也可以使用已有的编号，例如从全班学生中抽取样本时，可以使用学生的学号、座位号等。抽签法简便易行，当总体的个体数不多时，适宜采用这种方法。

（3）随机数表法，即利用随机数表作为工具进行抽样。随机数表又称乱数表，是将 0～9 的 10 个数字随机排列成表，以备查用。随机数表法的特点是，无论横行、竖行或隔行都无规律。因此，利用此表进行抽样，可保证随机原则的实现，并简化抽样工作。其步骤是：①确定总体范围，并编排单位号码；②确定样本容量；③抽选样本单位，即从随机数表中任一数码始，按一定的顺序（上下左右均可）或间隔读数，选取编号范围内的数码，超出范围的数码不选，重复的数码不选，直至达到预定的样本容量为止；④排列中选数码，并列出相应单位名称。

简单随机抽样在整个抽样过程中完全遵循随机的原则，是最基本的抽样方法，也是其他抽样方法的基础，因为它在理论上最容易处理，而且当总体单位数 N 不太大时，实施起来并不困难。但在实际中，若 N 相当大时，简单随机抽样就不容易办到了。首先，它要求有一个包含全部 N 个单位的抽样框；其次，用这种抽样方法得到的样本单位较为分散，调查不容易实施。因此，在实际中直接采用简单随机抽样方法的并不多。

下面通过一个例子说明用 Excel 抽出一个随机样本的过程。

【例 5.1】20××级物流管理某班级有 30 名学生，名单如图 5.1 所示。用 Excel 采用简单随机抽样的方法抽出一个由 5 名学生组成的随机样本。

用 Excel 抽取随机样本的具体步骤如下：

第一步，将 30 名学生的名单录入 Excel 工作表中的一列（本例将姓名置于 B 列）。

	学号	姓名	抽样结果	
1				
2	2010813001	李瑞祥	2010813028	张雯
3	2010813002	万芳芳	2010813026	屈园园
4	2010813003	张超	2010813005	周星池
5	2010813004	裴力	2010813014	杨娜
6	2010813005	周星池	2010813022	张园园
7		.	.	
8		.	.	
9				
0	2010813022	张园园		
1	2010813023	于凤岚		
2	2010813024	李云玲		
3	2010813025	卞丽宏		
4	2010813026	屈园园		
5	2010813027	陈宝宁		
6	2010813028	张雯		
7	2010813029	陈丽丽		
8	2010813030	岑鹏		

图 5.1　Excel 的随机抽样结果

第二步，将学生按学号排序（本例将学号置于 A 列）。

第三步，在工具栏中选择"数据分析"选项，然后在"数据分析"选项中选择"抽样"。

第四步，在"抽样"对话框的输入区域中输入学生学号区域，在"抽样方法"中单击"随机"。在"样本数"中输入需要抽样的学生个数（本例为 5）。在"输入区域"中选择抽样结果放置的区域。单击"确定"按钮后即可得到要抽样的样本学生表，如图 5.1 所示。

二、分层抽样

定义 5.3 分层抽样（stratified sampling），也叫类型抽样。在抽样时，将总体分成互不交叉的层，然后按照一定的比例，从各层独立地抽取一定数量的个体，将各层取出的个体合在一起作为样本，这种抽样的方法叫分层抽样。

这种抽样方法的特点是通过划类分层，增大了各类型中单位间的共同性，容易抽出具有代表性的调查样本。分层抽样方法适用于总体情况复杂，各单位之间差异较大，单位较多的情况。这种抽样方法需要注意如下几点：

（1）将相似的个体归入一类，即为一层，分层要求每层的每个个体互不交叉，即遵循不重复、不遗漏的原则，保证样本结构与总体结构的一致性。

（2）分层抽样总体如何分层以及分多少层要视具体情况而定。总的原则是：层内样本的差异要小，而层与层之间的差异要尽可能地大，否则会失去分层的意义。

（3）分层抽样为保证每个个体等概率入样，需在各层中进行简单随机抽样，每层样本数量与每层个体数量的比与这层个体数量与总体容量的比应相等。

【例 5.2】某商场有四类食品，其中粮食类、植物油类、动物性食品类及果蔬类分别有 40 种、10 种、30 种、20 种商品，现从中抽取一个样本容量为 20 的样本进行食品安全检测。若采用分层抽样的方法抽取样本，应该如何抽取？

解：

（1）分层：按食品的类别分成四层，即粮食类、植物油类、动物性食品类及果蔬类。

（2）确定每层抽取个体的个数。总体容量为 40+10+30+20＝100，抽样比为 20/100，即 1/5，故，粮食类商品中抽取的样本数是 40×(1/5)=8，植物油类商品中抽取的样本数是 10×(1/5)=2，动物性食品类商品中抽取的样本数是 30×(1/5)=6，果蔬类商品中抽取的样本数是 20×(1/5)=4。

（3）在各层分别按抽签法或随机数表法抽取样本。

（4）综合每层抽样，组成样本。

由上例可以总结出分层抽样的四个步骤：

（1）确定分层，将总体分成互不交叉的层。

（2）计算抽样比，按比例确定各层要抽取的个体数。

（3）用简单随机抽样或系统抽样，在各层中抽取相应数量的个体。

（4）将各层抽取的个体合在一起，就得到所取样本。

三、系统抽样

定义 5.4 系统抽样（systematic sampling）也称为等距抽样、机械抽样、SYS 抽样，它是首先将总体中各单位按一定顺序排列，根据样本容量要求确定抽选间隔，然后随机确定起点，每隔一定间隔抽取一个单位的抽样方法，是简单随机抽样的变种。

在系统抽样中，先将总体从 $1 \sim N$ 相继编号，并计算抽样距离 $k=N/n$。式中 N 为总体单位总数，n 为样本容量。然后在 $1 \sim k$ 中取一随机数 k_1，作为样本的第一个单位，接着取 k_1+k，k_1+2k，$\cdots$，直至抽够 n 个单位为止。

系统抽样需要有作为排序依据的辅助标志，排序标志各式各样，可以自由选择，但是归纳起来，可以分为两类，即有关标志和无关标志，它们对系统抽样的作用和相应的估计精度有不同的影响。无关标志是指排序的标志与调查的内容没有必然的联系，如研究人口的收入状况时，根据身份证号码和门牌号进行排序；有关标志是指排序的标志与调查研究的内容有关，如农产品产量的调查，以本年平均亩产量为调查变量，以往年已知平均亩产量作为排序标志。

系统抽样的实施方法有随机起点等距抽样法、循环等距抽样法、中点等距抽样法、对称等距抽样法、两端修正法等，这里介绍最简单的随机起点等距抽样法。

随机起点等距抽样法，即定义中所描述的抽样方法，其实施起来主要有四个步骤：①先将总体的 N 个个体编号，按照随机抽样的方法编号，也可以直接使用个体自身所带的号码，如学号、身份证号等；②确定分段间隔 k，对编号进行分段，当 N/n（n 是样本容量）是整数时，取 $k=N/n$，当 N/n 不是整数时，从总体中剔除某些个体，使剩下的总体中个体的个数 N' 能被 n 整除，这时 $k=N'/n$，并将剩下的总体重新进行编号；③在第 l 段用简单随机抽样确定第一个个体编号 l（$l \leq k$）；④按照一定的规则抽取样本，通常是将 l 加上间隔 k 得到第 2 个个体编号（$l+k$），再加 k 得到第 3 个个体标号（$l+2k$），依次进行下去，直到获取整个样本。

【例 5.3】为了解某大学一年级新生英语学习的情况，拟从 503 名大学一年级学生中抽取 50 名作为样本，如何采用系统抽样方法完成这一抽样？

分析：由题设条件可知总体的个数为 503，样本的容量为 50，不能整除，可采用随机抽样的方法从总体中剔除 3 个个体，使剩下的个体数 500 能被样本容量 50 整除，然后再采用系统抽样方法。

解：

第一步，将 503 名学生用随机方式编号为 $1,2,3,\cdots,503$。

第二步，用抽签法或随机数表法，剔除 3 个个体，这样剩下 500 名学生，对剩下的 500 名学生重新编号，或采用补齐号码的方式。

第三步，确定分段间隔 k，$k=500/50=10$，将总体分为 50 个部分，每一部分包括 10 个个体，这时，第 1 部分的个体编号为 $1,2,\cdots,10$；第 2 部分的个体编号为 $11,12,\cdots,20$；依此类推，第 50 部分的个体编号为 $491,492,\cdots,500$。

第四步，在第 1 部分用简单随机抽样确定起始的个体编号，假定是 5。

第五步，依次在第 2 部分，第 3 部分，$\cdots$，第 50 部分，取出号码为 $15,25,\cdots,495$ 的学生，这样得到一个样本容量为 50 的样本。

📚小提示

　　总体中的每个个体都必须等可能地被抽取到样本中，为了实现在等可能条件下的等距"入样"，应先剔除，再"分段"，后定起始位。采用系统抽样，是为了减少工作量，提高抽样的可操作性，减少人为的误差。

系统抽样的优点是简单明了，快速经济，操作灵活方便，较简单随机抽样更精确，使用面广，因而系统抽样常用来代替简单随机抽样。但系统抽样也有不足之处，表现在两个方面：其一是系统抽样的样本常被视为一个集体单元，一般不计算样本调查变量的方差，所以它只能抽象地进行理论分析，而不能对样本方差进行估计；其二是如果总体中的单位呈周期性的变化，则系统抽样的精度可能很高也可能很低，这时要慎重地选择分段间隔 k。

四、整群抽样

定义 5.5 整群抽样（cluster sampling），是先对总体按照一定的标志分成若干个群，以群为基本单位，从中随机抽取群，对抽中的各个群中所包含的所有个体单位进行调查或观察的抽样方法。

整群抽样和分层抽样都是要对总体进行分群（层），但是这两者在划分的原则上有着很大的差别：在分层抽样中，分层的原则是要尽量扩大层间的差异，缩小层内的差异；在整群抽样中，则要求尽量扩大群内差异而缩小群间差异。整群抽样可以根据行政划分、地域或自然形成的群体来分群，其特点是：在样本单元数相同的条件下，整群抽样与简单随机抽样相比，样本单元的分布相对比较集中，调查组织实施过程更加便利，能大幅度降低调查费用。但同时，由于调查单位过于集中，整群抽样限制了样本在总体分布的均匀性。因此，在样本容量相同的情况下，整群抽样的样本代表性较低。整群抽样的抽样标准误差常常大于简单随机抽样。

学习指引
更多抽样方法可参考百度百科或智库·百科"抽样调查"词条。

第三节 抽 样 分 布

抽样分布是指样本统计量的概率分布，本节首先对抽样分布的概念和种类以及几种常见的分布进行介绍，然后对样本均值、样本比例（成数）、样本方差的抽样分布以及统计量的标准差进行讨论。

一、抽样分布的概念和种类以及几种常见的分布

定义 5.6 抽样分布是样本统计量的概率分布，指在重复选取容量为 n 的样本时，由该统计量的所有可能取值形成的相对频数分布，它是一种理论分布。

在抽样推断中，无论是总体还是样本，都可以用平均数、成数、标准差和方差等指标来描述它们的特征，所以，抽样分布包含了样本平均数的抽样分布、样本成数的抽样分布以及样本方差的抽样分布。

使用样本统计量进行统计推断需要知道它的分布。当总体的分布函数已知时，抽样分布是确定的。本节介绍了来自正态总体的几个常用统计量的分布。

1. χ^2 分布（χ^2 distribution）

设随机变量 $X_1, X_2, \cdots, X_n$ 是来自总体 $N(0，1)$ 的一个样本，且相互独立，则称样本统计量 $\chi^2 = X_1^2 + X_2^2 + \cdots + X_n^2$ 服从自由度为 n 的 χ^2 分布，记为 $\chi^2 \sim \chi^2(n)$。

当 $n→∞$ 时，χ^2 分布趋近于正态分布，即 $\chi^2(n) \sim N(n,2n)$。

χ^2 分布的重要特性有以下四点。

【性质 1】 χ^2 分布的变量值始终为正。

【性质 2】 χ^2 分布的形状取决于自由度 n 的大小，通常为不对称的右偏分布，但随着自由度的增大逐渐趋于对称，当 $n→∞$ 时，χ^2 分布的极限分布是正态分布，如图 5.2 所示。

【性质 3】 χ^2 分布的期望为 $E(\chi^2)=n$，方差为 $D(\chi^2)=2n$（n 为自由度）。

【性质 4】 χ^2 分布具有可加性，若 U 和 V 为两个独立的 χ^2 分布随机变量，$U \sim \chi^2(n_1)$，$V \sim \chi^2(n_2)$，则 $U+V$ 这一随机变量服从自由度为（$n_1 + n_2$）的 χ^2 分布。

2. t 分布

设 $X \sim N(0,1), Y \sim \chi^2(n)$，且 X，Y 独立，则称随机变量 $t = \dfrac{X}{\sqrt{Y/n}}$ 服从自由度为 n 的 t 分布，记为 $t \sim t(n)$。

【性质 1】 t 分布是类似正态分布的一种对称分布，它通常要比正态分布平坦和分散。当 $n→∞$ 时，t 分布趋近于标准正态分布。实际应用中，当 $n \geq 30$ 时，t 分布与标准正态分布近似，如图 5.3 所示。

【性质 2】 t 分布的数学期望与方差：$n \geq 2$ 时，t 分布的期望为 $E(t)=0$。$n \geq 3$ 时，t 分布的方差为 $D(t)=n/(n-2)$（n 为自由度）。

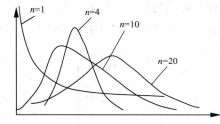

图 5.2　不同自由度 χ^2 分布的概率密度函数曲线

3. F 分布

设 $U \sim \chi^2(n_1), V \sim \chi^2(n_2)$，且 U,V 相互独立，则称随机变量 $F = \dfrac{U/n_1}{V/n_2}$ 服从自由度为（n_1，n_2）的 F 分布，记为 $F \sim F(n_1,n_2)$，如图 5.4 所示。

由定义可知，若 $F \sim F(n_1,n_2)$，则 $\dfrac{1}{F} \sim F(n_2,n_1)$。

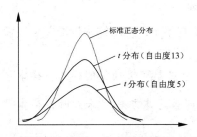

图 5.3　不同自由度的 t 分布与标准正态分布的比较

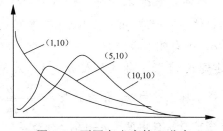

图 5.4　不同自由度的 F 分布

二、样本均值（平均数）的抽样分布

思考实践
试对比分析 χ^2 分布、t 分布和 F 分布的异同。

定义 5.7　样本均值（平均数）的抽样分布，是指在重复选取容量为 n 的样本时，由样本均值的所有可能取值形成的相对频数分布。

对于样本平均数的抽样分布，我们可分为总体方差 σ^2 已知和未知两种情况进行讨论。

1. 总体方差 σ^2 已知时，样本平均数 $\bar{x}$ 的抽样分布

【定理 5.1】设总体 $X \sim N(\mu, \sigma^2)$，$x_1, x_2, \cdots, x_n$ 是一个简单随机样本，则有

$$\bar{x} \sim N(\mu, \sigma^2/n), \quad E(\bar{x}) = \mu, \quad V(\bar{x}) = \sigma^2/n$$

将样本平均数标准化，即有

$$Z = \frac{\bar{x} - \mu}{\sigma(\bar{x})} = \frac{\bar{x} - \mu}{\sigma/\sqrt{n}} \sim N(0,1)$$

上述定理说明了样本平均数的数学期望值等于总体平均数，样本平均数的方差等于总体方差除以样本容量，同时也说明了样本平均数抽样分布具有的基本性质。

【定理 5.2】中心极限定理：设 X 是具有期望值 μ，方差为 σ^2 的任意总体，则样本平均数的抽样分布将随 n 的增大而趋于期望值为总体平均数 μ，标准差为 $\sigma_{\bar{x}} = \dfrac{\sigma}{\sqrt{n}}$ 的正态分布，即 $\bar{x}$ 渐近服从 $N(\mu, \sigma^2/n)$，将这一正态随机变量进行标准化，则有 $Z = \dfrac{x - \mu}{\sigma/\sqrt{n}}$。

无论总体是正态分布还是非正态分布，只要样本容量足够大，在总体平均数 μ 和方差 σ^2 已知且有限的条件下，样本平均数 $\bar{x}$ 的抽样分布就会趋于正态分布。我们一般认为样本容量 $n \geq 30$ 时，即可用定理 5.2 作为推断的依据，如图 5.5 所示。

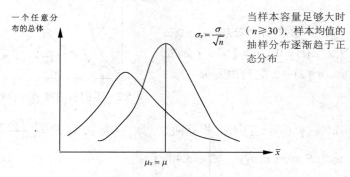

图 5.5　中心极限定理

2. 总体方差 σ^2 未知时，样本平均数 $\bar{x}$ 的抽样分布

当总体方差 σ^2 未知时，可以用样本方差 s^2 代替总体方差 σ^2，或用样本标准差 s 代替总体标准差 σ，则有如下定理。

【定理 5.3】设总体 $X \sim N(\mu, \sigma^2)$，$x_1, x_2, \cdots, x_n$ 是一个简单随机抽样的样本，样本平均数为 $\bar{x}$，样本标准差为 s，则统计量 $t = \dfrac{\bar{x} - \mu}{s/\sqrt{n}} \sim t(n-1)$，即当总体方差 σ^2 未知时，样本平均数的抽样分布服从自由度为 $n-1$ 的 t 分布。

三、样本比例（成数）的抽样分布

定义 5.8　样本比例（成数）的抽样分布，指在重复选取容量为 n 的样本时，由样本比例（成数）的所有可能取值形成的相对频数分布。

在商务与经济管理中，我们有许多情况要用到比例估计，也就是用样本比例去推断总体的比例。如，调查某种产品的合格率，通常是抽取一定数量的样本，通过样本中合格产品占样本总体的比例来推断所有产品的合格率。

比例适用于研究分类变量。对于一个有 N 个单位数的总体，假设抽取的样本数是 n，总体中具有某种属性的单位数是 N_1，不具有某种属性的单位数是 N_0。样本中具有某种属性的单位数是 n_1，不具有这种属性的单位数是 n_0，我们将总体中具有某种属性的单位数与总的单位数的比称为总体比例，用 π 表示；相应的样本比例，用 p 表示，则有

具有某种属性的总体比例$= \pi = N_1 / N$

不具有某种属性的总体比例$= N_0 / N = 1 - \pi$

具有某种属性的样本比例$= p = n_1 / n$

不具有某种属性的样本比例$= n_0 / n = 1 - p$

p 的抽样分布是样本比例 p 的所有可能取值的概率分布，是一种理论概率分布，是推断总体比例的理论基础。由二项分布的原理和渐近分布的理论可知，当样本容量 n 很大时 [$np \geqslant 5$ 和 $n(1-p) \geqslant 5$]，p 的抽样分布可用正态分布逼近，所以样本比例的分布：$p \sim N\left(\pi, \dfrac{\pi(1-\pi)}{n}\right)$。可以证明，$p$ 的数学期望 $E(p)$ 等于总体的比例 π，即

$$E(p) = \pi \qquad\qquad (5.10)$$

而 p 的方差与抽样方法有关。设 p 的抽样方差为 σ_p^2，在重复抽样的条件下，有

$$\sigma_p^2 = \frac{\pi(1-\pi)}{n} \qquad\qquad (5.11)$$

在不重复抽样的条件下，可用修正系数 $\dfrac{N-n}{N-1}$ 加以修正，即

$$\sigma_p^2 = \frac{\pi(1-\pi)}{n}\left(\frac{N-n}{N-1}\right) \qquad\qquad (5.12)$$

即

$$p \sim N\left(\pi, \frac{\pi(1-\pi)}{n}\left(\frac{N-n}{N-1}\right)\right) \qquad\qquad (5.13)$$

与样本均值分布的方差一样，对于无限总体进行不重复抽样时，我们也可以按重复抽样来处理。此时，样本比例的方差仍可按式（5.11）计算。对于有限总体来说，当 N 很大而抽样比 $n/N < 0.5\%$ 时，其修正系数 $\dfrac{N-n}{N-1}$ 趋于 1。这时样本比例的方差也可以按式（5.11）进行计算。下面通过一个例子来说明样本方差的分布。

【例 5.4】假定某统计人员在其填写的报表中，有 2%左右的报表至少会有一处错误，如果我们抽取了一个由 600 份报表组成的随机样本，其中至少有一处错误的报表所占的比例在 0.025 ~ 0.070 的概率有多大？

解：$\begin{cases} np = 0.02 \times 600 = 12 > 5 \\ n(1-p) = 12 \times 0.98 = 11.76 > 5 \end{cases}$ 满足了大样本容量的特点，故 p 的抽样分布可用正态分布逼近，即 $p \sim N\left(\pi, \dfrac{\pi(1-\pi)}{n}\right)$。

$$\sigma_p^2 = \frac{\pi(1-\pi)}{n} = \frac{0.02(1-0.02)}{600} = 3.266\,7 \times 10^{-5}$$

$$\sigma = 0.005\,7, \pi = 0.02$$

所以，$p \sim N(0.02, 0.005\,7^2)$。

$$p(0.025 < p < 0.070) = p\left(\frac{0.025 - 0.02}{0.005\,7} < \frac{p - 0.02}{0.005\,7} < \frac{0.070 - 0.02}{0.005\,7}\right)$$
$$= p(0.877\,2 < z < 8.771\,9)$$
$$= 0.190\,2$$

即在 600 份样本报表中，至少有一处错误的报表所占的比例在 0.025 ~ 0.070 的概率是 0.190 2。

四、样本方差的抽样分布

方差（variance）用来度量随机变量和其数学期望（即均值）之间的偏离程度。在许多实际问题中，研究随机变量和均值之间的偏离程度有着很重要的意义。通常，由于总体太庞大而无法计算，或者计算不方便，就需要通过样本方差 s^2 去推断总体方差 σ^2，于是，了解样本方差的抽样分布就显得格外重要了。

定义 5.9 样本方差的抽样分布是指在重复选取容量为 n 的样本时，由样本方差的所有可能取值形成的相对频数分布。

统计讲堂

频率分布的概念及其图形展示

设 $x_1, x_2, \cdots, x_n$ 是来自正态总体 $N(\mu, \sigma^2)$ 的样本，$\bar{x}$ 是样本均值，则有

$$\bar{x} \sim N(\mu, \sigma^2)$$

对于正态总体的样本均值 $\bar{x}$ 和样本方差 s^2，有：① $\bar{x}$ 和 s^2 独立；

② $\frac{(n-1)s^2}{\sigma^2} \sim \chi^2(n-1)$；③ $\frac{\bar{x} - \mu}{s / \sqrt{n}} \sim t(n-1)$。

由前面对 χ^2 分布以及 t 分布的介绍，可以计算出样本方差的抽样分布。

小提示

利用 χ^2 分布表可以很容易地查到给定显著性水平 α 的临界值。我们也可以利用 Excel 或 WPS 表格提供的 CHIDIST 统计函数，计算 χ^2 分布右单尾的概率值，其语法为 CHIDIST(x, df)。其中，df 为自由度，x 是随机变量的取值（可以利用"插入函数"命令来实现）。

本章小结

抽样是在总体中抽取部分单位组成样本，并收集样本单位的数据资料计算样本指标，以样本特征值对总体特征值作出具有一定可靠程度的估计和判断的方法。

在进行抽样调查时，常用的基本术语是全及总体、样本、抽样框、抽样单位、几个总体参数和样本统计量。

抽样方法有概率抽样和非概率抽样两种，一般来说，统计学中的抽样推断都是建立在概率抽样的基础之上。概率抽样方法主要有简单随机抽样、分层抽样、系统抽样、整群抽样等。

抽样分布是指样本统计量的概率分布。它是一种理论分布，是在重复选取容量为 n 的样本时，由该统计量的所有可能取值形成的相对频数分布。常见的抽样分布有 χ^2 分布、t 分布、F 分布等。

思考与练习

一、不定项选择题

1. 已知总体的均值为 100，标准差为 10，从该总体中随机抽取样本容量为 100 的样本，则样本均值抽样分布的标准误差为（　　）。

    A. 100　　　　　　B. 10　　　　　　C. 1　　　　　　D. 50

2. 抽样平均误差，确切地说是所有样本指标（样本平均数和样本成数）的（　　）。

    A. 平均数　　　　B. 全距　　　　　C. 标准差　　　　D. 离差系数

3. 在不重复抽样中，抽样单位数从 5% 增加到 20%，抽样平均误差（　　）。

    A. 增加 39.7%　　B. 增加约一半　　C. 减少约一半　　D. 没有什么变化

4. 在其他条件不变的情况下，如果允许误差范围缩小为原来的 1/2，则样本容量（　　）。

    A. 扩大为原来的 4 倍　　　　　　　　B. 扩大为原来的 2 倍

    C. 缩小为原来的 1/2 倍　　　　　　　D. 缩小为原来的 1/4 倍

5. 社会经济现象多呈（甲：对称分布；乙：U 型分布；丙："两头小，中间大"分布；丁："两头大，中间小"分布）（　　）分布。

    A. 甲、丙　　　　B. 甲、丁　　　　C. 乙、丙　　　　D. 乙、丁

6. 随机抽出 100 个工人，占全体工人的 1%，工龄不到 1 年的工人比重为 10%。在概率为 0.954 5（$t=2$）时，计算工龄不到 1 年的工人比重的抽样极限误差为（　　）。

    A. 0.6%　　　　　B. 6%　　　　　　C. 0.9%　　　　　D. 3%

二、简答题

1. 如何理解总体参数与样本统计量的含义？

2. 请举例说明几种常用的抽样方法。

3. 什么是抽样分布？请列举几种常见的抽样分布。

4. 样本均值的分布与总体分布的关系是什么？

5. 解释中心极限定理的含义。

三、计算题

1. 从均值为 200、标准差为 50 的总体中，抽取 $n=100$ 的简单随机样本，用样本均值 $\bar{x}$ 估计总体均值。

（1）$\bar{x}$ 的数学期望是多少？

（2）$\bar{x}$ 的标准差是多少？

（3）$\bar{x}$ 的抽样分布是什么？

（4）样本方差 s^2 的抽样分布是什么？

2. 假定总体共有 1 000 个单位，均值 $\mu = 32$，标准差 $\sigma = 5$。从中抽取一个样本量为 30 的简单随机样本用于推断总体的情况。

（1）$\bar{x}$ 的数学期望是多少？

（2）$\bar{x}$ 的标准差是多少？

3．从一个标准差为 5 的总体中抽出一个样本量为 40 的样本，样本均值为 25。样本均值的抽样标准差 $s_{\bar{x}}$ 等于多少？

4．设总体均值 $\mu=17$，标准差 $\sigma=10$。从该总体中抽取一个样本量为 25 的随机样本，其均值为 $\bar{x}_{25}$；同样，抽取一个样本量为 100 的随机样本，样本均值为 $\bar{x}_{100}$。

（1）描述 $\bar{x}_{25}$ 的抽样分布。

（2）描述 $\bar{x}_{100}$ 的抽样分布。

5．从 $\sigma=10$ 的总体中抽取样本量为 50 的随机样本，求下列情况时样本均值的抽样标准差：

（1）重复抽样。

（2）不重复抽样，总体单位数分别为 50 000、5 000、500。

6．假定顾客在超市一次性购物的平均消费是 85 元，标准差是 9 元。从中随机抽取 40 名顾客，每名顾客消费金额大于 87 元的概率是多少？

7．在校大学生每月的平均支出是 448 元，标准差是 21 元。随机抽取 49 名学生，样本均值在 441～446 元的概率是多少？

第六章 参数估计

【本章要点】

1. 掌握单个总体参数（均值、比例、方差）的区间估计；
2. 掌握两个总体参数（两个总体均值之差、两个总体方差之比）的区间估计；
3. 了解必要样本容量的确定。

【实验导引】

本章上机实验主要练习运用构架进行抽样估计及必要样本容量的计算。

参数估计是推断统计的一项重要内容，在实际中，如果总体的分布形式是已知的，那么它的分布就由一个或几个参数完全确定了。因此，我们要了解某个总体的情况，只需知道该总体的几个参数就可以了。但通常情况下，总体的参数是未知的，需要从总体中抽取样本，用样本所提供的信息来估计总体分布中所包含的未知参数。上述过程称为参数估计。

定义 6.1 参数估计是指利用样本统计量去估计总体的过程。

本章主要介绍参数估计的基本方法：单个总体的区间估计，包括单个总体均值的区间估计，单个总体比例的区间估计以及总体方差的区间估计；两个总体的区间估计，包括两个总体均值之差的区间估计，两个总体比例之差的区间估计和两个总体方差比的区间估计。

在介绍上述相关内容之前，首先介绍参数估计的相关概念。

学习指引

对于参数估计的分类，读者可参考百度百科或智库百科"参数估计"词条。

第一节 参数估计的相关概念

对于我们所研究的总体，如果我们能够测度总体的所有数据，则根据第四章的内容可知，我们只需要对总体的全部数据进行汇总并计算描述统计值，就可以了解总体的相关数量特征。比如总体的均值、比例以及方差等。但现实的情况往往比较复杂，有些总体包含的个体单位较多，如果对每个个体都进行观测，会消耗大量的人力和物力。另外，有些观测还可能需要进行破坏性的试验，比如测定灯泡的使用寿命，对于这样的情况，我们不可能对总体的每个个体都一一测定，通常是从总体中抽取一定数量的样本进行调查，然后根据样本所提供的信息推断总体的相关情况。例如，用样本均值估计总体均值，用样本比例估计总体比例，用样本方差估计总体方差等。

定义 6.2 在参数估计中，用来估计总体参数的统计量，称为估计量。

例如样本均值、样本比例以及样本方差可以作为估计总体均值、总体比例和总体方差的估计量。用来估计总体参数的估计量可能并不唯一，不同方法估计同一个参数可能选择不同的估计量。估计量通常用 $\hat{\theta}$ 表示。

从总体中抽取样本，然后利用样本数据计算出来的估计量的具体数值称为估计值。

定义 6.3 估计值是指利用样本数据计算出来的估计量的具体数值。

例如，我们估计某一地区农民某一年平均收入，可以在该地区随机抽取一定数量的样本，计算样本均值 $\bar{x}$ 得到样本的平均收入。然后，利用这个样本均值 $\bar{x}$ 去估计该地区农民的平均收入，即总体均值 μ。μ 也称为总体参数，这个样本均值 $\bar{x}$ 为用来估计总体参数 μ 的统计量，称为估计量。将抽取的样本数据代入到 $\bar{x}$ 中，得到 $\bar{x}$ 的具体数值，比如 10 000 元，则 10 000 元称为估计值。

从上面的分析可知，统计量一定能够利用样本数据计算出一个确定的数值，因此估计量中不能包含未知的参数。

第二节 参数估计方法

参数估计方法主要包括点估计和区间估计两种。

一、点估计与大数定律

定义 6.4 点估计，是直接利用样本估计量 $\hat{\theta}$ 的值作为总体参数 θ 的估计值。

例如，直接利用样本数据计算的样本均值 $\bar{x}$、样本比例 p 以及样本方差 s^2 作为总体均值 μ、总体比例 π 以及总体方差 σ^2 的估计值，则 $\bar{x}$、p 和 s^2 称为总体均值 μ、总体比例 π 以及总体方差 σ^2 的点估计。比如，在前例中，将抽取的样本计算的平均收入 $\bar{x} = 10\ 000$ 元直接作为该地区农民平均收入 μ 的估计值，就是一个点估计。

之所以选择样本均值作为总体均值的点估计，是因为随着样本容量的增加，样本均值逐渐收敛于总体均值，即大数定律。大数定律表明，当样本容量很大时，事件发生的频率与概率发生较大偏差的可能性很小。

思考实践

点估计和区间估计的具体区别在哪里？

参考答案

二、区间估计

由大数定律可知，我们可以利用样本均值估计总体均值，并且随着样本容量的增加，样本均值逐渐收敛于总体均值，但是必须满足样本容量足够大这一条件。通常情况下，我们抽取的样本数量并没有达到大数定律的要求，即抽取样本后计算的样本均值往往与总体均值有一定的偏差。根据抽样的不同，得到的总体均值的点估计也不同。因此，在用点估计值作为总体参数的估计值时，还有必要给出一个衡量点估计值可靠性的度量，换句话说，我们还必须能够说出点估计值与总体真实参数接近的程度，这就需要在点估计值的周围划定一个区间，使得该区间在给定的置信水平上包含总体参数的真实值。

定义 6.5 区间估计，是指在点估计的基础上，在一定置信水平（可靠性）下，给出总体参数估计的一个区间。

下面我们结合总体均值的估计介绍区间估计的基本原理。

前面我们已经介绍，样本均值 $\bar{x}$ 可以作为总体均值 μ 的点估计，并且根据抽样分布理论，如果总体服从正态分布，则 $\bar{x}$ 服从正态分布，或者总体不服从正态分布，但样本容量很大，则根据中心极限定理可知 $\bar{x}$ 近似服从正态分布，即

$$\bar{x} \sim N(\mu, \sigma^2/n)$$

将 $\bar{x}$ 标准化后，得到的统计量服从标准正态分布

$$z = \frac{\bar{x} - \mu}{\sigma_{\bar{x}}} \sim N(0,1) \tag{6.1}$$

其中 $\sigma_{\bar{x}} = \sqrt{\sigma^2/n}$ 为 $\bar{x}$ 的标准差，由标准正态分布的性质可知

$$p(|z| \leqslant 1.65) = 90\% \tag{6.2}$$
$$p(|z| \leqslant 1.96) = 95\% \tag{6.3}$$
$$p(|z| \leqslant 2.58) = 99\% \tag{6.4}$$

将 $z = \dfrac{\bar{x} - \mu}{\sigma_{\bar{x}}}$ 分别代入到式（6.2）、式（6.3）和式（6.4）中，并整理得

$$p(\bar{x} - 1.65\sigma_{\bar{x}} \leqslant \mu \leqslant \bar{x} + 1.65\sigma_{\bar{x}}) = 90\% \tag{6.5}$$
$$p(\bar{x} - 1.96\sigma_{\bar{x}} \leqslant \mu \leqslant \bar{x} + 1.96\sigma_{\bar{x}}) = 95\% \tag{6.6}$$
$$p(\bar{x} - 2.58\sigma_{\bar{x}} \leqslant \mu \leqslant \bar{x} + 2.58\sigma_{\bar{x}}) = 99\% \tag{6.7}$$

式（6.5）表明，区间 $[\bar{x} - 1.65\sigma_{\bar{x}},\ \bar{x} + 1.65\sigma_{\bar{x}}]$ 包含总体均值的概率为 90%。但由于抽样的随机性，导致每次抽样计算的样本均值 $\bar{x}$ 可能是不同的，每次计算得到的 $\bar{x}$ 都可以得到一个区间 $[\bar{x} - 1.65\sigma_{\bar{x}},\ \bar{x} + 1.65\sigma_{\bar{x}}]$，这个区间可能包含总体参数的真实值，也可能不包含。式（6.5）的含义是：如果抽取 100 组样本，得到 100 个区间，这 100 个区间中约有 90 个包含总体真实参数，而有 10 个可能不包含总体的真实参数。实际中，我们通常只进行一次抽样，因此得到的区间可能包含总体的真实参数，也可能不包含总体的真实参数。90%称为置信水平，数值越大，构造的区间包含总体真实参数的可能性越大，但观察式（6.5）、式（6.6）和式（6.7）可知，随着置信水平的增加，置信区间也逐渐增大。

定义 6.6 在多次抽样得到的多个估计区间中，包含总体真实参数的估计区间所占的比例，称为置信水平（也称置信度）。

置信水平通常用 $1-\alpha$ 表示，习惯上取值为 90%、95%和 99%。该数值越大，表明由样本统计量所构造的区间包含总体真实参数的可能性越大。

式（6.5）、式（6.6）和式（6.7）的区间估计如图 6.1 所示。

定义 6.7 用样本统计量所构造的总体参数的估计区间，称为置信区间。其中，区间的最小值称为置信下限，区间的最大值称为置信上限。

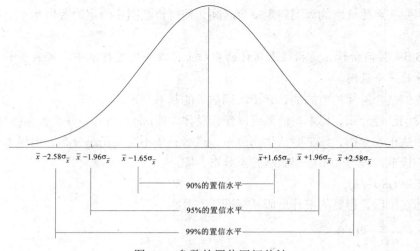

$$\bar{x}-2.58\sigma_{\bar{x}} \qquad \bar{x}-1.96\sigma_{\bar{x}} \qquad \bar{x}-1.65\sigma_{\bar{x}} \qquad\qquad \bar{x}+1.65\sigma_{\bar{x}} \qquad \bar{x}+1.96\sigma_{\bar{x}} \qquad \bar{x}+2.58\sigma_{\bar{x}}$$

90%的置信水平

95%的置信水平

99%的置信水平

图 6.1　参数的置信区间估计

第三节　参数估计量的评价标准

在具体的估计问题中，我们往往采用不同的估计方法，得到总体参数的多个点估计值，在不知道总体真实分布的情况下，便不知道具体采用哪个点估计量作为总体参数的估计，这就需要对参数的估计量有一个科学的评价。参数估计量通常有如下几个评价标准。

一、无偏性

由于抽样的随机性，每次抽样得到的对总体参数的估计值可能不一样，并且与总体真实参数有偏差。但是如果进行多次抽样，且多次抽样得到的估计值的平均值与总体的真实参数是一致的，我们称这样的估计量是无偏估计量。

定义 6.8　无偏性（unbiasedness）是指估计量抽样分布的数学期望等于被估计总体的真实参数。

设总体的待估参数为 θ，估计量为 $\hat{\theta}$，由于 $\hat{\theta}$ 是由样本数据构成的统计量，因而是随机的，并服从相应的具体分布。如果 $E(\hat{\theta})=\theta$，则称点估计量 $\hat{\theta}$ 是 θ 的无偏估计量，参数估计量 $\hat{\theta}$ 具有无偏性；如果 $E(\hat{\theta})\neq\theta$，则称点估计量 $\hat{\theta}$ 是有偏估计量。

假设参数估计量 $\hat{\theta}$ 服从正态分布，图 6.2 和图 6.3 描述了点估计量有偏和无偏的两种情形。

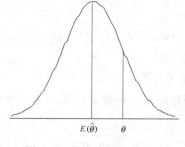

图 6.2　有偏估计的情形

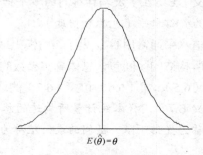

图 6.3　无偏估计的情形

二、有效性

如果两个点估计量都具有无偏性，那么选择哪个估计量来估计总体参数呢？一个自然的想法是，如果两个估计量的数学期望都等于总体参数，那么方差小的估计量会更好一些。一种极端的情形是，如果无偏估计量的方差为 0，则意味着每次抽样得到的估计值都等于真实参数，那么，用这个估计量来估计总体参数是最准确的。可见，无偏估计量的方差越小，每次得到的估计值与总体的真实参数越接近。这一点可用图 6.4 形象地说明。

定义 6.9 在两个无偏估计量中，方差越小越有效，我们把该统计量称为是有效的（efficiency）。

三、一致性

定义 6.10 一致性（efficiency）是指随着样本容量的增大，无偏估计量的值与总体的真实参数越来越接近。

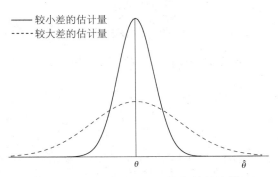

图 6.4　两个无偏估计量的有效性比较

以总体均值的估计为例，我们用样本均值 $\bar{x}$ 作为其点估计量。$\bar{x}$ 的标准差为 $\sigma_x = \sigma/\sqrt{n}$，总体方差 σ^2 是确定的，因此随着样本容量 n 的不断增大，$\bar{x}$ 的标准差在逐渐减小，当 n 增大到无穷大时，$\bar{x}$ 的标准差趋于 0，$\bar{x}$ 接近于确定性的变量。可见，如果 $\bar{x}$ 是总体均值 μ 的无偏估计量，则随着样本容量的不断增大，样本均值会越来越接近总体均值。

第四节　总体均值的区间估计

在实际应用中，我们通常比较关心的是总体均值 μ、总体比例 π 以及总体方差 σ^2。从这一节开始，我们将分别介绍总体均值的区间估计、总体比例的区间估计以及总体方差的区间估计。

根据样本容量的不同以及总体标准差是否已知，样本均值的抽样分布也有所不同。因此，对总体均值的区间估计所构造的估计量也有所区别。本节我们分不同情况分别介绍总体均值的区间估计。

一、正态总体、方差已知（或非正态总体、大样本）

根据抽样分布的理论可知，如果总体服从正态分布，无论是大样本（$n>30$）还是小样本（$n\leq30$），样本均值 $\bar{x}$ 都服从正态分布；若总体不服从正态分布，但属于大样本抽样，则根据中心极限定理可知，样本均值 $\bar{x}$ 近似服从正态分布。

由此，我们可以计算样本均值 $\bar{x}$ 的数学期望为 $E(\bar{x}) = \mu$。

如果采取重复抽样，则抽取的样本是相互独立的，于是 $D(\bar{x}) = \sigma^2/n$；若采取不重复抽样，那么样本之间不是相互独立的，此时计算的样本均值 $\bar{x}$ 的方差应该在重复抽样的基础上加上一个修正系数。此时，有

$$D(\bar{x}) = [(N-n)/(N-1)]\sigma^2/n \qquad (6.8)$$

式中，N代表总体中包含的全部个体的数量。我们可以证明，当N趋于无穷大时，重复抽样与不重复抽样得到的样本均值的方差是一致的。为了简化，本章不考虑不重复抽样的情形。

综上所述，当总体方差已知时，如果总体服从正态分布，或者总体不服从正态分布，但属于大样本抽样，则样本均值$\bar{x}$服从如下的正态分布：

$$\bar{x} \sim N(\mu, \sigma^2 / n) \tag{6.9}$$

将样本均值$\bar{x}$标准化以后，可得到如下服从正态分布的随机变量：

$$z = \frac{\bar{x} - \mu}{\sigma / \sqrt{n}} \sim N(0,1) \tag{6.10}$$

给定置信水平为$1-\alpha$，则

$$P\left(-z_{\alpha/2} \leqslant \frac{\bar{x} - \mu}{\sigma / \sqrt{n}} \leqslant z_{\alpha/2}\right) = 1-\alpha \tag{6.11}$$

将式（6.11）中的不等式进行整理，得

$$P\left(\bar{x} - z_{\alpha/2}\frac{\sigma}{\sqrt{n}} \leqslant \mu \leqslant \bar{x} + z_{\alpha/2}\frac{\sigma}{\sqrt{n}}\right) = 1-\alpha \tag{6.12}$$

$(\bar{x} - z_{\alpha/2}\dfrac{\sigma}{\sqrt{n}}, \bar{x} + z_{\alpha/2}\dfrac{\sigma}{\sqrt{n}})$是总体均值在$1-\alpha$的置信水平下的置信区间，也可以表示成

$\bar{x} \pm z_{\alpha/2}\dfrac{\sigma}{\sqrt{n}}$。换句话说，区间$(\bar{x} - z_{\alpha/2}\dfrac{\sigma}{\sqrt{n}}, \bar{x} + z_{\alpha/2}\dfrac{\sigma}{\sqrt{n}})$包含总体均值的可能性为$1-\alpha$。其中，$z_{\alpha/2}$是标准正态分布上侧面积为$\alpha/2$时的$z$值，即$P(z > z_{\alpha/2}) = \alpha/2$，图6.5给出了$z_{\alpha/2}$的定义。

【例6.1】在一项关于软塑料管的适用性研究中，工程师们想估计软塑料管承受的平均压力。他们随机抽取了九个压力读数（3.46，3.42，3.49，3.51，3.40，3.38，3.58，3.31，3.54），假定压力读数近似服从正态分布，方差为0.01，试求总体平均压力在置信度为99%时的置信区间。

解： 由于总体服从正态分布，并且标准差已知，因此我们可以构造正态分布对总体均值进行区间估计。

图6.5 $z_{\alpha/2}$的定义

已知样本容量$n = 9$，置信水平$1-\alpha = 0.99$，总体方差$\sigma^2 = 0.01$。利用九个压力数据可以计算样本均值：

$$\bar{x} = \frac{\sum x_i}{n} = 3.454\,4$$

查标准正态分布表或利用 Excel 软件计算得到$z_{\alpha/2} = 2.58$。

 小提示

　　利用 Excel 或 WPS 表格中的 NORMINV（probability，mean，standard_dev）函数或者NORMSINV（probability）函数可以计算给定置信水平下正态分布的z值。Excel 中 NORMINV 函数是这样定义的，$P(z \leqslant \text{NORMINV}（\text{probability，mean，standard\_dev}）) = \text{probability}$。因此，要计算$z_{\alpha/2}$，probability 填入$1-\alpha/2$。而函数 NORMSINV（probability）则返回给定置信水平下的标准正态分布的z值。

本例中，我们可以输入 "=NORMINV（0.995,0,1）" 得到对应99%置信水平下的 $z_{0.005} = 2.58$。或者进入 Excel 表格界面，如图 6.6 所示，单击 "f_x" 命令。

在函数分类中单击 "统计"，并在函数名菜单下选择 "NORMINV" 函数，依次填入概率值、均值和标准差，也可以得到临界值 $z_{0.005} = 2.58$。

于是得到总体均值 μ 的置信区间估计为

$$\bar{x} \pm z_{\alpha/2} \frac{\sigma}{\sqrt{n}} = 3.454\ 4 \pm 2.58 \times \frac{0.1}{\sqrt{9}} = 3.454\ 4 \pm 0.086$$

即总体平均压力在置信水平为 99% 时的置信区间为（3.368 4，3.540 4）。

图 6.6　Excel 表格界面

【例 6.2】假设某机场为了解旅客通过机场安检的时间情况，随机对进入机场的 100 名乘客进行了记录，得到这 100 名旅客的平均安检时间为 5min。已知每名旅客通过安检时间的总体标准差为 100s，试在 95% 的置信水平下估计所有旅客平均通过安检时间的置信区间。

解： 由题意可知，尽管不知道总体是否服从正态分布，但由于是大样本抽样，样本容量 $n = 100$，且总体方差已知，所以样本均值近似服从正态分布，我们可以构造正态分布对总体均值进行区间估计。

另知，总体标准差 $\sigma = 100\,\text{s}$，样本均值 $\bar{x} = 300\,\text{s}$，置信水平 $1 - \alpha = 95\%$，查标准正态分布表或利用 Excel 函数可得到对应 95% 的 $z_{\alpha/2} = z_{0.025} = 1.96$。于是总体均值在置信水平为 95% 时的估计为

$$\bar{x} \pm z_{\alpha/2} \frac{\sigma}{\sqrt{n}} = 300 \pm 1.96 \times \frac{100}{\sqrt{100}} = 300 \pm 19.6\ （\text{s}）$$

即所有旅客平均通过安检时间在置信水平为 95% 时的置信区间为（280.4，319.6）。

二、正态总体、方差未知小样本

学习指引

推荐扫描二维码阅读 "戈塞特与 t 分布"，了解抽样估计中 t 分布产生的背景。

当总体服从正态分布，方差未知时，根据抽样分布的理论可知，如果我们用样本方差 s^2 代替总体方差 σ^2，则样本均值服从 t 分布。但当样本容量很大时，根据 t 分布的大样本性质可知，此时 t 分布近似服从正态分布。在总体服从正态分布、方差未知的情况下，如果是小样本抽样，则构造 t 统计量估计总体均值；如果是大样本抽样，则构造正态分布统计量估计总体均值。

如果总体服从正态分布，方差未知，并且是小样本抽样，则构造如下的 t 统计量估计总体均值：

$$t = \frac{\bar{x} - \mu}{s / \sqrt{n}} \sim t(n-1) \tag{6.13}$$

根据 t 分布的性质可知：

$$P\left(-t_{\alpha/2} \leqslant \frac{\bar{x} - \mu}{s / \sqrt{n}} \leqslant t_{\alpha/2}\right) = 1 - \alpha \tag{6.14}$$

将式（6.14）中的不等式进行整理，得

$$P\left(\bar{x} - t_{\alpha/2} \frac{s}{\sqrt{n}} \leqslant \mu \leqslant \bar{x} + t_{\alpha/2} \frac{\sigma}{\sqrt{n}}\right) = 1 - \alpha \tag{6.15}$$

$(\bar{x} - t_{\alpha/2}\dfrac{s}{\sqrt{n}}, \bar{x} + t_{\alpha/2}\dfrac{s}{\sqrt{n}})$ 是总体均值在 $1-\alpha$ 的置信水平下的置信区间，也可以表示成

$\bar{x} \pm t_{\alpha/2}\dfrac{s}{\sqrt{n}}$。也就是说，区间 $(\bar{x} - t_{\alpha/2}\dfrac{s}{\sqrt{n}}, \bar{x} + t_{\alpha/2}\dfrac{s}{\sqrt{n}})$ 包含总体均值的可能性为 $1-\alpha$。

其中，$t_{\alpha/2}$ 是 t 分布上侧面积为 $\alpha/2$ 时的 t 值，即 $P(t > t_{\alpha/2}) = \alpha/2$，如图 6.7 所示，给出了 $t_{\alpha/2}$ 的定义。

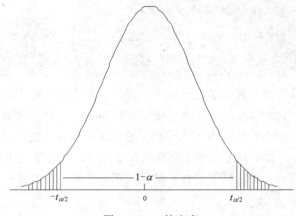

图 6.7 $t_{\alpha/2}$ 的定义

如果总体服从正态分布，方差未知，但属于大样本抽样，则构造如下的正态分布统计量：

$$z = \dfrac{\bar{x} - \mu}{s/\sqrt{n}} \sim N(0,1) \tag{6.16}$$

另外，当总体不服从正态分布，方差未知，并且属于大样本抽样时，则根据中心极限定理和 t 分布的大样本性质可以证明，样本均值仍然近似服从正态分布。

【例 6.3】为了解某品牌灯泡的使用寿命，随机从该品牌灯泡中抽取 10 只进行破坏性测试，得到灯泡的使用寿命如表 6.1 所示。已知灯泡的寿命服从正态分布，试以 90% 的置信水平估计该品牌灯泡的平均使用寿命。

表 6.1 10 只灯泡的使用寿命（单位：小时）

5 000	5 200	6 000	4 800	5 000
5 600	5 800	5 500	5 400	5 100

解： 总体服从正态分布，方差未知，且为小样本抽样，因此我们构造 t 统计量估计总体的均值。

由题意可知，样本容量 $n=10$，置信水平 $1-\alpha=90\%$，查 t 分布表，或者利用 Excel 函数计算 $t_{\alpha/2}(9) = 1.83$。

 小提示

利用 Excel 中的 TINV（probability，deg_freedom）函数可以计算给定置信水平的 $t_{\alpha/2}$。Excel 中 TINV 函数是这样定义的，$P(|t| > \text{TINV（probability，deg\_freedom）}) = \text{probability}$。因此，要计算 $t_{\alpha/2}$，probability 处应填入 α。

deg_freedom 处填入对应 t 分布的自由度。本例中，我们输入"TINV（0.10，9）"得到 $t_{\alpha/2}(9) = 1.83$。或者进入 Excel 表格界面，单击"f_x"命令，在函数分类中单击"统计"，并在函数名菜单下选择"TINV"函数，依次填入概率值和自由度，也可以得到临界值 $t_{\alpha/2}(9) = 1.83$。

根据表 6.1 的数据可以计算出样本均值 $\bar{x} = 5\,340$ 小时，样本标准差 $s=386.44$ 小时。于是总体均值的区间估计为

$$\bar{x} \pm t_{0.05}(9) \times \frac{s}{\sqrt{n}} = 5\,340 \pm 1.83 \times \frac{386.44}{\sqrt{10}} = 5\,340 \pm 223.63$$

即该品牌灯泡平均使用寿命在 90% 的置信水平下的置信区间为（5 116.37，5 563.63）。

【例 6.4】为了解某班级学生"应用统计学"课程的学习情况，从该班中随机抽取了 50 名学生进行调查。50 名学生"应用统计学"课程的考试成绩如表 6.2 所示。试以 95% 的置信水平推断全班学生"应用统计学"考试成绩所在范围。

表 6.2　50 名学生的"应用统计学"课程的考试成绩

50	51	54	58	59	61	61	62	63	64
65	66	67	68	69	69	70	71	72	72
72	73	74	74	74	75	75	75	75	76
77	78	79	80	81	82	83	84	84	85
86	86	87	88	90	91	91	95	97	99

解：由题意可知，总体分布未知，总体方差未知，但样本容量 $n=50$，属于大样本，于是我们可以构造正态分布对总体均值进行区间估计。

由表 6.2 的数据可以得到样本均值 $\bar{x} = 74.76$，样本标准差 $s=11.67$，置信水平 $1-\alpha=95\%$，查标准正态分布表或利用 Excel 函数得到 $z_{\alpha/2} = 1.96$。

于是得到全班学生"应用统计学"考试成绩的区间估计为

$$\bar{x} \pm z_{0.025}\frac{s}{\sqrt{n}} = 74.76 \pm 1.96 \times \frac{11.67}{\sqrt{50}} = 74.76 \pm 3.23$$

即全班学生"应用统计学"考试成绩在置信水平为 95% 时的置信区间为（71.53，77.99）。

综上所述，我们可以对总体均值的区间估计在不同情形下所构造的统计量进行汇总，如表 6.3 所示。

表 6.3　不同情形下总体均值的区间估计

| 总 体 分 布 | 大 样 本 | | 小 样 本 | |
	方 差 已 知	方 差 未 知	方 差 已 知	方 差 未 知
正态分布	$\bar{x} \pm z_{\alpha/2}\frac{\sigma}{\sqrt{n}}$	$\bar{x} \pm z_{\alpha/2}\frac{s}{\sqrt{n}}$	$\bar{x} \pm z_{\alpha/2}\frac{\sigma}{\sqrt{n}}$	$\bar{x} \pm t_{\alpha/2}\frac{s}{\sqrt{n}}$
非正态分布	$\bar{x} \pm z_{\alpha/2}\frac{\sigma}{\sqrt{n}}$	$\bar{x} \pm z_{\alpha/2}\frac{s}{\sqrt{n}}$	—	—

第五节　总体比例的区间估计

在统计推断问题中，我们经常需要推断总体中具有某种特征的个体所占的比例，这种随机变量与二项分布关系密切。

根据抽样分布理论可知，当样本容量足够大时，即当 $n\pi$ 与 $n(1-\pi)$ 都大于 5 时，样本比例 p 近似服从正态分布。样本比例 p 的数学期望等于总体比例 π，即 $E(p)=\pi$，在重复抽样的条件下，样本比例 p 的抽样标准差为

$$\sigma_p = \sqrt{\frac{\pi(1-\pi)}{n}}$$

（6.17）

由于总体比例 π 是待估参数，且是未知的，因此，我们用样本比例 p 代替，样本比例 p 的抽样标准差可近似为

$$\sigma_p = \sqrt{\frac{p(1-p)}{n}} \qquad (6.18)$$

于是，样本比例 p 近似服从正态分布：

$$p \sim N(\pi, \sigma_p^2) \qquad (6.19)$$

对 p 标准化，则标准化后的统计量服从标准正态分布，即

$$z = \frac{p - \pi}{\sqrt{\frac{p(1-p)}{n}}} \sim N(0,1) \qquad (6.20)$$

给定置信水平为 $1-\alpha$，则

$$P\left(-z_{\alpha/2} \leqslant \frac{p-\pi}{\sqrt{\frac{p(1-p)}{n}}} \leqslant z_{\alpha/2} \right) = 1-\alpha \qquad (6.21)$$

将式（6.21）中的不等式进行整理得

$$P\left(p - z_{\alpha/2}\sqrt{\frac{p(1-p)}{n}} \leqslant \pi \leqslant p + z_{\alpha/2}\sqrt{\frac{p(1-p)}{n}} \right) = 1-\alpha \qquad (6.22)$$

$(p - z_{\alpha/2}\sqrt{\frac{p(1-p)}{n}}, p + z_{\alpha/2}\sqrt{\frac{p(1-p)}{n}})$ 为总体比例在 $1-\alpha$ 的置信水平下的置信区间，也可以表示成 $p \pm z_{\alpha/2}\sqrt{\frac{p(1-p)}{n}}$，表示区间 $(p - z_{\alpha/2}\sqrt{\frac{p(1-p)}{n}}, p + z_{\alpha/2}\sqrt{\frac{p(1-p)}{n}})$ 包含总体比例的可能性为 $1-\alpha$。

【例6.5】为评估某项考试的难易程度，现从参加该考试的考生中抽取 100 名学生，其中有 20 人通过了考试。试以 95% 的置信水平推断该项考试的通过率。

解：由题意可知，置信水平 $1-\alpha=95\%$，查标准正态分布表或利用 Excel 函数得到 $z_{\alpha/2}=1.96$，样本比例 $p = \frac{20}{100} = 0.20$，$np=100 \times 0.20=20$，$n(1-p)=100 \times 0.80=80$，均大于 5，因此可以构造正态分布对总体比例 π 进行区间估计：

$$p \pm z_{\alpha/2}\sqrt{\frac{p(1-p)}{n}} = 0.2 \pm 1.96 \times \sqrt{\frac{0.2 \times 0.8}{100}} = 0.2 \pm 0.0784$$

即 95% 的置信水平下，该项考试的通过率在（0.1216，0.2784）。

第六节　总体方差的区间估计

总体均值是测度总体集中趋势的，而总体方差则是测度总体的波动程度或者说是变异程度的。方差越大，说明总体中个体的变异程度越高；方差越小，则说明总体中个体的变异程度越低。因此，方差也是描述总体数量特征的一个重要参数。

根据抽样分布的理论可知，样本方差服从自由度为 $n-1$ 的 χ^2 分布，即

$$\frac{(n-1)s^2}{\sigma^2} \sim \chi^2(n-1) \tag{6.23}$$

给定置信水平 $1-\alpha$，根据 χ^2 分布的性质有

$$P\left(\chi^2_{1-\alpha/2} \leqslant \frac{(n-1)s^2}{\sigma^2} \leqslant \chi^2_{\alpha/2} \right) = 1-\alpha \tag{6.24}$$

将式（6.24）的不等式进行整理得

$$P\left(\frac{(n-1)s^2}{\chi^2_{\alpha/2}} \leqslant \sigma^2 \leqslant \frac{(n-1)s^2}{\chi^2_{1-\alpha/2}} \right) = 1-\alpha \tag{6.25}$$

即区间 $(\frac{(n-1)s^2}{\chi^2_{\alpha/2}}, \frac{(n-1)s^2}{\chi^2_{1-\alpha/2}})$ 为总体方差 σ^2 在置信水平为 $1-\alpha$ 下的置信区间。其中，$\chi^2_{\alpha/2}$ 和 $\chi^2_{1-\alpha/2}$ 分别是 χ^2 分布上侧面积为 $\alpha/2$ 和 $1-\alpha/2$ 时的 χ^2 值，即 $P(\chi^2 > \chi^2_{\alpha/2}) = \alpha/2$，$P(\chi^2 > \chi^2_{1-\alpha/2}) = 1-\alpha/2$。如图 6.8 所示，给出了 $\chi^2_{\alpha/2}$ 和 $\chi^2_{1-\alpha/2}$ 的定义。

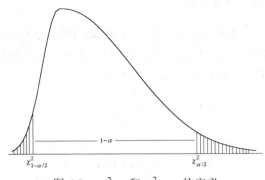

图6.8　$\chi^2_{\alpha/2}$ 和 $\chi^2_{1-\alpha/2}$ 的定义

【例6.6】为考察某班级学生学习成绩的差异，随机抽取了 20 名同学的成绩以获得某学期的学生平均成绩，计算得到样本方差 $s^2=20$，试以 95% 的置信水平估计该班同学平均成绩的方差。

解：由题意可知，样本容量 $n=20$，置信水平 $1-\alpha=95\%$，查 χ^2 分布表或利用 Excel 函数得到 $\chi^2_{1-\alpha/2}(n-1) = \chi^2_{0.975}(19) = 8.91$，$\chi^2_{0.025}(n-1) = \chi^2_{0.025}(19) = 32.85$。

故总体方差的置信区间为

$$\frac{19 \times 20}{32.85} \leqslant \sigma^2 \leqslant \frac{19 \times 20}{8.91}$$

即 $11.57 \leqslant \sigma^2 \leqslant 42.65$，该班学生该学期平均成绩的方差在 95% 的置信水平下置信区间为（11.57，42.65）。

> 📘 小提示
>
> 　　利用 Excel 或 WPS 表格中的 CHIINV（probability，deg_freedom）函数可以计算给定置信水平下的 χ^2 值。Excel 中 CHIINV 函数是这样定义的，$P(\chi^2 > \text{CHIINV}(probability，deg\_freedom)) = probability$。因此，计算 $\chi^2_{\alpha/2}$ 时，probability 填入 $\alpha/2$；计算 $\chi^2_{1-\alpha/2}$ 时，probability 填入 $1-\alpha/2$。
> 　　deg_freedom 处填入对应 χ^2 分布的自由度。本例中，我们输入"CHIINV（0.975，19）"得到 $\chi^2_{0.975}(19) = 8.91$；输入"CHIINV（0.025，19）"得到 $\chi^2_{0.025}(19) = 32.85$。或者进入 Excel 表格界面，单击" f_x "命令，在函数分类中单击"统计"，并在函数名菜单下选择"CHIINV"函数，依次填入概率值和自由度，也可以得到相应的 χ^2 值。

第七节 两个总体均值之差的区间估计

前几节我们主要介绍了单个总体参数的区间估计,主要包括单个总体均值、单个总体比例以及单个总体方差的区间估计,从本节起,我们开始介绍两个总体参数的区间估计,主要包括两个总体均值之差、两个总体比例之差以及两个总体方差比的区间估计。

与单个总体均值的区间估计相似,两个总体均值之差的区间估计所构造的估计量也根据样本容量、总体是否服从正态分布以及方差是否已知而有所差异。本节只考虑两个独立总体的情形,此时从两个总体中抽取的样本也是独立的。

一、大样本

如果两个样本都是大样本,即 $n_1 > 30$,$n_2 > 30$,则无论两个总体是否服从正态分布,根据抽样分布的理论可知,两个总体均值之差服从正态分布。由于两个总体均值之差的数学期望 $E(\bar{x}_1 - \bar{x}_2) = \mu_1 - \mu_2$,方差为

$$D(\bar{x}_1 - \bar{x}_2) = \frac{\sigma_1^2}{n_1} + \frac{\sigma_2^2}{n_2} \tag{6.26}$$

因此,有

$$(\bar{x}_1 - \bar{x}_2) \sim N\left(\mu_1 - \mu_2, \frac{\sigma_1^2}{n_1} + \frac{\sigma_2^2}{n_2}\right) \tag{6.27}$$

经标准化后,服从标准正态分布,即

$$z = \frac{(\bar{x}_1 - \bar{x}_2) - (\mu_1 - \mu_2)}{\sqrt{\frac{\sigma_1^2}{n_1} + \frac{\sigma_2^2}{n_2}}} \sim N(0,1) \tag{6.28}$$

给定置信水平 $1 - \alpha$,根据标准正态分布的性质,有

$$P\left(-z_{\alpha/2} \leqslant \frac{(\bar{x}_1 - \bar{x}_2) - (\mu_1 - \mu_2)}{\sqrt{\frac{\sigma_1^2}{n_1} + \frac{\sigma_2^2}{n_2}}} \leqslant z_{\alpha/2}\right) = 1 - \alpha \tag{6.29}$$

将式(6.29)的不等式进行整理,得

$$P\left((\bar{x}_1 - \bar{x}_2) - z_{\alpha/2}\sqrt{\frac{\sigma_1^2}{n_1} + \frac{\sigma_2^2}{n_2}} \leqslant \mu_1 - \mu_2 \leqslant (\bar{x}_1 - \bar{x}_2) + z_{\alpha/2}\sqrt{\frac{\sigma_1^2}{n_1} + \frac{\sigma_2^2}{n_2}}\right) = 1 - \alpha$$

可见,两个总体均值之差 $\mu_1 - \mu_2$ 在 $1 - \alpha$ 的置信水平下的置信区间为

$$(\bar{x}_1 - \bar{x}_2) \pm z_{\alpha/2}\sqrt{\frac{\sigma_1^2}{n_1} + \frac{\sigma_2^2}{n_2}} \tag{6.30}$$

当总体标准差 σ_1^2 和 σ_2^2 未知时,可用两个样本方差 s_1^2 和 s_2^2 来代替。此时,两个总体均值之差 $\mu_1 - \mu_2$ 在 $1 - \alpha$ 的置信水平下的置信区间为

$$(\bar{x}_1 - \bar{x}_2) \pm z_{\alpha/2}\sqrt{\frac{s_1^2}{n_1} + \frac{s_2^2}{n_2}} \tag{6.31}$$

【例6.7】为评估两个城市居民日平均工资的差异,现从两个城市中各抽取一定数量的样本。其中,在甲城市抽取400人,在乙城市抽取300人。利用样本数据计算得到两个城市的

样本均值分别为 100 元和 80 元。已知两个城市居民日工资的总体标准差分别为 20 元和 10 元，试以 95% 的置信水平估计两个城市居民平均日工资的差。

解：由题意可知，两个样本均为大样本，$n_1=400$，$n_2=300$。样本均值 $\bar{x}_1=100$，$\bar{x}_2=80$；样本方差 $s_1^2=400$，$s_2^2=100$；置信水平 $1-\alpha=95\%$，查标准正态分布表或利用 Excel 函数得 $z_{\alpha/2}=1.96$。于是两个总体均值之差 $\mu_1-\mu_2$ 的置信区间为

$$(\bar{x}_1-\bar{x}_2)\pm z_{\alpha/2}\sqrt{\frac{s_1^2}{n_1}+\frac{s_2^2}{n_2}}=(100-80)\pm1.96\times\sqrt{\frac{400}{400}+\frac{100}{300}}=20\pm2.26$$

即两个城市居民平均日工资之差在 95% 的置信水平下的置信区间为（17.74，22.26）。

二、小样本

如果两个样本都为小样本，即 $n_1\leqslant30$，$n_2\leqslant30$。此时如果总体服从正态分布，那么当总体方差已知时，根据抽样分布理论可知，两个样本均值之差服从正态分布，因此两个总体均值之差的置信区间为

$$(\bar{x}_1-\bar{x}_2)\pm z_{\alpha/2}\sqrt{\frac{\sigma_1^2}{n_1}+\frac{\sigma_2^2}{n_2}} \tag{6.32}$$

当两个总体方差未知时，情况比较复杂，我们就如下两种情况分别介绍两个总体均值之差的区间估计。

1. 两个总体方差未知且不相等

此时，可以分别用样本方差 s_1^2 和 s_2^2 代替总体方差 σ_1^2 和 σ_2^2。此时，两个样本均值之差服从自由度为 n_1+n_2-2 的 t 分布，即

$$t=\frac{(\bar{x}_1-\bar{x}_2)-(\mu_1-\mu_2)}{\sqrt{\frac{s_1^2}{n_1}+\frac{s_2^2}{n_2}}}\sim t(n_1+n_2-2) \tag{6.33}$$

给定置信水平 $1-\alpha$，根据 t 分布的性质，有

$$P\left(-t_{\alpha/2}\leqslant\frac{(\bar{x}_1-\bar{x}_2)-(\mu_1-\mu_2)}{\sqrt{\frac{s_1^2}{n_1}+\frac{s_2^2}{n_2}}}\leqslant t_{\alpha/2}\right)=1-\alpha \tag{6.34}$$

将式（6.34）的不等式进行整理得

$$P\left((\bar{x}_1-\bar{x}_2)-t_{\alpha/2}\sqrt{\frac{s_1^2}{n_1}+\frac{s_2^2}{n_2}}\leqslant\mu_1-\mu_2\leqslant(\bar{x}_1-\bar{x}_2)+t_{\alpha/2}\sqrt{\frac{s_1^2}{n_1}+\frac{s_2^2}{n_2}}\right)=1-\alpha \tag{6.35}$$

可见，两个总体均值之差 $\mu_1-\mu_2$ 在 $1-\alpha$ 的置信水平下的置信区间为

$$(\bar{x}_1-\bar{x}_2)\pm t_{\alpha/2}\sqrt{\frac{s_1^2}{n_1}+\frac{s_2^2}{n_2}} \tag{6.36}$$

2. 两个总体方差未知，但相等

如果两个总体方差未知，但相等，此时，我们需要利用样本数据计算合并方差替代相等的总体方差。合并方差 s_p^2 的计算公式为

$$s_p^2=\frac{(n_1-1)s_1^2+(n_2-1)s_2^2}{n_1+n_2-2} \tag{6.37}$$

此时，两个样本均值之差经过标准化后服从自由度为 n_1+n_2-2 的 t 分布，即

$$t = \frac{(\overline{x}_1 - \overline{x}_2) - (\mu_1 - \mu_2)}{s_p\sqrt{\dfrac{1}{n_1} + \dfrac{1}{n_2}}} \sim t(n_1 + n_2 - 2) \tag{6.38}$$

给定置信水平 $1-\alpha$，根据 t 分布的性质有

$$P\left(-t_{\alpha/2} \leqslant \frac{(\overline{x}_1 - \overline{x}_2) - (\mu_1 - \mu_2)}{\sqrt{\dfrac{s_1^2}{n_1} + \dfrac{s_2^2}{n_2}}} \leqslant t_{\alpha/2}\right) = 1-\alpha \tag{6.39}$$

将式（6.39）的不等式进行整理得

$$P\left((\overline{x}_1 - \overline{x}_2) - t_{\alpha/2}s_p\sqrt{\frac{1}{n_1} + \frac{1}{n_2}} \leqslant \mu_1 - \mu_2 \leqslant (\overline{x}_1 - \overline{x}_2) + t_{\alpha/2}s_p\sqrt{\frac{1}{n_1} + \frac{1}{n_2}}\right) = 1-\alpha \tag{6.40}$$

可见，两个总体均值之差 $\mu_1 - \mu_2$ 在 $1-\alpha$ 的置信水平下的置信区间为

$$(\overline{x}_1 - \overline{x}_2) \pm t_{\alpha/2}s_p\sqrt{\frac{1}{n_1} + \frac{1}{n_2}} \tag{6.41}$$

【例6.8】 为比较 A、B 两个班级的学习成绩，从两个班分别抽取了 20 名和 25 名同学，得到这 45 名同学的学习成绩见表 6.4。试以 95% 的置信水平估计这两个班级学生的平均成绩之差。

解： 依题意可知，两个样本均是小样本，$n_1=20$，$n_2=25$。方差未知，且不相等。因此两个总体均值之差 $\mu_1 - \mu_2$ 在 $1-\alpha$ 的置信水平下的置信区间为

$$(\overline{x}_1 - \overline{x}_2) \pm t_{\alpha/2}\sqrt{\frac{s_1^2}{n_1} + \frac{s_2^2}{n_2}}$$

根据表 6.4 计算得到样本均值 $\overline{x}_1 = 74.95$，$\overline{x}_2 = 77.32$；样本方差 $s_1^2 = 172.37$，$s_2^2 = 238.56$。查 t 分布表或利用 Excel 函数计算的 $t_{\alpha/2}(n_1 + n_2 - 2) = t_{0.025}(43) = 2.02$，于是 $(\overline{x}_1 - \overline{x}_2) \pm$

$t_{\alpha/2}\sqrt{\dfrac{s_1^2}{n_1} + \dfrac{s_2^2}{n_2}} = (74.95 - 77.32) \pm 2.02 \times \sqrt{\dfrac{172.37}{20} + \dfrac{238.56}{25}} = -2.37 \pm 8.59$，即这两个班级学生的平

均成绩之差在 95% 的置信水平下的置信区间为（-10.96，6.22）。

表 6.4　A、B 两个班级学生的学习成绩

A 班				B 班				
80	85	60	76	65	76	87	76	90
58	68	92	87	85	98	30	76	87
67	89	76	54	67	78	90	95	54
65	87	67	97	98	88	87	76	65
56	78	90	67	77	77	87	65	59

表 6.5　6、7 月份钢材的抽样数据

6 月份		7 月份	
样本容量	20	样本容量	18
样本均值	8	样本均值	7
样本方差	1	样本方差	0.8

【例6.9】 试根据表 6.5 中的样本数据计算某钢材加工厂 6 月份和 7 月份两个月生产的钢材平均厚度之差的区间估计。已知两个月生产的钢材厚度的总体方差是相等的，置信水平为 95%。

解： 依题意可知，两个样本均为小样本，总体方差未知且相等，于是我们首先根据表 6.5 提供的样本数据计算合并方差，即

$$s_p^2 = \frac{(n_1-1)s_1^2 + (n_2-1)s_2^2}{n_1+n_2-2} = \frac{(20-1)\times 1 + (18-1)\times 0.8}{20+18-2} = 0.927\,8$$

查 t 分布表或利用 Excel 函数计算的 $t_{\alpha/2}(n_1+n_2-2) = t_{0.025}(36) = 2.03$，于是两个总体均值之差 $\mu_1 - \mu_2$ 的置信区间为

$$(\bar{x}_1 - \bar{x}_2) \pm t_{\alpha/2}s_p\sqrt{\frac{1}{n_1}+\frac{1}{n_2}} = (8-7) \pm 2.03 \times \sqrt{0.927\,8} \times \sqrt{\frac{1}{20}+\frac{1}{20}} = 1 \pm 0.64$$

即该工厂 6 月份和 7 月份两个月生产的钢材平均厚度之差在 95% 的置信水平下的置信区间为（ 0.36，1.64 ）。

综上所述，我们可以对两个总体均值之差的区间估计在不同情形下所构造的统计量进行总结，如表 6.6 所示。

表 6.6　不同情形下两个总体均值之差的区间估计

样本容量	方　差	正 态 分 布	非正态分布
大样本	方差已知	$(x_1-x_2) \pm z_{\alpha/2}\sqrt{\dfrac{\sigma_1^2}{n_1}+\dfrac{\sigma_2^2}{n_2}}$	$(x_1-x_2) \pm z_{\alpha/2}\sqrt{\dfrac{\sigma_1^2}{n_1}+\dfrac{\sigma_2^2}{n_2}}$
	方差未知	$(x_1-x_2) \pm z_{\alpha/2}\sqrt{\dfrac{s_1^2}{n_1}+\dfrac{s_2^2}{n_2}}$	$(x_1-x_2) \pm z_{\alpha/2}\sqrt{\dfrac{s_1^2}{n_1}+\dfrac{s_2^2}{n_2}}$
小样本	方差已知	$(x_1-x_2) \pm z_{\alpha/2}\sqrt{\dfrac{\sigma_1^2}{n_1}+\dfrac{\sigma_2^2}{n_2}}$	—
	方差未知不相等	$(x_1-x_2) \pm t_{\alpha/2}\sqrt{\dfrac{s_1^2}{n_1}+\dfrac{s_2^2}{n_2}}$	—
	方差未知且相等	$(x_1-x_2) \pm t_{\alpha/2}s_p\sqrt{\dfrac{1}{n_1}+\dfrac{1}{n_2}}$	—

第八节　两个总体比例之差的区间估计

根据样本比例的抽样分布理论可知，当两个样本容量足够大时，即 n_1p_1、$n_1(1-p_1)$、n_2p_2、以及 $n_2(1-p_2)$ 都大于 5 时，样本比例分别近似服从正态分布。因此，如果两个样本相互独立，则两个样本比例之差 p_1-p_2、服从均值为 $\pi_1-\pi_2$，方差为 $\dfrac{\pi_1(1-\pi_1)}{n_1}+\dfrac{\pi_2(1-\pi_2)}{n_2}$ 的正态分布，即

$$p_1 - p_2 \sim N\left(\pi_1-\pi_2, \frac{\pi_1(1-\pi_1)}{n_1}+\frac{\pi_2(1-\pi_2)}{n_2}\right) \tag{6.42}$$

由于两个总体比例是未知的，因此，方差中的 π_1 和 π_2 用样本比例 p_1 和 p_2 替代，并对 p_1-p_2 标准化，则标准化后的统计量服从标准正态分布，即

$$P\left(-z_{\alpha/2} \le \frac{(p_1-p_2)-(\pi_1-\pi_2)}{\sqrt{\dfrac{p_1(1-p_1)}{n_1}+\dfrac{p_2(1-p_2)}{n_2}}} \le z_{\alpha/2}\right) = 1-\alpha \tag{6.43}$$

给定置信水平为 $1-\alpha$，则有

$$P\left(-z_{\alpha/2} \leqslant \frac{(p_1-p_2)-(\pi_1-\pi_2)}{\sqrt{\dfrac{p_1(1-p_1)}{n_1}+\dfrac{p_2(1-p_2)}{n_2}}} \leqslant z_{\alpha/2}\right)=1-\alpha \quad (6.44)$$

将式（6.44）中的不等式进行整理，得出在 $1-\alpha$ 的置信水平下两个总体比例之差 $\pi_1-\pi_2$ 的置信区间为

$$(p_1-p_2) \pm z_{\alpha/2}\sqrt{\frac{p_1(1-p_1)}{n_1}+\frac{p_2(1-p_2)}{n_2}} \quad (6.45)$$

【例 6.10】 某电信公司考核其下属两个地区分公司的服务质量，在甲地区抽取 600 人进行了调查，满意率为 60%；在乙地区抽取 500 人进行了调查，满意率为 50%。试以 95% 的置信水平估计甲、乙两个地区分公司的满意率差别的置信区间。

解： 已知样本容量 n_1=600，n_2=500，样本比例 p_1=60%，p_2=50%，95% 的置信水平对应的 $z_{\alpha/2}$=1.96，于是，两个总体比例之差的区间估计为

$$(p_1-p_2) \pm z_{\alpha/2}\sqrt{\frac{p_1(1-p_1)}{n_1}+\frac{p_2(1-p_2)}{n_2}} = (0.6-0.5) \pm 1.96 \times \sqrt{\frac{0.6(1-0.6)}{600}+\frac{0.5(1-0.5)}{500}}$$
$$= 0.1 \pm 0.058\,8$$

即甲、乙两个地区分公司满意率差别在 95% 的置信水平下的置信区间为（0.041 2，0.158 8）。

第九节　两个总体方差比的区间估计

在实际问题中，我们经常会遇到估计两个总体方差的问题。例如，比较两种机器生产产品的精度。

由抽样分布的理论可知，两个独立样本方差比的抽样分布服从 F 分布，即

$$F=\frac{s_1^2/\sigma_1^2}{s_2^2/\sigma_2^2}\sim F(n_1-1,n_2-1) \quad (6.46)$$

给定置信水平为 $1-\alpha$，则根据 F 分布的性质，有

$$P\left(F_{1-\alpha/2} \leqslant \frac{s_1^2/\sigma_1^2}{s_2^2/\sigma_2^2} \leqslant F_{\alpha/2}\right)=1-\alpha \quad (6.47)$$

将式（6.47）中的不等式进行整理得

$$P\left(\frac{s_1^2/s_2^2}{F_{\alpha/2}} \leqslant \frac{\sigma_1^2}{\sigma_2^2} \leqslant \frac{s_1^2/s_2^2}{F_{1-\alpha/2}}\right)=1-\alpha \quad (6.48)$$

在 $1-\alpha$ 的置信水平下两个总体方差比的置信区间为 $\left(\dfrac{s_1^2/s_2^2}{F_{\alpha/2}}, \dfrac{s_1^2/s_2^2}{F_{1-\alpha/2}}\right)$。其中，$F_{\alpha/2}$ 和 $F_{1-\alpha/2}$ 分别是 F 分布上侧面积为 $\alpha/2$ 和 $1-\alpha/2$ 时的 F 值，即 $P(F>F_{\alpha/2})=\alpha/2$，$P(F>F_{1-\alpha/2})=1-\alpha/2$。图 6.9 给出了 $F_{\alpha/2}$ 和 $F_{1-\alpha/2}$ 的定义。

【例 6.11】 为研究某地区城镇居民与农村居民可支配收入的差异，从该地区城镇人口和农村人口中分别抽取了 20 人和 25 人进行调查，计算得出该地区城镇居民可支配收入的样本方差 $s_1^2=500$，农村居民可支配收入的样本方差 $s_2^2=400$，试以 95% 的置信水平估计该地区城镇居民和农村居民可支配收入方差比的置信区间。

解： 由题意知，样本容量 n_1=20，n_2=25，置信水平 $1-\alpha$=95%，查 F 分布表或利用 Excel

应用统计学（第 3 版）

函数得到 $F_{1-\alpha/2}(n_1-1, n_2-1)=F_{0.975}(19,24)=0.41$，$F_{\alpha/2}(n_1-1, n_2-1)=F_{0.025}(19,24)=2.35$，于是方差比的区间估计为

$$\frac{500/400}{2.34} \leqslant \frac{\sigma_1^2}{\sigma_2^2} \leqslant \frac{500/400}{0.41}$$

即该地区城镇居民和农村居民可支配收入方差比在 95% 的置信水平下的置信区间为（0.53，3.05）。

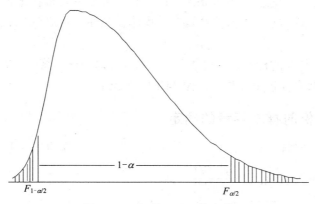

图 6.9　$F_{\alpha/2}$ 和 $F_{1-\alpha/2}$ 的定义

第十节　样本容量的确定

根据前几节的区间估计我们知道，总体均值的置信区间为 $\bar{x} \pm z_{\alpha/2}\dfrac{\sigma}{\sqrt{n}}$（方差已知），总体比例的区间估计为 $p \pm z_{\alpha/2}\sqrt{\dfrac{p(1-p)}{n}}$。可见，在其他条件不变的情况下，样本容量与置信区间的长度成反比，即样本容量越大，置信区间越窄，估计的精度也越高。因此，为了提高估计的精度，可以考虑增大样本容量。但抽样需要耗费人力、物力和财力，如果为了提高估计精度而一味地增大样本容量，就失去了抽样的意义。通常的做法是，在抽样之前，我们事先确定估计精度，也将其称为允许误差，然后根据允许误差计算出必要的样本容量。下面介绍总体均值区间估计和总体比例区间估计样本容量的确定。

一、估计总体均值时样本容量的确定

在第四节我们已经知道，在总体方差已知、重复抽样的条件下，总体均值在 $1-\alpha$ 的置信水平下的区间估计为 $\bar{x} \pm z_{\alpha/2}\dfrac{\sigma}{\sqrt{n}}$，即

$$P\left(|\bar{x}-\mu| \leqslant z_{\alpha/2}\frac{\sigma}{\sqrt{n}}\right)=1-\alpha \tag{6.49}$$

式（6.49）表明在置信水平 $1-\alpha$ 下，用样本均值 $\bar{x}$ 估计总体均值 μ 的最大误差为 $z_{\alpha/2}\dfrac{\sigma}{\sqrt{n}}$，因此，将 $z_{\alpha/2}\dfrac{\sigma}{\sqrt{n}}$ 称为允许误差，记为 $\varDelta$。即

$$\Delta = z_{\alpha/2} \frac{\sigma}{\sqrt{n}} \qquad (6.50)$$

在总体方差σ^2已知和给定置信水平$1-\alpha$的情况下，给定允许误差Δ，可解得样本容量

$$n = \frac{z_{\alpha/2}^2 \sigma^2}{\Delta^2} \qquad (6.51)$$

可见，样本容量n与置信水平成正比，置信水平越大，即估计的可靠性越高，需要的样本也越多；样本容量n与总体方差成正比，即在其他条件不变的情况下，总体的变异程度越大，样本容量越大；样本容量n与允许误差成反比，允许误差越小，即估计精度越高，所要求的样本容量也越大。

利用式（6.51）计算的样本容量可能不是整数，此时，通常将样本容量取成较大的整数，即将小数点后面的数一律进位成整数，如34.1取为35。

二、估计总体比例时样本容量的确定

与估计总体均值时样本容量的确定方法相似，在重复抽样的条件下，置信水平为$1-\alpha$，总体比例的置信区间为$p \pm z_{\alpha/2}\sqrt{\frac{\pi(1-\pi)}{n}}$，即

$$P\left(|p - \pi| \leqslant z_{\alpha/2}\sqrt{\frac{\pi(1-\pi)}{n}} \right) = 1-\alpha \qquad (6.52)$$

总体比例未知时，可用样本比例替代，此时，允许误差公式为

$$\Delta = z_{\alpha/2}\sqrt{\frac{p(1-p)}{n}} \qquad (6.53)$$

解得

$$n = \frac{z_{\alpha/2}^2 p(1-p)}{\Delta^2} \qquad (6.54)$$

 本章小结

本章主要介绍了参数估计的相关概念、参数估计的基本方法、参数估计量的评价标准、参数的区间估计以及样本容量的确定。重点介绍了区间估计，包括单个总体的区间估计和两个总体的区间估计。

单个总体的区间估计主要包括单个总体均值的区间估计、单个总体比例的区间估计以及单个总体方差的区间估计。

对于总体均值的区间估计，根据总体是否服从正态分布、样本容量的不同以及总体方差是否已知，得到给定置信水平$1-\alpha$下的置信区间，如表6.7所示。

表6.7　不同情形下总体均值的区间估计

总体分布	大 样 本		小 样 本	
	方 差 已 知	方 差 未 知	方 差 已 知	方 差 未 知
正态分布	$\bar{x} \pm z_{\alpha/2} \frac{\sigma}{\sqrt{n}}$	$\bar{x} \pm z_{\alpha/2} \frac{s}{\sqrt{n}}$	$\bar{x} \pm z_{\alpha/2} \frac{\sigma}{\sqrt{n}}$	$\bar{x} \pm z_{\alpha/2} \frac{s}{\sqrt{n}}$
非正态分布	$\bar{x} \pm z_{\alpha/2} \frac{\sigma}{\sqrt{n}}$	$\bar{x} \pm z_{\alpha/2} \frac{s}{\sqrt{n}}$	—	—

对于总体比例的区间估计，如果样本容量 n 足够大，则给定置信水平 $1-\alpha$ 下的总体比例的置信区间为

$$(p - z_{\alpha/2}\sqrt{\frac{p(1-p)}{n}}, p + z_{\alpha/2}\sqrt{\frac{p(1-p)}{n}})$$

给定置信水平 $1-\alpha$，总体方差的置信区间为

$$(\frac{(n-1)s^2}{\chi_{\alpha/2}^2}, \frac{(n-1)s^2}{\chi_{1-\alpha/2}^2})$$

两个总体的区间估计主要包括两个总体均值之差的区间估计、两个总体比例之差的区间估计和两个总体方差比的区间估计。

对于两个总体均值之差的区间估计，同样根据总体分布情况、样本容量以及总体方差是否已知，两个总体均值之差的区间估计如表 6.8 所示。

表 6.8　不同情形下两个总体均值之差的区间估计

样本容量	方差	正态分布	非正态分布
大样本	方差已知	$(x_1 - x_2) \pm z_{\alpha/2}\sqrt{\dfrac{\sigma_1^2}{n_1} + \dfrac{\sigma_2^2}{n_2}}$	$(x_1 - x_2) \pm z_{\alpha/2}\sqrt{\dfrac{\sigma_1^2}{n_1} + \dfrac{\sigma_2^2}{n_2}}$
	方差未知	$(x_1 - x_2) \pm z_{\alpha/2}\sqrt{\dfrac{s_1^2}{n_1} + \dfrac{s_2^2}{n_2}}$	$(x_1 - x_2) \pm z_{\alpha/2}\sqrt{\dfrac{s_1^2}{n_1} + \dfrac{s_2^2}{n_2}}$
小样本	方差已知	$(x_1 - x_2) \pm z_{\alpha/2}\sqrt{\dfrac{\sigma_1^2}{n_1} + \dfrac{\sigma_2^2}{n_2}}$	—
	方差未知不相等	$(x_1 - x_2) \pm t_{\alpha/2}\sqrt{\dfrac{s_1^2}{n_1} + \dfrac{s_2^2}{n_2}}$	—
	方差未知且相等	$(x_1 - x_2) \pm t_{\alpha/2}s_p\sqrt{\dfrac{1}{n_1} + \dfrac{1}{n_2}}$	—

当两个总体样本容量 n_1、n_2 足够大时，两个总体比例之差的置信区间为

$$(p_1 - p_2) \pm z_{\alpha/2}\sqrt{\frac{p_1(1-p_1)}{n_1} + \frac{p_2(1-p_2)}{n_2}}$$

给定置信水平 $1-\alpha$，两个总体方差比的置信区间为

$$(\frac{s_1^2/s_2^2}{F_{\alpha/2}}, \frac{s_1^2/s_2^2}{F_{1-\alpha/2}})$$

 思考与练习

一、不定项选择题

1．关于样本平均数和总体平均数的说法，下列正确的是（　　）。

　　A．前者是一个确定值，后者是随机变量　　B．前者是随机变量，后者是一个确定值

　　C．两者都是随机变量　　　　　　　　　　D．两者都是确定值

2．通常所说的大样本是指样本容量（　　）。

　　A．大于等于 30　　B．小于 30　　　　　C．大于等于 10　　　　D．小于 10

3．从服从正态分布的无限总体中分别抽取样本容量为 4，16，36 的样本，当样本容量增大时，样本均值的标准差将（　　　）。

  A．增加   B．减小   C．不变   D．无法确定

4．某班级学生的年龄是右偏的，均值为 20 岁，标准差为 4.45 岁。如果采用重复抽样的方法从该班抽取样本容量为 100 的样本，那么样本均值的分布为（　　　）。

  A．均值为 20 岁，标准差为 0.445 岁的正态分布

  B．均值为 20 岁，标准差为 4.45 岁的正态分布

  C．均值为 20 岁，标准差为 0.445 岁的右偏分布

  D．均值为 20 岁，标准差为 4.45 岁的右偏分布

5．区间估计表明的是一个（　　　）。

  A．绝对可靠的范围   B．可能的范围

  C．绝对不可靠的范围   D．不可能的范围

6．在其他条件不变的情形下，未知参数的 $1-\alpha$ 置信区间（　　　）。

  A．α 越大，长度越小   B．α 越大，长度越大

  C．α 越小，长度越小   D．α 与长度没有关系

7．甲乙是两个无偏估计量，如果甲估计量的方差小于乙估计量的方差，则称（　　　）。

  A．甲是充分估计量   B．甲乙一样有效

  C．乙比甲有效   D．甲比乙有效

8．设总体服从正态分布，方差未知，在样本容量和置信度保持不变的情形下，根据不同的样本值得到总体均值的置信区间长度将（　　　）。

  A．增加   B．不变   C．减少   D．以上都对

9．在其他条件不变的前提下，若要求误差范围缩小 1/3，则样本容量（　　　）。

  A．增加 9 倍   B．增加 8 倍   C．为原来的 2.25 倍   D．增加 2.25 倍

10．设样本容量为 16 人的简单随机样本，平均完成工作时间为 13 分钟，总体服从正态分布且标准差为 3 分钟。若想对完成工作所需时间构造一个 90% 的置信区间，则（　　　）。

  A．应用标准正态概率表查出 z 值   B．应用 t 分布表查出 t 值

  C．应用二项分布表查出 p 值   D．应用泊松分布表查出 λ 值

11．$100(1-\alpha)\%$ 是（　　　）。

  A．置信限   B．置信区间   C．置信度   D．可靠因素

12．参数估计的类型有（　　　）。

  A．点估计和无偏估计   B．无偏估计和区间估计

  C．点估计和有效估计   D．点估计和区间估计

13．抽样方案中关于样本容量大小的因素，下列说法错误的是（　　　）。

  A．总体方差大，样本容量也要大

  B．要求的可靠程度越高，所需样本容量越大

  C．总体方差小，样本容量大

  D．要求推断比较精确，样本容量要大

14．在其他条件不变的情况下，提高抽样估计的可靠程度，其精度将（　　　）。

  A．增加   B．不变   C．减少   D．以上都对

二、简答题

1. 简述参数估计量的评价标准。
2. 怎样理解置信区间?
3. 怎样理解置信水平?

三、计算题

1. 某加油站 64 位顾客所组成的样本资料显示,平均加油量是 13.6 加仑。若总体标准差是 3.0 加仑,则每个人平均加油量 95.45% 的置信区间估计值是多少?

2. 由一所大学的 90 名学生所组成的样本显示,有 27 名学生会以及格与不及格作为选课的依据。

(1) 以及格与不及格作为选课依据的同学占全体同学比率的点估计为多少?

(2) 以及格与不及格作为选课依据的同学占全体同学比率的 90% 的置信区间估计值为多少?

3. 在 500 个抽样产品中,有 95% 的一级品。试测定抽样平均误差,并用 95.45% 的概率估计全部产品非一级品概率的范围。

4. 从某农场种植的水稻中随机抽取 200 亩进行产量调查,测得平均亩产量为 380kg,亩产量的标准差为 25 kg,试计算:

(1) 平均亩产量的平均抽样误差。

(2) 以 99% 的置信概率推断该农场水稻总产量的所在范围。

(3) 如果要求抽样极限误差不超过 5 kg,亩产量的标准差仍为 25 kg,则概率为 0.99 时,应抽取多少亩进行调查?

5. 某大型企业进行工资调查,从全厂职工中随机抽取了 100 名职工,得到资料如表 6.9 所示。试以 95% 的置信水平估计:

(1) 全厂职工的平均工资范围。

(2) 全厂职工中工资在 4 000 元以上人数比重的区间范围。

表 6.9　某大型企业职工工资调查数据

工资水平(元)	职工人数(人)
3 000 以下	15
3 000~4 000	20
4 000~5 000	50
5 000~6 000	10
6 000 以上	5

6. 在由一所大学的 100 名学生所组成的样本显示,有 10 名学生四年的综合成绩为优秀。

(1) 该大学学生学习成绩优秀比率的点估计为多少?

(2) 以 95% 的置信水平对该大学学生成绩优秀比率进行区间估计。

第七章 假设检验

 学习指引

在学习本章前，可通过百度百科或智库百科"假设检验"词条中的介绍进行简单了解。

【本章要点】

1. 了解并学习假设检验的相关概念；
2. 学习并掌握假设检验的基本步骤；
3. 学习并掌握总体均值、总体比例以及总体方差的检验。

【实验导引】

第七章、第八章的上机实验内容参见"附录 1 实验指导书"中实验二的"假设检验与方差分析"部分，计划为 2 学时，建议上机实验与理论讲授交叉进行，实验素材的电子文档需从人邮教育社区（www.ryjiaoyu.com）本书相关页面下载（文件名中含"应用统计学实验用素材"）。本章上机实验主要练习 t 检验、双样本等方差检验、双样本异方差检验等；运用构架完成假设检验。

参数估计和假设检验是推断统计的两个重要内容。参数估计是利用样本数据的信息对总体的参数作出推断，在作出推断之前，总体参数是未知的。与参数估计不同的是，假设检验事先对总体参数作出相应的假设，然后利用样本数据的信息推断先前作出的假设是否成立。

例如，某大米生产企业利用自动包装机包装大米。在正常情况下，每袋大米的重量是 25kg，某日从生产的大米中随机抽取了 20 袋，测得这 20 袋大米的平均重量是 24.8kg。根据抽取的样本数据我们是不是可以判断自动包装机出现问题了呢？事实上，抽取样本的平均重量比正常情况下的重量少 0.2kg，可能是由以下几个方面的原因造成的：一是由于抽样的随机性造成的，也就是说当日生产的大米每袋的平均重量仍然是 25kg，只不过由于抽样的随机性，导致我们抽取的 20 袋大米的平均重量比正常情况下要轻一些，这属于正常情况；二是由于自动包装机确实出现了问题，导致当天生产的每袋大米比正常情况下要轻一些。

自动包装机是不是出了问题，或者说每袋大米的重量是否发生了变化，我们可以采用假设检验的方法来回答这个问题。首先，我们假设每袋大米的重量未发生变化，然后，根据抽取的 20 袋大米的样本数据检验上述假设是否成立。如果假设成立，说明每袋大米的重量未发生变化，抽取的 20 袋大米的平均重量与总体的差异是由于抽样随机性造成的；如果假设不成立，说明每袋大米的重量确实发生了变化，这是由于自动包装机出现问题导致的。

统计讲堂

假设检验

定义 7.1　假设检验是对总体分布或总体分布中的某些参数作出相应的假设，然后利用样本数据所提供的信息检验这个假设是否成立。

第一节　假设检验的相关概念

在进行假设检验时，首先要对要检验的总体参数作出两类相反的假设，通常把这两类相反的假设称为原假设（null hypothesis）和备择假设（alternative hypothesis）。

一、原假设与备择假设

定义 7.2　原假设又称为零假设，是指待检验的假设，通常用 H_0 表示。

例如，在上面的例子中，我们关心的是每袋大米的重量是不是发生了变化。假设用 μ 表示每袋大米的平均重量，则对该问题我们可以构造如下的原假设：$H_0 : \mu = 25$。如果这个原假设 H_0 成立的话，意味着当天的每袋大米的重量仍然是 25kg。但如果确实是由于装袋机出现了问题，导致当天每袋大米的重量发生了变化，则原假设 H_0 不成立，即拒绝原假设 H_0。此时，需要在另一个相反的假设中作出选择，我们将该假设称为备择假设。

定义 7.3　备择假设是指拒绝原假设后可供选择的其他假设，通常用 H_1 表示。

对于一个完整的假设检验过程，我们既要给出原假设，同时也要给出备择假设。原假设和备择假设通常包括如下三种类型。

1. 双侧检验

所谓双侧检验，是针对备择假设而言的，即当利用样本数据得到的检验统计量如果落入两侧小概率事件中，则认为原假设不成立。以检验总体均值 μ 为例，双侧检验的原假设 H_0 和备择假设 H_1 可表示成如下的形式：

$$H_0 : \mu = \mu_0 ; \quad H_1 : \mu \neq \mu_0$$

2. 左侧检验

当我们关心的是总体的参数是否显著地低于某一个给定的值时，比如工商管理部门检验某品牌奶粉中蛋白质含量是否低于国家规定的标准，随机从该品牌奶粉中抽样进行检验，构造的原假设 H_0 和备择假设 H_1 的形式如下：

$$H_0 : \mu \geqslant \mu_0 ; \quad H_1 : \mu < \mu_0$$

上述检验中，备择假设 H_1 的逻辑关系用"<"表示，因此称为左侧检验。

3. 右侧检验

当我们关心的是总体的参数是否显著地高于某一个给定的值时，比如工商管理部门检验某食品中对人体有害的某种物质含量是否超标，则构造的原假设 H_0 和备择假设 H_1 的形式如下：

$$H_0 : \mu \leqslant \mu_0 ; \quad H_1 : \mu > \mu_0$$

上述实验中备择假设的逻辑关系用">"表示，因此称为右侧检验。

假设通过抽样得到的相应的样本统计量超过给定显著性水平下的临界值，我们就可以认为该种食品中包含的对人体有害的物质是超标的，属于不合格产品。

通常我们将左侧检验和右侧检验统称为单侧检验。构造单侧检验的经验做法是，尽量构造有利于拒绝原假设的检验。比如，利用样本数据计算的样本统计量的值如果大于要进行检验的假定总体参数时，建立右侧检验，否则，建立左侧检验。之所以这样构造原假设和备择假设，是因为假设检验的基本原理是小概率事件不可能发生。因此，当小概率事件发生时，我们要拒绝原假设，此时发生错误的概率较小，得到的结论较可靠。因此，在假设检验时，我们应向有利于拒绝原假设的方向上构造原假设和备择假设。

思考实践

为什么要构造有利于拒绝原假设的检验，如果反过来构造呢？

二、显著性水平和两类错误

在进行假设检验时，我们要根据样本数据的信息作出接受原假设和拒绝原假设的判断。由于作出判断时是采用样本数据，即总体中的部分样本，因此这种判断可能是正确的，也可能是错误的。即在假设检验的过程中，存在犯错误的可能，这通常包括两种错误。一类是总体参数的原假设 H_0 本来是正确的，根据样本数据提供的信息我们却作出了拒绝原假设的判断，我们将其称之为第一类错误，也称之为弃真错误。弃真错误的概率为 α，表示总体为真时拒绝原假设的概率为 α，α 是个较小的数，称为显著性水平，表示犯第一类错误的概率。因此，在假设检验时，如果拒绝原假设，得出的检验结论通常是比较可靠的。因为此时犯错误的概率很小。

同样，如果总体参数的原假设 H_0 本来是错误的，但样本数据提供的信息并没有充分的理由拒绝原假设，最终只能被迫地接受原假设，我们将这一类错误称为第二类错误，也称为取伪错误。通常取伪错误的概率用 β 表示。

在具体的检验过程中，我们应尽量减少犯这两类错误的可能性，那样作出的判断可靠性更高。但要实现同时降低犯两类错误的概率又是不现实的，因为减小犯第一类错误的概率，就会相应增大犯第二类错误的概率；同样，减小犯第二类错误的概率，就会相应增大犯第一类错误的概率。这两类错误的关系如图 7.1 所示。

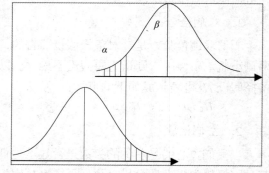

图 7.1　假设检验中犯两类错误的图示

图 7.1 中，如果原假设 $H_0 : \mu = \mu_0$ 为真，则利用样本数据计算的样本均值应该与总体真实均值 μ_0 很接近，否则我们有理由拒绝原假设，认为原假设是不成立的。但由于抽样的随机性，样本均值也可能落入到图 7.1 右上部分左侧的阴影部分，即小概率事件发生了，此时我们拒绝原假设，因此犯了第一类错误，犯第一类错误的概率为 α。

如果原假设 $H_0 : \mu = \mu_0$ 是错误的，不妨设总体均值 $\mu = \mu_1 < \mu_0$，如图 7.1 左下部分所示，此时，如果利用样本数据计算的样本均值落入阴影部分，我们仍然把 μ 当作 μ_0，而没有拒绝原假设 $H_0 : \mu = \mu_0$，因此犯了第二类错误，犯第二类错误的概率为 β。从图 7.1 中还可以看出，如果我们将临界值点向左移动，相应 α 减小，但 β 增大；同理，将临界值点向右移动，相应 α 增大，但 β 却减小。可见，在样本容量确定的情况下，不能实现 α 和 β 的同时减小，即不能同时降低犯第一类错误和第二类错误的概率。通常情况下，在进行假设检验时，人们将犯第一

类错误的概率作为首选的控制目标，因此α通常是一个比较小的值，通常取 10%、5%或 1%。

我们如果增加样本容量，可以实现α和β的同时减小，因为样本数据越多，提供的总体信息就越多，对总体进行推断就越准确，进而实现同时降低犯这两类错误的概率。

三、检验统计量和拒绝域

针对具体问题提出原假设和备择假设后，通常需要利用样本数据提供的信息来支持所提出的备择假设。假设检验就是利用样本数据的观测结果帮助研究者对提出的假设作出最后的判断和决策。如果样本数据能够提供充分的证据证明原假设是不成立的，那么我们就有足够的理由拒绝原假设，并倾向于接受备择假设。样本数据往往能够提供各种各样的信息，因此针对特定的研究，我们需要选择有用的信息支持我们对所提出的假设作出判断和决策。检验统计量便是对有用的样本数据进行压缩和概括的结果。

定义 7.4 检验统计量是指根据样本数据计算得到，并服从某种已知分布的，据以对原假设和备择假设作出决策的某个样本统计量。

检验统计量是通过样本数据计算得到，根据不同样本数据计算出来的检验统计量的值是不同的，因此检验统计量是随机变量。为了对原假设和备择假设作出判断和决策，检验统计量还必须服从某种已知的分布。根据这种已知的分布，我们可以得到小概率事件的集合，即拒绝原假设的集合。

定义 7.5 拒绝域是指能够拒绝原假设的检验统计量的所有可能取值组成的集合。

拒绝域是由显著性水平α所围成的区域，如果利用样本数据计算的检验统计量的具体数值落入到拒绝域，则根据小概率事件不可能发生的原理，我们有理由认为原假设是不成立的，即拒绝原假设。在具体的假设检验过程中，首先我们需要给定显著性水平α的值，然后利用检验统计量的具体分布确定出拒绝域的边界值，即临界值。

定义 7.6 临界值是指在给定显著性水平的条件下，根据检验统计量的具体分布确定的拒绝域的边界值。

根据原假设和备择假设类型的不同，拒绝域的位置也有区别。如果是双侧检验，显著性水平为α，则拒绝域位于抽样分布的两侧，并且左侧和右侧拒绝域与抽样分布所围成的面积分别为$\alpha/2$；如果是左侧检验，则拒绝域位于抽样分布的左侧，并且拒绝域与抽样分布所围成的面积为α；同理，如果是右侧检验，拒绝域位于抽样分布的右侧，并且拒绝域与抽样分布所围成的面积为α。不同类型假设检验的拒绝域分别如图 7.2、图 7.3 和图 7.4 中的阴影部分所示。

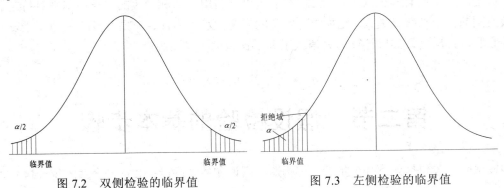

图 7.2 双侧检验的临界值　　　图 7.3 左侧检验的临界值

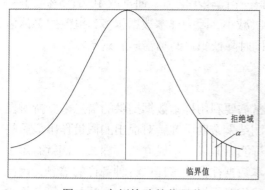

图 7.4 右侧检验的临界值

四、显著性概率

通常情况下，在进行假设检验时，需要事先给定显著性水平 α，即事先给定犯第一类错误的概率，此时我们可以通过查统计分布表或者利用 Excel 函数计算相应的临界值。那么，一旦利用样本数据计算的检验统计量的具体数值落入拒绝域，则拒绝原假设；否则就接受原假设。这种固定的显著性水平对检验结果的可靠性起到了一定的度量作用。但事先给定显著性水平 α 也有其不足之处，因为 α 是犯第一类错误的上限控制值，它只能提供检验结论可靠性的一个大致范围，不能给出观测数据与原假设之间不一致程度的精确度量。换句话说，如果显著性水平 α 相同，那么所有检验结论的可靠性都是一样的。如果利用 P 值进行决策，则能够进一步测度样本数据与原假设中假设值的偏离程度。

定义 7.7   在原假设成立的情况下，观测样本对应的出现概率称为 P 值（p-value）。

P 值是测度实际观测到的数据与原假设 H_0 之间的不一致程度的一个概率值。P 值越大，说明这种不一致程度越低，越有利于作出原假设成立的判断；相反，P 值越小，说明这种不一致程度越高，拒绝原假设的可能性越大。

根据假设检验的不同类型，P 值的定义也有所区别。假设 z 表示假设检验所构造的检验统计量；z_x 表示在原假设 H_0 成立时根据样本数据计算得到的检验统计量的具体数值。P 值的计算方法如下。

（1）双侧检验：

$H_0 : \mu = \mu_0$；$H_1 : \mu \neq \mu_0$

P 值 $= P(|z| > |z_x|)$

（2）左侧检验：

$H_0 : \mu \geqslant \mu_0$；$H_1 : \mu < \mu_0$

P 值 $= P(z \leqslant z_x)$

（3）右侧检验：

$H_0 : \mu \leqslant \mu_0$；$H_1 : \mu > \mu_0$

P 值 $= P(z \geqslant z_x)$

(7.1)

从上面 P 值的计算公式可以看出，我们也可以利用 P 值和给定的显著性水平对特定的假设检验问题作出判断和决策。比如事先给定的显著性水平为 α，如果计算的 P 值小于 α，则拒绝原假设；反之，如果计算的 P 值大于等于 α，则接受原假设。

第二节 假设检验的基本步骤

假设检验一般包括如下几个步骤：①构造原假设和备择假设；②选择合适的统计量；③给

定显著性水平 a，计算临界值和拒绝域；④作出判断。

 学习指引

关于假设检验的基本原理，可通过《如何通俗地理解假设检验基本原理》一文进行初步了解。

一、构造原假设和备择假设

对于一个具体的假设检验过程，首先，我们要根据研究的目的提出原假设和备择假设，然后，根据具体的问题选择不同的原假设和备择假设的类型。特别是单侧检验，提出的原假设与备择假设是否合理，直接影响到最终的判断和决策，因此要特别注意。举一个简单的例子，假设检验统计量用 z 表示，如果根据样本数据计算的检验统计量的具体数值大于临界值 z_α，此时构造左侧分布的原假设 H_0 和备择假设 H_1 为

$$H_0 : \mu \geqslant \mu_0 ; \quad H_1 : \mu < \mu_0$$

则不能拒绝原假设，只能接受原假设。认为 $\mu \geqslant \mu_0$。如果构造右侧分布的原假设 H_0 和备择假设 H_1 为

$$H_0 : \mu \leqslant \mu_0 ; \quad H_1 : \mu > \mu_0$$

则拒绝原假设，认为 $\mu > \mu_0$，因此在这种情况下，无论选择左侧检验，还是右侧检验，得到的结论都是一致的。

但如果根据样本数据计算的检验统计量的具体数值小于临界值 z_α，即 $|z_x| < z_\alpha$，如果选择左侧检验，则接受原假设，认为 $\mu \geqslant \mu_0$；如果选择右侧检验，同样接受原假设，认为 $\mu \leqslant \mu_0$，就会得到相互矛盾的结论。在这种情况下，要尽量构造有利于拒绝原假设的检验。比如，利用样本数据计算的样本统计量的值如果大于要进行检验的假定总体参数时，建立右侧检验；否则，建立左侧检验。

二、选择合适的统计量

不同的假设检验问题应选择不同的统计量，比如单个总体均值的检验，根据样本容量的大小通常选择构造标准正态分布和 t 分布；总体方差的假设检验，通常构造 χ^2 统计量和 F 统计量，单个总体方差检验选择 χ^2 统计量，而两个总体方差比的检验则选择 F 统计量。在针对具体问题构造检验统计量时应注意如下两点：

第一，检验统计量中不能包含未知的参数，在给定样本数据的情况下，检验统计量一定能够算出具体的数值。

第二，检验统计量必须服从某种已知的分布，只有其分布是已知的时，我们才能在给定显著性水平的条件下，通过查表或者利用 Excel 函数计算临界值，进而得到该假设检验的拒绝域。然后，利用样本数据所提供的信息作出接受或者拒绝原假设的判断。

三、给定显著性水平，计算临界值和拒绝域

针对不同的假设检验问题，选择合适的检验统计量后，我们就可以根据检验统计量的具体分布，计算在给定显著性水平下的临界值和拒绝域。假设检验应用小概率事件不可能发生的原理，这里的小概率就是显著性水平 α。但是 α 到底要小到什么程度才算是小概率呢？对此并没有统一的标准。通常，显著性水平 α 取 10%、5%或 1%。对应的置信水平分别为 90%、95% 和 99%。在实际检验过程中，通常是先给定了显著性水平，然后根据检验统计量的概率

分布表查得临界值，再根据检验的类型确定拒绝域或者接受域。比如，临界值用 z_α 表示，其定义如下：

$$P(z > z_\alpha) = \alpha$$

则给定显著性水平 α 下，不同类型假设检验的拒绝域如下：

（1）双侧检验，$(-\infty, -z_{\alpha/2}) \bigcup (z_{\alpha/2}, \infty)$。

（2）左侧检验，$(-\infty, -z_\alpha)$。

（3）右侧检验，(z_α, ∞)。

四、作出判断

给定显著性水平 α，计算得到临界值和拒绝域后，利用样本数据计算检验统计量的具体数值，然后将这个值与临界值相对比，如果落入拒绝域，则拒绝原假设；否则，接受原假设。另外，我们还可以利用 P 值进行决策，比较 P 值与显著性水平 α 之间的关系，如果 P 值小于 α，则拒绝原假设；否则，接受原假设。

第三节　总体均值的检验

在上一节中，我们介绍了假设检验的基本原理及具体步骤。但由于不同的假设检验问题，检验的总体参数可能不同。因此，本章下面各节按照检验总体参数的不同，分别介绍相应的假设检验方法。本节介绍总体均值的检验，分为单个总体均值的检验以及两个总体均值之差的检验；第四节介绍总体比例的检验，分为单个总体比例的检验以及两个总体比例之差的检验；第五节介绍总体方差的检验，分为单个总体方差的检验以及两个总体方差比的检验。

一、单个总体均值的检验

根据抽样分布理论，单个总体均值的检验包括以下五种情形。

（1）当总体服从正态分布，且方差已知时，样本均值服从正态分布 $\bar{x} \sim N(\mu, \sigma^2 / n)$。

（2）当总体不服从正态分布，但方差已知，根据中心极限定理知，只要是大样本抽样，样本均值仍近似服从正态分布 $\bar{x} \sim N(\mu, \sigma^2 / n)$。此时，我们将 $\bar{x}$ 标准化，得到检验统计量：

$$z = \frac{\bar{x} - \mu}{\sigma / n} \sim N(0,1) \tag{7.2}$$

（3）当总体服从正态分布，方差未知时，如果样本容量足够大，即 $n \geq 30$，根据 t 分布的大样本性质可知，此时样本均值仍然近似服从正态分布，只不过分布的方差用样本方差代替 $\bar{x} \sim N(\mu, s^2 / n)$。

（4）当总体不服从正态分布，方差未知，如果是大样本抽样，即 $n \geq 30$，根据中心极限定理以及 t 分布的大样本性质，样本均值近似服从正态分布 $\bar{x} \sim N(\mu, s^2 / n)$。将 $\bar{x}$ 标准化，得到检验统计量：

$$z = \frac{\bar{x} - \mu}{s / \sqrt{n}} \sim N(0,1) \tag{7.3}$$

（5）当总体服从正态分布，方差未知，且为小样本抽样（样本容量 $n < 30$），则样本均值

服从 t 分布，此时检验统计量为

$$t = \frac{\bar{x} - \mu}{s / \sqrt{n}} \sim t(n-1) \qquad (7.4)$$

为方便记忆，表 7.1 给出了不同情形下单个总体均值检验构造的统计量。

表 7.1　单个总体均值检验的统计量

| | 样　本　容　量 | | | |
| | 大　样　本（$n \geqslant 30$） | | 小　样　本（$n < 30$） | |
	方差已知	方差未知	方差已知	方差未知
正态总体	$\dfrac{\bar{x}-\mu}{\sigma/\sqrt{n}} \sim N(0,1)$	$\dfrac{\bar{x}-\mu}{s/\sqrt{n}} \sim N(0,1)$	$\dfrac{\bar{x}-\mu}{\sigma/\sqrt{n}} \sim N(0,1)$	$\dfrac{\bar{x}-\mu}{s/\sqrt{n}} \sim t(n-1)$
非正态总体	$\dfrac{\bar{x}-\mu}{\sigma/\sqrt{n}} \sim N(0,1)$	$\dfrac{\bar{x}-\mu}{s/\sqrt{n}} \sim N(0,1)$	—	—

【例 7.1】某电风扇厂根据历史资料统计结果得知，其电风扇平均使用寿命为 25 000 小时，标准差为 1 900 小时。现在，从新批量生产的电风扇中随机抽取 400 个做试验，求得样本平均寿命为 25 300 小时。试按 5% 的显著性水平判断新产电风扇的平均使用寿命与原来生产的电风扇平均使用寿命有没有显著的差异。

解： 依题意可知，该问题属于单个总体均值的检验，可构造如下的原假设 H_0 和备择假设 H_1。

$$H_0: \mu = 25\,000 \;;\quad H_1: \mu \neq 25\,000$$

另外，题中所给的已知条件为：总体标准差 $\sigma = 1\,900$ 小时，样本容量 $n = 400$，$\bar{x} = 25\,300$ 小时。

本题属于大样本，方差已知的情况，根据表 7.1 可知，无论总体是否服从正态分布，我们都可以构造如下的标准正态分布进行检验：

$$z = \frac{\bar{x} - \mu}{\sigma / \sqrt{n}} \sim N(0,1)$$

将样本数据代入上式，得到检验统计量的具体数值为

$$z = \frac{\bar{x} - \mu}{\sigma / \sqrt{n}} = \frac{25\,300 - 25\,000}{1\,900 / \sqrt{400}} = 3.16$$

给定显著性水平 $\alpha = 0.05$，查标准正态分布表，得到双侧检验的临界值 $z_{\alpha/2} = 1.96$，我们也可以通过 Excel 函数计算给定显著性水平的临界值。

 小提示

利用电子表格计算给定显著性水平下标准正态分布的临界值

利用 Excel 或 WPS 表格中的 NORMINV(probability, mean, standard_dev)函数或者 NORMSINV (probability) 函数可以计算给定显著性水平下标准正态分布的临界值。Excel 中 NORMINV 函数是这样定义的，$P(z \leqslant \text{NORMINV}(\text{probability, mean, standard\_dev})) = \text{probability}$。因此，对于双侧检验，probability 填入 $1-\alpha/2$；对于左侧检验，probability 应填入 α；而对于右侧检验，probability 应填入 $1-\alpha$。Mean 和 standard_dev 对应填入正态分布的均值和标准差。而函数 NORMSINV (probability) 则返回给定显著性水平下的标准正态分布的临界值。本例中，我们可以输入 "=NORMINV（0.975，0，1）" 得到对应 5% 显著性水平下的临界值为 1.959964。或者输入 "=NORMINV（0.975）" 也可以得到同样的数值。

或者进入 Excel 软件界面，单击"f_x"命令，在函数分类中单击"统计"，并在函数名菜单下选择"NORMINV"函数，然后在打开的对话框中依次填入概率值、均值和标准差，也可以得到临界值 $z_{\alpha/2}=1.96$。

得到临界值后，将根据样本数据计算的 z 统计量的具体数值与临界值对比，发现 $z=3.16>z_{\alpha/2}=1.96$，该统计量落入拒绝域，故拒绝原假设，认为新产电风扇的平均使用寿命与原来生产的电风扇平均使用寿命有显著的差异。

另外，我们也可以利用 P 值进行决策。

利用电子表格计算检验统计量的显著性概率

利用 Excel 或 WPS 表格中的 NORMDIST（x，mean，standard_dev，cumulative）函数可以计算出由样本数据计算的检验统计量的显著性概率。Excel 中的 NORMDIST 函数是这样定义的，$P(z \leqslant x)=$NORMDIST（x，mean，standard_dev，cumulative）。其中，x 处填入相应的检验统计量的数值，mean，standard_dev 仍然是正态分布的均值和标准差，cumulative 处可填 0 或 1，填 0 计算 x 值处的正态分布的概率密度，填 1 计算相应的累积概率。可见，对于双侧检验，P 值 $=2\times(1-$NORMDIST$(|x|, 0, 1, 1))$；对于左侧检验，P 值 $=$NORMDIST$(x, 0, 1, 1)$；对于右侧检验，P 值 $=1-$NORMDIST$(x, 0, 1, 1)$。

【例 7.1】中，我们可以在 Excel 表格中输入"$=2*（1-$NORMDIST（3.16，0，1，1））"得到的显著性概率 P 值 $=0.00158$。

由于计算的显著性概率 P 值小于给定的显著性水平 $\alpha=0.05$，因此拒绝原假设。

【例 7.2】某电池厂生产的某号电池，历史资料表明平均发光时间为 1 000 小时，在最近生产的产品中抽取 25 块电池，并且已知电池的发光时间服从正态分布。测得平均发光时间为 990 小时，标准差为 80 小时，若显著性水平为 0.05，问新生产的电池发光时间是否显著缩短？

解： 由题意可知，我们关心的是新生产的电池发光时间是不是比原来的电池有所缩短，属于单侧检验问题，根据有利于拒绝原假设的原则，本题我们构造左侧检验，原假设 H_0 和备择假设 H_1 为

$$H_0: \mu \geqslant 1\,000 ; \quad H_1: \mu < 1\,000$$

另外，题中所给的已知条件为：样本标准差 $s=80$ 小时，样本容量 $n=25$，属于小样本，$\bar{x}=990$ 小时。

由于已知总体服从正态分布，方差未知，小样本，因此可以构造 t 统计量进行检验：

$$t = \frac{\bar{x} - \mu}{s / \sqrt{n}} \sim t(n-1)$$

将样本数据代入上式，得到检验统计量的具体数值为

$$t = \frac{\bar{x} - \mu}{s / \sqrt{n}} = \frac{990 - 1\,000}{80 / \sqrt{5}} = -0.625$$

给定显著性水平 $\alpha=0.05$，查 t 分布表，得到左侧检验的临界值 $-t_{0.05}(24)=-1.710\,9$，我们也可以通过 Excel 函数计算给定显著性水平的临界值。

 小提示

利用 Excel 或 WPS 表格中的 TINV（probability，deg_freedom）函数可以计算给定显著性水平下 t 分布的临界值。Excel 中的 TINV 函数是这样定义的，$P(|t|>$TINV(probability, deg_freedom))=probability。因此，对于双侧检验，probability 填入 α；对于单侧检验，probability 应填入 $2\alpha/2$。

deg_freedom 处填入对应 t 分布的自由度。本例中，我们输入"TINV(0.10, 24)"得到 $t_{0.05}(24)=1.710\,9$。或者进入 Excel 软件界面，单击"f_x"命令。在函数分类中单击"统计"，并在函数名菜单下选择"TINV"函数，然后在打开的对话框中依次填入概率值和自由度，也可以得到临

界值 $t_\alpha(24)=1.7109$。

得到临界值后，将根据样本数据计算的 t 统计量的具体数值与临界值对比，发现 $t=-0.625>-t_\alpha=-1.7109$，落入接受域，因此，认为新生产的电池发光时间没有显著缩短。

同样，我们也可以利用 P 值进行决策。

利用 Excel 或 WPS 表格中的 TDIST（x, degrees_freedom, tails）函数还可以计算出由样本数据计算的检验统计量的显著性概率。tails 为指定返回的分布函数是单尾分布还是双尾分布。如果 tails = 1，则 TDIST 函数返回单尾分布。如果 tails = 2，则 TDIST 函数返回双尾分布。Excel 中 TDIST 函数是这样定义的，当 tails = 1 时，$P(t>x)$= TDIST(x, degrees_freedom, 1)。此处，x 为大于 0 的数。当 tails = 2 时，$P(|t|>x)$= TDIST(x, degrees_fredom, 1)。此处，x 为大于 0 的数。

可见，对于双侧检验：P 值=TDIST($|x|$, degrees_freedom, 2)。

对于左侧检验，若计算的检验统计量的数值 $x\leqslant0$，P 值=TDIST($|x|$, degrees_freedom, 1)，若 $x>0$，则 P 值=1−TDIST($|x|$, degrees_freedom，1)。

对于右侧检验，若 $x\leqslant0$，P 值=1−TDIST($|x|$, degrees_freedom, 1)，若 $x>0$，则 P 值= TDIST($|x|$, 0, 1, 1)。

对于例 7.2，我们可以在 Excel 表格中输入 "= TDIST(0.625, 24, 1)"，得到的显著性概率 P 值 =0.2689。

由于计算的显著性概率 P 值大于给定的显著性水平 $\alpha=0.05$，因此接受原假设。

二、两个总体均值之差的检验

在实际统计推断中，有时需要比较两个总体参数的大小，看它们是否有显著的差异。例如，在新药研制过程中，为了检验新药的疗效，通常需要进行临床的对比试验，通过检验两组试验样本的某些参数是否有显著差异，然后对新药的疗效作出判断。假设两个总体的均值分别为 μ_1 和 μ_2，那么检验两个总体均值是否存在差异，构造原假设 H_0 和备择假设 H_1 如下。

双侧检验：$H_0: \mu_1 - \mu_2 = 0$；$H_1: \mu_1 - \mu_2 \neq 0$；

左侧检验：$H_0: \mu_1 - \mu_2 \geqslant 0$；$H_1: \mu_1 - \mu_2 < 0$；

右侧检验：$H_0: \mu_1 - \mu_2 \leqslant 0$；$H_1: \mu_1 - \mu_2 > 0$。

当然也可以检验两个总体之间是否存在一定程度的差异，如：

$$H_0: \mu_1 - \mu_2 = d；H_1: \mu_1 - \mu_2 \neq d，d \neq 0。$$

根据两个总体的方差是否已知以及样本容量的大小，接下来分如下三种情况讨论构造两个总体均值之差的检验统计量。

1. 两个总体的方差已知

当两个总体均服从正态分布，相互独立且方差已知，则根据抽样分布的知识可知，样本均值之差 $\bar{x}_1 - \bar{x}_2$ 的抽样分布服从正态分布。或者两个总体的分布未知，但均属于大样本抽样，则根据中心极限定理可知，样本均值之差 $\bar{x}_1 - \bar{x}_2$ 的抽样分布近似服从正态分布。

由于 $E(\bar{x}_1 - \bar{x}_2)= \mu_1 - \mu_2$，$D(\bar{x}_1 - \bar{x}_2)=D(\bar{x}_1)+D(\bar{x}_2)= \dfrac{\sigma_1^2}{n_1} + \dfrac{\sigma_2^2}{n_2}$，其中 σ_1^2 和 σ_2^2 分别是两个总体的方差，n_1 和 n_2 分别是从两个总体中抽取样本的容量。于是

$$\bar{x}_1 - \bar{x}_2 \sim N\left(\mu_1 - \mu_2, \frac{\sigma_1^2}{n_1} + \frac{\sigma_2^2}{n_2}\right) \tag{7.5}$$

将 $\bar{x}_1 - \bar{x}_2$ 标准化后，得到服从标准正态分布的检验统计量为

$$z = \frac{(\bar{x}_1 - \bar{x}_2) - (\mu_1 - \mu_2)}{\sqrt{\dfrac{\sigma_1^2}{n_1} + \dfrac{\sigma_2^2}{n_2}}} \sim N(0,1) \tag{7.6}$$

2. 两个总体方差未知，但均为大样本抽样

如果两个总体方差未知，但均为大样本抽样，则根据中心极限定理和 t 分布的大样本性质可知，用样本方差替代总体方差，则两个样本均值之差 $\bar{x}_1 - \bar{x}_2$ 的抽样分布近似服从正态分布。

$$z = \frac{(\bar{x}_1 - \bar{x}_2) - (\mu_1 - \mu_2)}{\sqrt{\dfrac{s_1^2}{n_1} + \dfrac{s_2^2}{n_2}}} \sim N(0,1) \tag{7.7}$$

3. 两个总体方差未知但相等，且均为小样本抽样

如果两个总体方差未知但相等，且均为小样本抽样，此时，我们需要构造 t 统计量进行检验，由于总体方差 $\sigma^2 = \sigma_1^2 = \sigma_2^2$ 未知，此时我们需要用样本方差 s_p^2 估计总体的合并方差：

$$s_p^2 = \frac{(n-1)s_1^2 + (n_2-1)s_2^2}{n_1 + n_2 - 2} \tag{7.8}$$

于是，两个样本均值之差 $\bar{x}_1 - \bar{x}_2$ 的标准差为

$$\sigma_{\bar{x}_1 - \bar{x}_2} = \sqrt{\frac{s_p^2}{n_1} + \frac{s_p^2}{n_2}} = s_p \sqrt{\frac{1}{n_1} + \frac{1}{n_2}} \tag{7.9}$$

得到检验的统计量为

$$t = \frac{(\bar{x}_1 - \bar{x}_2) - (\mu_1 - \mu_2)}{s_p \sqrt{\dfrac{1}{n_1} + \dfrac{1}{n_2}}} \sim t(n_1 + n_2 - 2) \tag{7.10}$$

【**例 7.3**】假设 A 厂生产的灯泡的使用寿命 $X_1 \sim N(\mu_1, 95^2)$，B 厂生产的灯泡寿命 $X_2 \sim N(\mu_2, 120^2)$。现在从两厂产品中各抽取 100 个和 75 个样本，测得灯泡的平均寿命分别为 1 180 小时和 1 220 小时，问在显著性水平为 0.05 时，两厂生产的灯泡的平均寿命有无显著性差异？

解： 依题意，我们所关心的是 A、B 两厂生产的灯泡的使用寿命是否有显著差异，因此属于双侧检验，原假设 H_0 和备择假设 H_1 为

$$H_0: \mu_1 - \mu_2 = 0 ; \quad H_1: \mu_1 - \mu_2 \neq 0$$

另外，题中所给的已知条件为总体标准差 σ_1=95 小时，σ_2=120 小时，样本容量 n_1=100 只，n_2=75 只，样本均值 $\bar{x}_1$=1 180 小时，$\bar{x}_2$=1 220 小时，显著性水平 α=0.05。

由于已知两个总体服从正态分布，方差已知，因此可以构造标准正态分布统计量进行检验：

$$z = \frac{(\bar{x}_1 - \bar{x}_2) - (\mu_1 - \mu_2)}{\sqrt{\dfrac{\sigma_1^2}{n_1} + \dfrac{\sigma_2^2}{n_2}}} \sim N(0,1)$$

将样本数据代入上式，得到检验统计量的具体数值为

$$z = \frac{(\bar{x}_1 - \bar{x}_2) - (\mu_1 - \mu_2)}{\sqrt{\dfrac{\sigma_1^2}{n_1} + \dfrac{\sigma_2^2}{n_2}}} = \frac{1180 - 1220}{\sqrt{\dfrac{95^2}{100} + \dfrac{120^2}{75}}} = -2.38$$

给定显著性水平 $\alpha = 0.05$，查标准正态分布表，或利用 Excel 函数计算相应的临界值 $z_{\alpha/2} = 1.96$。

由于根据样本数据计算的检验统计量的数值 $z = -2.38 < z_{\alpha/2} = 1.96$，落入拒绝域，因此拒绝原假设 H_0，认为这两工厂生产的灯泡的平均寿命有显著性差异。

同样，我们也可以利用 P 值进行决策，在 Excel 的单元格中输入"=2*（1-normdist（2.38，0，1，1）"，得到 P 值为 0.017 3，小于给定的显著性水平 $\alpha=0.05$，因此拒绝原假设 H_0。

【例7.4】 某生产企业为提高职工生产的熟练程度对部分职工进行了为期 3 个月的培训。为了解培训效果如何，特从经过培训和未经过培训的职工群体中各随机抽取了 10 名职工（假定这两组员工在培训前个体差异很小，或完全没有），记录其月产量，获得有关数据如表 7.2 所示。又假定这两组职工的实际产量均近似服从正态分布。问在显著性水平为 0.05 时，该培训对提高职工产量有无显著性影响？

表 7.2 某企业部分职工月产量对比表

序 号	1	2	3	4	5	6	7	8	9	10
经培训的	2 000	2 120	1 980	2 200	2 100	1 900	2 030	2 100	2 000	2 160
未经培训的	1 803	1 980	2 005	1 900	2 000	2 200	1 600	2 000	1 901	2 001

解： 该案例关心的是经过培训是否能够提高职工生产的熟练程度，因此属于单侧检验问题，依据有利于拒绝原假设的原则，本例构造右侧检验，原假设 H_0 和备择假设 H_1 为

$$H_0: \mu_1 - \mu_2 \leq 0 \; ; \; H_1: \mu_1 - \mu_2 > 0$$

另外，题中所给的已知条件为：样本标准差 $s_1=92.19$，$s_2=156.99$，样本容量 $n_1=10$，$n_2=10$，样本均值 $\overline{x}_1 = 2\,059$ 小时，$\overline{x}_2 = 1939$ 小时，显著性水平 $\alpha = 0.05$。

由于已知两个总体服从正态分布，方差未知但相等，且为小样本，因此可以构造 t 统计量进行检验：

$$t = \frac{(\overline{x}_1 - \overline{x}_2) - (\mu_1 - \mu_2)}{s_p \sqrt{\dfrac{1}{n_1} + \dfrac{1}{n_2}}} \sim t(n_1 + n_2 - 2)$$

将样本数据计算的总体合并方差为

$$s_p^2 = \frac{(n_1 - 1)s_1^2 + (n_2 - 1)s_2^2}{n_1 + n_2 - 2} = \frac{9 \times 92.19^2 + 9 \times 156.99^2}{18} = 16\,573.11$$

将上式代入到 t 统计量的计算公式，得

$$t = \frac{(\overline{x}_1 - \overline{x}_2) - (\mu_1 - \mu_2)}{s_p \sqrt{\dfrac{1}{n_1} + \dfrac{1}{n_2}}} = \frac{2\,059 - 1939}{\sqrt{16\,573.11 \times 2 / 10}} = 2.08$$

给定显著性水平 $\alpha=0.05$，查 t 分布表，或利用 Excel 函数计算相应的临界值 $t_{0.05}(18)=1.73$。由于 $t=2.08>t_{0.05}(18)=1.73$，落入拒绝域，因此拒绝原假设 H_0，认为经过培训的职工其生产的产量有了显著的提高。

同样，我们也可以利用 P 值进行决策，在 Excel 的单元格中输入"=TDIST（2.08，18，1）"得到 P 值为 0.026，小于给定的显著性水平 $\alpha=0.05$，因此拒绝原假设 H_0。

两个总体均值之差的检验也可通过 Excel 软件直接实现，现以本例说明具体的检验过程。

首先，将表 7.2 中的数据复制到 Excel 工作表中，比如，经过培训的 10 名职工的数据位于"B3:K3"单元格中，未经培训的职工数据位于"B4:K4"单元格中。

其次，在"数据分析"选项中选择"t-检验：双样本等方差假设"，单击"确定"按钮，出现如图 7.5 所示的检验对话框。

最后，在如图 7.5 所示的检验对话框中分别输入变量 1 和变量 2 的区域，因为本例中的原假设为 $H_0: \mu_1 - \mu_2 \geq 0$，在"假设平均差"方框内输入 0，如果原假设为 $H_0: \mu_1 - \mu_2 \geq d$，$d \neq 0$，则在"假设平均差"方框内输入 d。在"$\alpha(A)$"方框内填入事先确定的显著性水平。在"输出选项"对话框内选择相应的输出位置。单击"确定"按钮，得到两个总体均值之差的检验结果如图 7.6 所示。

图 7.5　检验对话框

t-检验：双样本等方差假设

	变量 1	变量 2
平均	2059	1939
方差	8498.888889	24647.33333
观测值	10	10
合并方差	16573.11111	
假设平均差	0	
df	18	
t Stat	2.084319191	
$P(T \leq t)$ 单尾	0.025825407	
t 单尾临界	1.734063592	
$P(T \leq t)$ 双尾	0.051650814	
t 双尾临界	2.100922037	

图 7.6　检验结果

我们通过 Excel 软件得到的 t 统计量的值以及单侧的显著性概率 P 值与我们手工计算的结果是一致的。

第四节　总体比例的检验

由抽样分布理论可知，样本比例服从二项分布，因此自然的想法是我们可以构造二项分布检验统计量对总体比例进行假设检验。但由于计算二项分布的临界值比较烦琐，并且在大样本情况下，二项分布近似服从正态分布。因此对于总体比例的检验，在大样本的条件下，通常建立标准正态分布统计量来检验。本节对单个总体比例的检验和两个总体比例之差的检验两种情况作了详细介绍。

一、单个总体比例的检验

若 p 表示样本比例，π 表示总体比例，则根据中心极限定理，当 np 与 $n(1-p)$ 都大于 5 时，可以证明样本比例 p 的抽样分布近似服从正态分布，将其标准化后，得到服从标准正态分布的检验统计量

$$z = \frac{p - \pi}{\sqrt{\dfrac{\pi(1-\pi)}{n}}} \sim N(0,1) \tag{7.11}$$

同样，单个总体比例的假设检验也分为双侧检验、左侧检验和右侧检验，对应的原假设 H_0 和备择假设 H_1 如下：

双侧检验，$H_0: \pi = \pi_0$，　$H_1: \pi \neq \pi_0$；

左侧检验，$H_0: \pi \geq \pi_0$，　$H_1: \pi < \pi_0$；

右侧检验，$H_0: \pi \leq \pi_0$，　$H_1: \pi > \pi_0$。

【例 7.5】 房地产业协会希望估计一下目前大中城市居民有望购买商品房的比例，以了解未来房地产业发展的前景。据初步估算，在未来 1 年内有购房打算的居民占 20%。为了掌握具体的统计资料，在抽取的 1 000 户居民中，统计人员了解到有 192 户居民在未来一年内有购房计划。试问在 $\alpha=0.01$ 的显著性水平下，调查得到的数据是否支持先前的估算结果？

解： 根据题意可知，本题不仅属于单个总体比例检验的问题，也属于双侧检验问题。原假设 H_0 和备择假设 H_1 为

$$H_0: \pi = 20\% \ , \quad H_1: \pi \neq 20\%$$

另外，由题意知，样本容量 $n=1\,000$，样本比例 $p=19.2\%$，显著性水平 $\alpha=0.01$。构造的统计量为

$$z = \frac{p - \pi}{\sqrt{\dfrac{\pi(1-\pi)}{n}}} \sim N(0,1)$$

将题中的已知数据代入上式，得到检验统计量的具体数值为

$$z = \frac{p - \pi}{\sqrt{\dfrac{\pi(1-\pi)}{n}}} = \frac{0.192 - 0.20}{\sqrt{\dfrac{0.2 \times 0.8}{1\,000}}} = -0.63$$

当显著性水平 $\alpha = 0.01$ 时，查标准正态分布表，或利用 Excel 函数得到双侧检验的临界值为 $z_{0.005}=2.58$，由于 $-2.58 = -z_{0.005} < z < z_{0.005} = 2.58$，落入接受域，因此，接受原假设，认为调查的数据支持先前估算的结果。

【例 7.6】 某药品生产企业研制出一种新药，厂家宣称该种药品治疗某种疾病的治愈率在 90% 以上，现对 1 000 名患有该种疾病的患者进行了临床试验，其中有 920 人被治愈。试在 5% 的显著性水平下，检验该药品生产企业宣称的 90% 以上的治愈率的准确性。

解： 根据题意可知，本题属于单个总体比例检验的问题，关心的是新药对该种疾病的治愈率是否超过 90%，因此属于单侧检验的问题。按照有利于拒绝原假设的原则，本例构造右侧检验，原假设 H_0 和备择假设 H_1 为

$$H_0: \pi \leq 90\% \ ; \quad H_1: \pi > 90\%$$

另外，由题意知，样本容量 $n=1\,000$，样本比例 $p=92\%$，显著性水平 $\alpha=0.05$，构造的统计量为

$$z = \frac{p - \pi}{\sqrt{\dfrac{\pi(1-\pi)}{n}}} \sim N(0,1)$$

将题中的已知数据代入上式，得到检验统计量的具体数值为

$$z = \frac{p - \pi}{\sqrt{\dfrac{\pi(1-\pi)}{n}}} = \frac{0.92 - 0.90}{\sqrt{\dfrac{0.9 \times 0.1}{1\,000}}} = 2.11$$

当显著性水平 $\alpha=0.05$ 时，查标准正态分布表，或利用 Excel 函数得到双侧检验的临界值 $z_{0.05}=1.64$，由于 $z=2.11>z_{0.05}=1.64$，落入拒绝域，因此拒绝原假设，故认为该药品生产企业宣称的 90% 以上的治愈率是准确的。

二、两个总体比例之差的检验

两个总体比例之差的检验与单个总体比例的检验原理是一致的，只是由于涉及两个总体，

形式上要复杂一些。设两个总体都服从二项分布，两个总体的比例分别为 π_1 和 π_2，对应的样本比例分别为 p_1 和 p_2。同样也有如下三种类型的检验，原假设 H_0 和备择假设 H_1 分别为

双侧检验，$H_0: \pi_1 - \pi_2 = 0$，$H_1: \pi_1 - \pi_2 \neq 0$；

左侧检验，$H_0: \pi_1 - \pi_2 \geqslant 0$，$H_1: \pi_1 - \pi_2 < 0$；

右侧检验，$H_0: \pi_1 - \pi_2 \leqslant 0$，$H_1: \pi_1 - \pi_2 > 0$。

在原假设成立的条件下，两个总体的合并方差为 $s_p^2 = p(1-p)$。其中，p 是将两个样本合并后得到的比例估计量：

$$p = \frac{n_1 p_1 + n_2 p_2}{n_1 + n_2} \tag{7.12}$$

于是，在大样本条件下，两个总体比例之差的检验统计量为

$$z = \frac{(p_1 - p_2) - (\pi_1 - \pi_2)}{s_p \sqrt{\dfrac{1}{n_1} + \dfrac{1}{n_2}}} \tag{7.13}$$

【例 7.7】某食品厂准备为中老年人群研发一种新的保健食品，为了解中年人和老年人对这一产品的喜好程度，分别调查了 200 名中年人和 220 名老年人。其中 176 名中年人和 187 名老年人表示对该产品感兴趣，表示有购买欲望。试问，在 5% 的显著性水平下，能否认为中年人和老年人对该种产品的喜好程度是一致的。

解：根据题意可知，本例属于两个总体比例之差检验的问题。关心的是中年人群体和老年人群体对该产品的喜好程度是否一致，因此属于双侧检验的问题。原假设 H_0 和备择假设 H_1 为

$$H_0: \pi_1 - \pi_2 = 0 \; ; \quad H_1: \pi_1 - \pi_2 \neq 0$$

另外，由题意知，样本容量 $n_1 = 200$；$n_2 = 220$，样本比例 $p_1 = 88\%$；$p_2 = 85\%$，显著性水平 $\alpha = 0.05$。

两个样本合并后得到的比例估计量：

$$p = \frac{n_1 p_1 + n_2 p_2}{n_1 + n_2} = \frac{200 \times 88\% + 220 \times 85\%}{200 + 220} = 0.864\,3$$

于是合并方差：

$$s_p^2 = p(1-p) = 0.117\,3$$

构造的统计量为

$$z = \frac{(p_1 - p_2) - (\pi_1 - \pi_2)}{s_p \sqrt{\dfrac{1}{n_1} + \dfrac{1}{n_2}}}$$

将本例中的已知数据代入上式，得到检验统计量的具体数值为

$$z = \frac{(p_1 - p_2) - (\pi_1 - \pi_2)}{s_p \sqrt{\dfrac{1}{n_1} + \dfrac{1}{n_2}}} = \frac{0.03}{\sqrt{0.117\,3 \times \left(\dfrac{1}{200} + \dfrac{1}{220}\right)}} = 0.89$$

当显著性水平 $\alpha = 0.05$ 时，查标准正态分布表，或利用 Excel 函数得到双侧检验的临界值为 $z_{0.025} = 1.96$，由于 $z = 0.89 < z_{0.25} = 196$，落入接受域，因此，接受原假设，认为中年人和老年人对该产品的喜好是一致的。

第五节　总体方差的检验

　　方差（标准差）是衡量一个变量偏离其总体均值程度的尺度，也是反映一个变量的波动程度的指标。方差越大，表明该随机变量的波动程度越高；方差越小，表明该变量的波动程度越低。所以，对总体方差的检验也是假设检验中比较常见的一类检验。本节只讨论正态分布的总体方差的检验，根据待检验的参数涉及一个总体还是两个总体的不同，我们分单个总体方差的检验和两个总体方差比的检验两种情况进行讨论。

一、单个总体方差的检验

　　与总体均值和总体比例的检验所构造的检验统计量不同，单个总体方差的检验构造的是 χ^2 统计量，根据抽样分布的理论可知，从正态总体中抽的样本，其方差服从自由度为 $n-1$ 的 χ^2 分布：

$$\chi^2 = \frac{(n-1)s^2}{\sigma^2} \sim \chi^2(n-1)$$

（7.14）

对于单个总体方差的检验，原假设 H_0 和备择假设 H_1 分为如下三种形式：

双侧检验，$H_0: \sigma^2 = \sigma_0^2$，$H_1: \sigma^2 \neq \sigma_0^2$；

左侧检验，$H_0: \sigma^2 \geq \sigma_0^2$，$H_1: \sigma^2 < \sigma_0^2$；

右侧检验，$H_0: \sigma^2 \leq \sigma_0^2$，$H_1: \sigma^2 > \sigma_0^2$。

　　χ^2 分布属于非对称分布，在给定显著性水平 α 的情况下，三种类型检验的临界值和拒绝域分别如图 7.7、图 7.8 和图 7.9 所示。

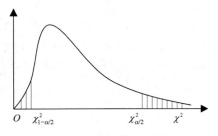

图 7.7　双侧检验的临界值和拒绝域

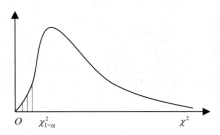

图 7.8　左侧检验的临界值和拒绝域

　　【例 7.8】某饮料生产企业采用自动生产线灌装饮料，正常情况下，每瓶饮料的净容量为 500ml，但由于自动生产线的装填误差，每瓶饮料的装填量会有差异。此时，不仅每瓶饮料的平均净容量很重要，装填量的方差（标准差）也很重要，如果方差很大，意味着会出现装填量太多或者太少的情况，影响产品的质量。假定生产标准规定每瓶饮料的装填量的标准差是 4ml。企业质检部门抽取了 24 瓶饮料进行检验，24 瓶饮料的装填量数据如表 7.3 所示。假定每瓶饮料的装填量服从正态分布，试以 5% 的显著性水平检验饮料装填量是否是 4ml？

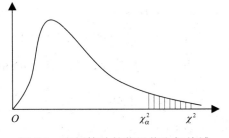

图 7.9　右侧检验的临界值和拒绝域

表 7.3　24 瓶饮料装填量数据 （单位：ml）

506	502	496	505	500	497	501	503
498	501	494	492	500	503	505	498
505	498	501	503	503	489	498	500

解： 根据题意可知，本题属于单个总体方差的检验问题。关心的是饮料装填量的标准差是否为 4ml，或总体方差是否为 16。可见，这属于双侧检验问题，构造原假设 H_0 和备择假设 H_1 为

$$H_0: \sigma^2 = 16 ; \quad H_1: \sigma^2 \neq 16$$

另外，依题意可知，样本容量 n=24，利用表 7.3 的数据可以计算出样本方差 s^2=18.079 7，于是构造 χ^2 统计量为

$$\chi^2 = \frac{(n-1)s^2}{\sigma^2} \sim \chi^2(n-1)$$

将相应的数据代入上式，得到检验统计量的数值为

$$\chi^2 = \frac{(n-1)s^2}{\sigma^2} = \frac{(24-1) \times 18.079\,7}{16} = 25.99$$

在显著性水平 $\alpha = 0.05$ 时，查 χ^2 分布表，或利用 Excel 函数得到双侧检验的左临界值为 $\chi^2_{0.975}(23) = 11.69$，右临界值为 $\chi^2_{0.025}(23) = 38.08$，由于 $11.69 = \chi^2_{0.975}(23) < \chi^2 = 25.99 < \chi^2_{0.025}(23) = 38.08$，落入接受域，因此接受原假设，即认为饮料装填量的标准差是 4。

 小提示

　　利用 Excel 或 WPS 表格中的 CHIINV（probability，deg_freedom）函数可以计算给定显著性水平下 χ^2 分布的临界值。Excel 中 CHIINV 函数是这样定义的，$P(\chi^2 > \text{CHIINV}(\text{probability}, \text{deg\_freedom})) = \text{probability}$。因此，对于双侧检验，计算左临界值时，probability 填入 $1-\alpha/2$；计算右临界值时，probability 填入 $\alpha/2$；对于左侧检验，probability 应填入 $1-\alpha$。对于右侧检验，probability 应填入 α。

　　deg_freedom 处填入对应 χ^2 分布的自由度。本例中，我们输入 "CHIINV（0.975，23）"，得到左临界值 $\chi^2_{0.975}(23) = 11.69$；输入 "CHIINV（0.025，23）"，得到右临界值 $\chi^2_{0.025}(23) = 38.08$。

　　或者进入 Excel 表格界面，单击 "f_x" 命令，在函数分类中单击 "统计"，并在函数名菜单下选择 "CHIINV" 函数，依次填入概率值和自由度，也可以得到相应的临界值。

【例 7.9】 某工厂的汽车电瓶的寿命服从正态分布 $N(0，0.9^2)$，今从新生产的一批汽车电瓶中抽取了 20 个，测得其寿命的样本标准差为 1.3 年，在显著性水平 α=0.05 下，能否认为这批电瓶的寿命显著变大？

解： 根据题意可知，本题属于单个总体方差的检验问题。关心的是这批电瓶寿命的标准差是否有显著变大。可见，属于单侧检验问题，按照有利于拒绝原假设的原则，构造右侧检验，原假设 H_0 和备择假设 H_1 为

$$H_0: \sigma^2 \leqslant 0.9^2, \quad H_1: \sigma^2 > 0.9^2$$

另外，依题意知，样本容量 n=20，s^2=1.3²=1.69，于是构造 χ^2 统计量为

$$\chi^2 = \frac{(n-1)s^2}{\sigma^2} \sim \chi^2(n-1)$$

将相应的数据代入上式，得到检验统计量的数值为

$$\chi^2 = \frac{(n-1)s^2}{\sigma^2} = \frac{(20-1) \times 1.69}{0.9^2} = 33.85$$

在显著性水平 $\alpha=0.05$ 下，查 χ^2 分布表，或利用 Excel 函数得到右侧检验的临界值为 $\chi^2_{0.05}(19)=30.14$，由于 $\chi^2=33.85>\chi^2_{0.05}(19)=30.14$，落入拒绝域，因此拒绝原假设，即认为这批电瓶寿命的标准差有显著变大。

同样，我们也可以利用 P 值进行决策。

 小提示

利用 Excel 或 WPS 表格中的 CHIDIST（x，degrees_freedom）函数可以计算出由样本数据计算的检验统计量的显著性概率。Excel 中 CHIDIST 函数是这样定义的，$P(\chi^2>x)=$ CHIDIST（x，degrees_freedom）。其中，x 为大于 0 的数。

对于右侧检验：P 值=CHIDIST(x，degrees_freedom)。

对于左侧检验：P 值=−CHIDIST(x，degrees_freedom)。

【例 7.9】中，我们可以在 Excel 表格中输入"= CHIDIST（33.85，19）"，得到的显著性概率 P 值=0.02。

由于显著性概率 P 值=0.02，小于给定的显著性水平，于是拒绝原假设。这与利用临界值和拒绝域进行判断得到的结果是一致的。

二、两个总体方差比的检验

在实际应用中，我们经常会遇到比较两个总体方差大小的情况。比如，两个班级学生的平均成绩差不多，那么就要看两个班级学生成绩的差异性是否相等，差异大的说明成绩好的学生与成绩差的学生之间的差距相对来说是比较大的。

为了比较两个总体的方差 σ_1^2 和 σ_2^2 之间的大小，通常我们可以事先比较两个样本方差的大小，如果两个样本方差之间相差不大，可以认为两个总体的方差是相等的，否则可以认为两个总体的方差是不相等的。

检验两个总体方差的大小，通常构造如下三个类型的假设，原假设 H_0 与备择假设 H_1 分别为

双侧检验，　　$H_0:\dfrac{\sigma_1^2}{\sigma_2^2}=1$，　$H_1:\dfrac{\sigma_1^2}{\sigma_2^2}\neq1$；

左侧检验，　　$H_0:\dfrac{\sigma_1^2}{\sigma_2^2}\geqslant1$，　$H_0:\dfrac{\sigma_1^2}{\sigma_2^2}<1$；

右侧检验，　　$H_0:\dfrac{\sigma_1^2}{\sigma_2^2}\leqslant1$，　$H_0:\dfrac{\sigma_1^2}{\sigma_2^2}>1$。

如果两个总体是相互独立的，根据抽样分布的理论可知，两个样本的方差比近似服从 F 分布：

$$F=\frac{\dfrac{s_1^2}{\sigma_1^2}}{\dfrac{s_2^2}{\sigma_2^2}}\sim F(n_1-1,n_2-1) \qquad (7.15)$$

F 分布也属于非对称分布，在给定显著性水平 α 下，三种类型检验的临界值和拒绝域分别如图 7.10、图 7.11 和图 7.12 所示。

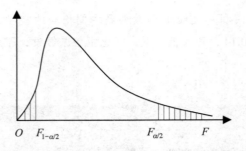
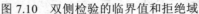

图 7.10　双侧检验的临界值和拒绝域

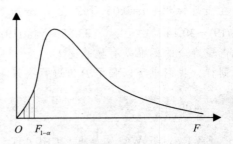

图 7.11　左侧检验的临界值和拒绝域

【例 7.10】 用两种不同的方法生产同一种材料。从利用第一种方法生产的材料中抽取了 18 个样本测量其厚度，从利用第二种方法生产的材料中抽取了 24 个样本测量其厚度，测量结果如表 7.4 所示。已知这两种方法生产的材料强度都服从正态分布，那么当显著性水平为 0.05 时能否认为这两种方法生产材料厚度的方差相等？

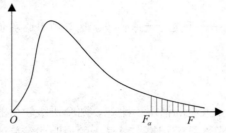

图 7.12　右侧检验的临界值和拒绝域

表 7.4　利用两种方法生产的材料厚度（单位：mm）

方法 1			方法 2			
111	112	110	111	113	108	110
112	113	110	112	111	111	109
110	114	112	110	114	110	112
113	110	114	115	112	113	112
115	115	113	112	113	112	114
115	111	112	110	109	112	110

解： 根据题意可知，本题属于两个总体方差比的检验问题。重点考虑的是两种方法生产材料厚度的方差是否有差异。可见，属于双侧检验问题，构造原假设 H_0 和备择假设 H_1 为

$$H_0 : \frac{\sigma_1^2}{\sigma_2^2} = 1 , \quad H_1 : \frac{\sigma_1^2}{\sigma_2^2} \neq 1$$

另外，依题意可知，样本容量 $n_1=18$，$n_2=24$，$\alpha=0.05$，利用表 7.4 的数据计算得到样本方差 $s_1^2 = 3.1765$，$s_2^2 = 3.0417$，于是构造 F 统计量如下：

$$F = \frac{\dfrac{s_1^2}{\sigma_1^2}}{\dfrac{s_2^2}{\sigma_2^2}} \sim F(17, 23)$$

在原假设 H_0 成立的条件下，将已知的数据代入上式，得到检验两个总体方差比的统计量数值为

$$F = \frac{\dfrac{s_1^2}{\sigma_1^2}}{\dfrac{s_2^2}{\sigma_2^2}} = \frac{s_1^2}{s_2^2} = \frac{3.1765}{3.0417} = 1.0443$$

当显著性水平 $\alpha=0.05$ 时，查 F 分布表，或利用 Excel 函数得到左临界值为 $F_{1-\alpha/2}(17, 23)=F_{0.975}(17, 23)=0.3888$，右临界值为 $F_{\alpha/2}(17, 23)=F_{0.025}(17, 23)=2.4157$。由于 $0.3888=F_{0.975}(17, 23)<F=1.0443<F_{0.025}(17, 23)=2.4157$，落入接受域，因此不能拒绝原假设 H_0，即认为这两种方法生产的材料厚度的方差没有显著差异。

利用 Excel 或 WPS 表格中的 FINV（probability，deg_freedom1，deg_freedom2）函数可以计算给定显著性水平下 F 分布的临界值。Excel 中 FINV 函数是这样定义的，$P(F>\text{FINV}(\text{probability}, \text{deg\_freedom1}, \text{deg\_freedom2}))= \text{probability}$。因此，对于双侧检验，计算左临界值时，probability 填入 $1-\alpha/2$；计算右临界值时，probability 填入 $\alpha/2$；对于左侧检验，probability 应填入 $1-\alpha$；对于右侧检验，probability 应填入 α。

deg_freedom1 和 deg_freedom2 处填入对应 F 分布的自由度。本例中，我们输入"FINV（0.975，17，23）"，得到左临界值 $F_{0.975}(17,23)=0.3888$；输入"FINV（0.025，17，23）"，得到右临界值 $F_{0.025}(17,23)=2.4157$。

或者进入 Excel 表格界面，单击"f_x"命令，在函数分类中单击"统计"，并在函数名菜单下选择"FINV"函数，在打开的对话框中依次填入概率值和自由度，也可以得到相应的临界值。

【例 7.11】 某专业有两个自然班（1 班和 2 班），为比较两个班级的学习情况，从两个班中分别抽取了 20 名同学的学习成绩，得到 40 名同学的学年平均成绩数据。比较发现两个班级学生的平均成绩是相同的，于是，进一步计算了两个班级学生平均成绩的方差，$s_1^2=11$，$s_2^2=25$，因此，能否认为 1 班学生的平均成绩的方差比 2 班的小？（显著性水平为 0.05）

解： 根据题意可知，本题属于两个总体方差比的检验问题。关心的是 1 班学生平均成绩的方差是否比 2 班的小。可见，这属于单侧检验问题，根据有利于拒绝原假设的构造原则，本题构造左侧检验。构造原假设 H_0 和备择假设 H_1 为

$$H_0:\frac{\sigma_1^2}{\sigma_2^2}\geqslant 1，\quad H_1:\frac{\sigma_1^2}{\sigma_2^2}<1$$

另外，依题意知，样本容量 $n_1=20$，$n_2=20$，$\alpha=0.05$，$s_1^2=11$，$s_2^2=25$，于是构造 F 统计量如下：

$$F=\frac{\dfrac{s_1^2}{\sigma_1^2}}{\dfrac{s_2^2}{\sigma_2^2}}\sim F(19,19)$$

在原假设 H_0 成立的条件下，将已知的数据代入上式，得到检验两个总体方差比的统计量数值为

$$F=\frac{\dfrac{s_1^2}{\sigma_1^2}}{\dfrac{s_2^2}{\sigma_2^2}}=\frac{s_1^2}{s_2^2}=\frac{11}{25}=0.44$$

统计讲堂
假设检验精讲

在显著性水平 $\alpha=0.05$ 下，查 F 分布表，或利用 Excel 函数得到左侧检验的临界值为 $F_{1-\alpha}(19,19)=F_{0.95}(19,19)=0.46$。由于 $F=0.44<F_{0.95}(19,19)=0.46$，落入拒绝域，因此拒绝原假设 H_0，即认为 1 班学生的平均成绩的方差的确比 2 班的小。

同样，我们也可以利用 P 值进行决策。

利用 Excel 或 WPS 表格中的 FDIST（x，deg_freedom1，deg_freedom2）函数可以计算出由样本数据计算的检验统计量的显著性概率。Excel 中 FDIST 函数是这样定义的，$P(F>x)=\text{FDIST}(x,$

degrees_fredom1，deg_fredom2）。其中，x 为大于 0 的数。

对于右侧检验：P 值=FDIST(x，degrees_freedom)。

对于左侧检验：P 值=1–FDIST(x，degrees_freedom)。

本例中，我们可以在 Excel 表格中输入 "= 1-FDIST（33.85，19)"，得到的显著性概率 P 值=0.040 7。

由于显著性概率 P 值=0.040 7，小于给定的显著性水平，于是拒绝原假设。与利用临界值和拒绝域进行判断得到的结果是一致的。

 **本章小结**

本章主要介绍了假设检验的相关概念、假设检验的基本步骤，以及不同总体参数的假设检验问题。重点介绍了不同类型总体参数的假设检验方法，主要包括总体均值的假设检验、总体比例的假设检验和总体方差的假设检验。

对于总体均值的假设检验，分单个总体均值的检验和两个总体均值之差的检验两种情况进行了介绍。

对于单个总体均值的检验，根据总体的分布类型、样本容量的大小以及总体方差是否已知所构造的检验统计量如表 7.5 所示。

表 7.5　不同情形下单个总体均值检验时所构造的统计量

总体分布	大　样　本		小　样　本	
	方 差 已 知	方 差 未 知	方 差 已 知	方 差 未 知
正态分布	$\dfrac{\bar{x}-\mu}{\sigma/\sqrt{n}} \sim N(0,1)$	$\dfrac{\bar{x}-\mu}{s/\sqrt{n}} \sim N(0,1)$	$\dfrac{\bar{x}-\mu}{\sigma/\sqrt{n}} \sim N(0,1)$	$\dfrac{\bar{x}-\mu}{s/\sqrt{n}} \sim t(n-1)$
非正态分布	$\dfrac{\bar{x}-\mu}{\sigma/\sqrt{n}} \sim N(0,1)$	$\dfrac{\bar{x}-\mu}{s/\sqrt{n}} \sim N(0,1)$	—	—

对于两个总体均值之差的假设检验，如果两个总体方差已知，当两个总体均服从正态分布且相互独立时；或者两个总体的分布未知，但均属于大样本抽样时，则可构造如下的标准正态分布统计量进行检验：

$$z = \frac{(\bar{x}_1 - \bar{x}_2) - (\mu_1 - \mu_2)}{\sqrt{\dfrac{\sigma_1^2}{n_1} + \dfrac{\sigma_2^2}{n_2}}} \sim N(0,1)$$

如果两个总体方差未知，但均为大样本抽样时，此时可将样本方差替代总体方差，则仍然构造标准正态分布统计量进行检验。如果两个总体方差未知且相等，均为小样本抽样时，则此时可构造如下的 t 分布统计量进行检验：

$$\frac{(\bar{x}_1 - \bar{x}_2) - (\mu_1 - \mu_2)}{s_p \sqrt{\dfrac{1}{n_1} + \dfrac{1}{n_2}}} \sim t(n_1 + n_2 - 2)$$

总体比例的假设检验中分单个总体比例的检验与两个总体比例之差的检验两种情况进行了介绍。

对于单个总体比例的检验，如果样本比例服从二项分布，则可构造如下的标准正态分布统计量进行检验。

$$z = \frac{p - \pi}{\sqrt{\dfrac{\pi(1-\pi)}{n}}} \sim N(0,1)$$

对于两个总体比例是否相等的假设检验，可构造如下的标准正态分布统计量进行检验：

$$z = \frac{(p_1 - p_2) - (\pi_1 - \pi_2)}{s_p \sqrt{\dfrac{1}{n_1} + \dfrac{1}{n_2}}}$$

其中，s_p 为两个总体的合并方差。

总体方差的检验包括单个总体方差的检验和两个总体方差比的检验。

对于单个总体方差的检验，可构造如下的 χ^2 统计量进行检验：

$$\chi^2 = \frac{(n-1)s^2}{\sigma^2} \sim \chi^2(n-1)$$

对于两个总体方差比的检验，则可构造如下的 F 统计量进行检验：

$$F = \frac{\dfrac{s_1^2}{\sigma_1^2}}{\dfrac{s_2^2}{\sigma_2^2}} \sim F(n_1 - 1, n_2 - 1)$$

学习指引

推荐通过网易公开课网站观看"北京师范大学公开课：统计学导论→[第14集] 总体参数的基本估计方法与原理"，复习本章所学的知识。

 思考与练习

一、不定项选择题

1．在假设检验中，作出拒绝原假设的决策时，则可能（　　　　）。

　　A．犯第一类错误，也可能犯第二类错误　　B．犯第二类错误

　　C．犯第一类错误　　　　　　　　　　　　D．不犯错误

2．对正态总体的数学期望 μ 进行假设检验，如果当显著性水平为 0.05 时接受 $H_0: \mu = \mu_0$，那么当显著性水平为 0.01 时，下列结论中正确的是（　　　　）

　　A．必接受 H_0　　　　　　　　　　　　B．可能接受，也可能拒绝 H_0

　　C．必拒绝 H_0　　　　　　　　　　　　D．不接受，也不拒绝 H_0

3．在统计假设的显著性检验中，以下结论错误的是（　　　　）。

　　A．显著性检验的基本思想是"小概率事件"，即一次试验中小概率事件基本上不可能发生

　　B．显著性水平 α 是检验第一类错误的概率，即"弃真"概率

　　C．假设显著性水平为 α，则 $1-\alpha$ 是该检验犯第二类错误的概率，即"受伪"概率

　　D．假设样本值落在"拒绝域"内，则拒绝原假设

4．设总体 $X \sim N(\mu, \sigma^2)$，μ 为未知参数，样本 $X_1, X_2, \cdots, X_n$ 的方差为 s^2，对假设检验 $H_0: \sigma \geq 2$，$H_1: \sigma < 2$，显著性水平为 α 的拒绝域是（　　　　）。

　　A．$X^2 \leq X_{1-\alpha/2}^2(n-1)$　　　　　　　B．$X^2 \leq X_{1-\alpha}^2(n-1)$

　　C．$X^2 \leq X_{1-\alpha/2}^2(n)$　　　　　　　　D．$X^2 \leq X_{1-\alpha}^2(n)$

5．设总体 $X \sim N(\mu, \sigma^2)$ 未知，$x_1, x_2, \cdots, x_n$ 为来自总体 X 的样本观测值，记 $\bar{x}$ 为样本均值，s 为样本标准差，对假设检验 $H_0: \sigma \geq \mu_0$，$H_1: \sigma < \mu_0$，取检验统计量 $t = \dfrac{\bar{x} - \mu}{\dfrac{s}{\sqrt{n}}}$，则在显著性水平 α 下的拒绝域为（　　　）。

A．$\{|t| > t_{\alpha/2}(n-1)\}$　　　　　　　　B．$\{|t| \leq t_{\alpha/2}(n-1)\}$

C．$\{t > t_{\alpha/2}(n-1)\}$　　　　　　　　D．$\{t < -t_\alpha(n-1)\}$

6．设总体 $X \sim N(\mu, \sigma^2)$，μ 未知，$x_1, x_2, \cdots, x_n$ 为来自总体 X 的样本观测值，记 $\bar{x}$ 为样本均值，s^2 为样本方差，对假设检验 $H_0: \sigma \geq 2$，$H_1: \sigma < 2$ 应取检验统计量 x^2 为（　　　）。

A．$\dfrac{(n-1)s^2}{8}$　　　B．$\dfrac{(n-1)s^2}{6}$　　　C．$\dfrac{(n-1)s^2}{4}$　　　D．$\dfrac{(n-1)s^2}{2}$

二、简答题

1．简述假设检验的基本步骤。

2．简述假设检验的两类错误及其发生的概率。

3．假设检验和参数估计有什么相同点和不同点？

4．什么是假设检验中的显著性水平？统计显著是什么意思？

5．单侧检验中原假设和备择假设的方向如何确定？

三、计算题

1．某品种作物的产量原为亩产 400kg，标准差为 31.5kg。现于某地推广试种，据抽样取得的 81 个数据，得平均亩产 394kg，试以 0.05 的显著性水平判断是否保持了该品种的产量特性。

2．某冰箱厂系国内一大型冰箱生产基地，产品质量一直比较稳定，标准返修率为 1.1%。但近年来却不断收到消费者的抱怨，为了解近年来该厂生产冰箱的质量情况，该冰箱厂随机对其下属的 36 家专卖店及大中型商场专卖柜台销售的 400 台冰箱的返修率进行了调查，结果发现其样本均值为 1.14%。又由同类产品的经验知其标准差为 0.2%，是否可由调查结果判定近年来该冰箱厂生产的冰箱出现了质量问题？（显著性水平为 0.05）

3．某公司年度财务报表的附注中声明，其应收账款的平均计算误差不超过 50 元。审计师从该公司年度内应收账款账户中随机抽取了 17 笔应收账款进行调查，结果其平均计算误差为 56 元，标准差为 8 元。试以 0.01 的显著性水平评估该公司应收账款的平均计算误差是否超过了 50 元？

4．已知罐头果汁中，维生素 C（Vc）含量服从正态分布，按照规定，Vc 的平均含量必须超过 21mg 才算合格。现从一批罐头中随机抽取了 17 罐，测出 Vc 含量的平均值为 23mg，标准差为 3.98mg，问该批罐头的 Vc 含量是否合格？显著性水平为 0.05。

5．有两组实验结果，一组是采用先进工艺的，另一组是采用普通工艺的，其平均数如表 7.6 所示。假定两总体近似服从正态分布，且其方差相等，以 0.05 的显著性水平，检验这两种工艺的实验结果是否相同。表 7.6 为两组不同工艺的实验结果。

6．已知某种延期药静止燃烧时间 T（从开始燃烧到熄灭所经时间）服从正态分布。今从一批延期药中任取 10 例,测得静止燃烧时间分别为 1.340 5、1.405 9、1.383 6、1.385 7、1.380 4、1.405 3、1.376 0、1.378 9、1.342 4、1.402 1。问是否可以认为这批延期药的静止燃烧时间 T 的方差为规定的 0.025^2,显著性水平为 0.05。

表 7.6　不同工艺的实验结果

先 进 工 艺			普 通 工 艺		
0.452	0.448	0.452	0.445	0.439	0.447
0.451	0.446	0.449	0.441	0.441	0.441
0.442	0.455	0.447	0.435	0.428	0.443

7．某工厂的汽车电瓶的寿命服从正态分布 $N(\mu, 0.9^2)$,今从该工厂新生产的一批汽车电瓶中抽取了 10 个,测得其寿命的样本标准差为 1.2 年,能否认为这批电瓶的寿命的标准差比 0.9 大? 显著性水平为 0.05。

8．用两种不同的配方生产同一种材料。对于第一种配方生产的材料进行了 7 次试验,测得材料的标准差 $s_1=3.9$;对于第二种配方生产的材料进行了 8 次试验,测得标准差为 $s_2=4.7$。已知这两种配方生产的材料强度都服从正态分布,那么当显著性水平为 0.05 时,能否认为这两种配方生产的材料强度的方差相等?

第八章 方差分析

学习指引

在学习本章前，可通过百度百科或智库·百科"方差分析"词条简单了解方差分析。

【本章要点】

1. 了解方差分析的基本思想和原理；
2. 掌握单因素方差分析的基本理论及操作；
3. 掌握双因素方差分析的基本理论及操作。

【实验导引】

本章上机实验主要练习单因素方差分析和双因素方差分析。

在第七章的假设检验中，我们学习了两个总体均值之差的检验方法，但当需要检验多个总体均值是否相等时，之前的方法就显得捉襟见肘了。比如，在 0.05 的显著性水平下要检验三个总体的均值，若采用假设检验方法，就不得不进行三次不同的检验，但随着检验次数的增加，置信水平反而降到了 $0.95^3=0.857$，显然，在检验完成时犯第一类错误的概率会大于 0.05。利用方差分析，我们可以很好地解决这一问题。

方差分析也是一种假设检验方法，用于两个及两个以上样本均值差别的显著性检验。其基本思想可概述为：把全部数据的总方差分解成几部分，每一部分表示某一影响因素或各影响因素之间的交互作用所产生的效应，将各部分方差与随机误差的方差相比较，依据 F 分布作出统计推断，从而确定各因素交互作用的效应是否显著。因为分析是通过计算方差的估计值进行的，所以称为方差分析。

第一节 方差分析的基本问题

本节从方差分析的相关术语出发，介绍方差分析的基本思想、基本问题和基本假定，深刻理解这些内容是学好方差分析的基础和关键。

一、方差分析及相关术语

定义 8.1 检验多个总体均值是否相等的统计方法，称为方差分析（analysis of variance，ANOVA）。

为了进一步理解方差分析及相关术语，下面通过一个例子来说明。

【例 8.1】某著名化妆品公司为分析一种新产品是否会受到普遍欢迎，市场部在上海、香港、东京三地针对目标人群进行了抽样调查，消费者的评分如图 8.1 所示。请问，市场部经理该如何根据其中的数据来推断这三地目标人群对该产品的看法是否相同？

本例中，要考察这三地目标人群对该产品的看法是否相同，实际是要判断"地点"对"消费者评分"是否有显著影响，作出这种判断的依据归根结底是要知道这三地目标人群对产品评分的均值是否相等。如果它们的均值相等，就意味着"地点"对"消费者评分"没有影响，也就是这三地目标人群对

	A	B	C	D
1	样本号	上海	香港	东京
2	1	66	87	79
3	2	74	59	65
4	3	75	69	70
5	4	79	70	60
6	5	84	78	49
7	6	56	88	45
8	7	55	80	51
9	8	68	72	68
10	9	74	84	59
11	10	88	77	49

图 8.1 某化妆品公司对不同城市消费者的调查表

该产品的看法没有显著差别；反之则说明"地点"对"消费者评分"有影响。

为表述方便，我们给出如下定义。

定义 8.2 在方差分析中，所要检验的对象称为因素。

定义 8.3 将因素所处的不同状态称为水平或处理。

定义 8.4 每个因素水平下得到的样本数据称为观测值。

在例 8.1 中，"地点"是需要检验的对象，称为"因素"；上海、香港、东京分别是"地点"这一因素所处的不同状态，称为"水平"或"处理"；在每个地点得到的样本数据（消费者评分）称为观测值。在这一试验中，如果只有一个因素在变动，则称为单因素试验，处理单因素试验的统计推断方法叫单因素方差分析；如果多于一个因素在改变，则称为多因素试验，处理多因素试验的统计推断方法叫多因素方差分析。其实，因素的每一个水平都可看成一个总体，如上海、香港、东京可以看成三个总体，图 8.1 中的数据是从上述三个总体中抽取出来的样本。

在单因素方差分析中，涉及两个变量：分类型自变量和数值型因变量。方差分析是我们在研究分类型自变量对数值型因变量的影响时所用的方法。例 8.1 中，我们想研究"地点"

统计讲堂
方差分析步骤

对"消费者评分"（体现了各城市目标人群对产品的看法）的影响，这里的"地点"就是自变量，它是分类型变量；上海、香港、东京就是"地点"这个自变量的具体取值，被称为"地点"这个因素的水平或处理。"消费者评分"是因变量，它是个数值型变量，不同的分数就是因变量的取值。方差分析要研究的问题就是"地点"对"消费者评分"的影响，即分类型自变量对数值型因变量的影响。

二、方差分析的基本思想和原理

如何判断地点对消费者评分的影响，或者说，地点与消费者评分是否有显著的关系？为直观起见，我们先画出它们的散点图，如图 8.2 所示。

通过观察图 8.2，我们发现不同地点的消费者评分确有明显差异，而且同一城市中不同消费者的评分也不尽相同。从图 8.2 中可以看出，东京的消费者评分较低，上海和香港的消费者评分

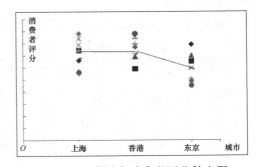

图 8.2 三个城市消费者评分散点图

相差不大，上海略高。这表明地点与消费者评分之间有一定的关系。如果它们之间没有关系的话，不同地点的消费者评分应该相差不多，在散点图上会呈现出很接近的模式。

散点图为我们提供了直观的形象，但这种直观形象缺乏严谨性，难以令人信服。因此，我们需要用更准确的方法来检验这种差异是否显著，这就是方差分析。方差分析，顾名思义就是通过对数据误差来源的分析判断不同总体均值是否相等，进而分析自变量对因变量是否有显著影响。具体来讲，我们需要把总的方差分解为有意义的两部分，通过比较这两部分进行显著性检验。

如何进行分解呢？下面我们根据图 8.1 的数据来进行介绍，我们可以从误差产生的原因出发。

首先，在同一城市（即同一个水平），各观测值是不同的。比如，在上海我们抽取了 10 名消费者作为样本，他们之间的评分是有差异的。由于消费者是被随机抽取的，因此他们之间的差异是由随机因素的影响造成的，我们称之为随机误差。

定义 8.5 来自水平内部的数据误差，称为组内误差（within groups）。

例如，在上海调查的 10 名消费者的评分之间的误差就是组内误差，它反映了同一水平内部数据的离散程度。显然，组内误差是由随机误差造成的。

其次，我们发现在不同城市（即不同水平），各观测值也是不同的。这种差异既可能源于抽样的随机性，也可能源于城市自身的其他因素。源于后者的误差是由系统性因素造成的，所以这种误差被称为系统误差。

定义 8.6 来自不同水平之间的数据误差，称为组间误差（between groups）。

例如，三个城市消费者评分之间的误差就是组间误差，它反映了不同水平之间数据的离散程度。组间误差中既包含随机误差，又包含系统误差。

那么，我们用什么指标来精确度量数据的误差呢？在方差分析中，通常用平方和（sum of squares）来表示。

定义 8.7 反映全部数据误差大小的平方和，称为总平方和（sum of squares for total），记作 SST。

例如，所调查的全部 30 个消费者评分之间的误差平方和就是总误差平方和，它反映了全部观测值的离散程度。

定义 8.8 反映组内（水平内）数据误差大小的平方和，称为组内平方和，也称为误差项平方和（sum of squares for error，SSE）。

例如，每个城市的消费者评分的误差平方和就是组内平方和，它反映了每个水平内各观测值的离散状况。

定义 8.9 反映组间（水平之间）数据误差大小的平方和，称为组间平方和，也称为水平项平方和（sum of squares for factor A，SSA）。

例如，三个城市消费者评分之间的误差平方和就是组间平方和，它反映了样本均值之间的差异程度。

表 8.1 反映了上述各定义之间的关系。

表 8.1　三种误差比较表

误差类别	指　　标	含　　义	造成误差的原因
组内误差	组内平方和（SSE）	水平内部数据的离散程度	随机性因素
组间误差	组间平方和（SSA）	水平之间数据的离散程度	随机性因素、系统性因素
总误差	总平方和（SST）	全部数据的离散程度	随机性因素、系统性因素

现在我们已经具备了进行误差分析的基本条件，下面我们通过误差分析来揭示方差分析的精髓。

我们知道，方差分析是要探索分类型自变量是否对数值型因变量产生影响以及影响的大小，而这种影响也就是上面所说的系统性因素对组间误差的影响。我们还回到例 8.1 中，如果不同城市对消费者评分没有影响，即"地点"这一分类型变量对"消费者评分"这一数值型变量没有影响，那么在组间误差中就只包含随机误差，而没有系统误差。这时，组间误差与组内误差经过平均后的数值就应该很接近，它们的比值接近 1。反之，如果不同城市对消费者评分有影响，即"地点"这一分类型变量对"消费者评分"这一数值型变量有影响，那么在组内误差中除了包含随机误差外，还包含系统误差。这时，组间误差平均数的数值就会大于组内误差平均后的数值，它们的比值大于 1。当这个比值大到某种程度时，可以说因素在不同水平之间存在显著差异，也就是分类型自变量对数值型因变量有影响。

因此，判断地点对消费者评分是否有显著影响这一问题，实际上也就是检验消费者评分的差异主要是由什么原因引起的。如果这种差异主要是由系统误差引起的，则说明地点对消费者评分有显著影响。

三、方差分析的基本假定

在使用方差分析时，必须满足一定的条件，称作方差分析的基本假定。方差分析的基本假定如下：

（1）每个总体都应服从正态分布。也就是说，对于因素的每一个水平，其观测值是来自正态分布总体的简单随机样本。

（2）每个总体的方差 σ^2 必须相同。也就是说，对于各组观察数据，它们是从具有相同方差的正态总体中抽取的。

（3）观测值是独立的。

在上述假定成立的前提下，要分析自变量对因变量是否有影响，就会在形式上转化为检验自变量的各个水平（总体）的均值是否相等。

第二节　单因素方差分析

根据所分析的分类型自变量的多少，方差分析可分为单因素方差分析和多因素方差分析。

定义 8.10　*当方差分析中只涉及一个分类型自变量时，称为单因素方差分析（one-way analysis of variance）。*

可见，单因素方差分析是研究一个分类型自变量对一个数值型因变量的影响。如例 8.1 中，要检验不同城市消费者对产品的看法是否相同，这里只涉及"地点"一个因素，因而属于单因素方差分析。我们本节还会利用这个例子具体介绍如何进行单因素方差分析。

一、单因素方差分析的一般模型

在单因素方差分析中，设因素 A 有 r 个不同水平 A_1, A_2, A_3, $\cdots$, A_r，在每个水平

$A_j(j=1,2,3,\cdots,r)$ 下，进行 $n_j(n_j\geq 2)$ 次独立试验，得到如表 8.2 所示结果。

表 8.2　单因素方差分析的数据结构表

水平 试验号	A_1	A_2	$\cdots$	A_j	$\cdots$	A_r
1	y_{11}	y_{12}	$\cdots$	y_{1j}	$\cdots$	y_{1r}
2	y_{21}	y_{22}	$\cdots$	y_{2j}	$\cdots$	y_{2r}
$\cdots$	$\cdots$	$\cdots$	$\cdots$	$\cdots$	$\cdots$	$\cdots$
n_s	y_{n_s1}	y_{n_s2}	$\cdots$	y_{n_sj}	$\cdots$	y_{n_sr}
$\cdots$	$\cdots$	$\cdots$	$\cdots$	$\cdots$	$\cdots$	$\cdots$
n_j	y_{n_j1}	y_{n_j2}	$\cdots$	y_{n_jj}	$\cdots$	y_{n_jr}

表 8.2 很好地展示了单因素方差的数据结构，我们用 $y_{n_sj}(n_s=1,2,\cdots,j;j=1,2,\cdots,r)$ 来表示每个观测值，比如 y_{21} 表示第 1 个水平的第 2 个观测值。在这里，不同水平所抽取的样本容量既可相同也可不同。

二、单因素方差分析步骤

1. 提出假设

方差分析的任务就是对于上述的数据结构，检验 r 个总体 $N_1(\mu_1,\sigma^2),\cdots,N_r(\mu_r,\sigma^2)$ 的均值是否相等，即假设检验：$H_0:\mu_1=\mu_2=\cdots=\mu_r$；$H_1:\mu_1,\mu_2,\cdots,\mu_r$ 不全相等。

原假设 H_0 表明自变量对因变量没有显著影响，备择假设 H_1 表明自变量对因变量有显著影响。如果拒绝原假设 H_0，就意味着自变量对因变量有显著影响；如果不拒绝原假设 H_0，就意味着无法找到证据显示自变量对因变量有显著影响。特别需要注意的是，只要至少有两个总体的均值不相等，就可以拒绝原假设 H_0，并不要求所有均值都不相等。

2. 平方和的分解

为了更好地进行平方和的分解，我们先介绍以下三种统计量的计算方法。

（1）样本总均值：$\bar{y}=\dfrac{1}{n}\sum\limits_{j=1}^{r}\sum\limits_{i=1}^{n_j}y_{ij}$。

> **思考实践**
> 总平方和是所有数据误差大小的平方和吗？

（2）水平 A_j 下的样本均值：$\bar{y}_j=\dfrac{1}{n_j}\sum\limits_{i=1}^{n_j}y_{ij}$。

（3）样本总容量：$n=\sum\limits_{j=1}^{r}n_j$，于是总平方和便可表示为

$$\mathrm{SST}=\sum_{j=1}^{r}\sum_{i=1}^{n_j}(y_{ij}-\bar{y})^2$$

下面我们开始对总平方和（SST）进行分解。

$$\mathrm{SST}=\sum_{j=1}^{r}\sum_{i=1}^{n_j}(y_{ij}-\bar{y})^2=\sum_{j=1}^{r}\sum_{i=1}^{n_j}(y_{ij}-\bar{y}_j+\bar{y}_j-\bar{y})^2$$

$$=\sum_{j=1}^{r}\sum_{i=1}^{n_j}(y_{ij}-\bar{y}_j)^2+\sum_{j=1}^{r}\sum_{i=1}^{n_j}2(y_{ij}-\bar{y}_j)(\bar{y}_j-\bar{y})+\sum_{j=1}^{r}n_j(\bar{y}_j-\bar{y})^2$$

$$=\sum_{j=1}^{r}\sum_{i=1}^{n_j}(y_{ij}-\bar{y}_j)^2+\sum_{j=1}^{r}n_j(\bar{y}_j-\bar{y})^2$$

$$=\mathrm{SSE}+\mathrm{SSA}$$

由此可见，SST=SSE+SSA。其中，总平方和（SST）反映了全部数据的离散程度；组内平方和（SSE）反映了水平内部数据的离散程度；组间平方和（SSA）反映了水平之间数据的离散程度。

【例 8.2】接例 8.1，结合实际数据来检验上面的推导。

第一步，计算各样本均值。比如，以上海市为例：

$$\bar{y}_1 = \frac{1}{n_1}\sum_{i=1}^{m} y_{i1} = \frac{1}{10}(66+74+75+\cdots+74+88)=71.9$$

第二步，计算样本总容量：

$$n = \sum_{j=1}^{r} n_j = 10+10+10 = 30$$

第三步，计算样本总均值：

$$\bar{y} = \frac{1}{n}\sum_{j=1}^{r}\sum_{i=1}^{n_j} y_{ij} = \frac{1}{n}\sum_{j=1}^{r} n_j \bar{y}_j = 69.266\ 7$$

上述计算各值如图 8.3 所示。

	A	B	C	D
1	样本号	上海	香港	东京
2	1	66	87	79
3	2	74	59	65
4	3	75	69	70
5	4	79	70	60
6	5	84	78	49
7	6	56	88	45
8	7	55	80	51
9	8	68	72	68
10	9	74	84	59
11	10	88	77	49
12	样本均值	71.9	76.4	59.5
13	样本容量	10	10	10
14	总均值	$\bar{y}=\frac{1}{n}\sum_{j=1}^{r}\sum_{i=1}^{n}y_{ij}=\frac{1}{n}\sum_{j=1}^{r}n_j\bar{y}_j=69.2667$		

图 8.3　不同城市的消费者评分及其均值

第四步，计算总平方和（SST）：

$$SST = \sum_{j=1}^{r}\sum_{i=1}^{n_j}\left(y_{ij}-\bar{y}\right)^2$$
$$= (66-69.226\ 7)^2 + (74-69.226\ 7)^2 + \cdots + (49-69.226\ 7)^2 = 4\ 429.867$$

第五步，计算组内平方和（SSE）。我们先求出每个城市的消费者评分与其均值的误差平方和，然后将三个城市的平方和加总，即为组内平方和（SSE）。三个城市的组内平方和分别为

上海　$\sum_{i=1}^{n_1}\left(y_{i1}-\bar{y}_1\right)^2 = (66-71.9)^2 + (74-71.9)^2 + \cdots + (88-71.9)^2 = 1\ 062.9$

香港　$\sum_{i=1}^{n_2}\left(y_{i2}-\bar{y}_2\right)^2 = (87-76.4)^2 + (59-76.4)^2 + \cdots + (77-76.4)^2 = 738.4$

东京　$\sum_{i=1}^{n_3}\left(y_{i3}-\bar{y}_3\right)^2 = (79-59.5)^2 + (65-59.5)^2 + \cdots + (49-59.5)^2 = 1\ 096.5$

然后将其加总，得组内平方和 SSE=1 062.9+738.4+1 096.5=2 897.8。

第六步，计算组间平方和（SSA）：

$$SSA = \sum_{j=1}^{r} n_j\left(\bar{y}_j-\bar{y}\right)^2$$
$$= 10\times(71.9-69.266\ 7)^2 + 10\times(76.4-69.266\ 7)^2 + 10\times(59.5-69.266\ 7)^2 = 1\ 532.067$$

由例 8.2 我们不难发现，SSE+SSA=4 429.867=SST，因此，可以证明我们之前通过推导分解总平方和的方法是正确的。

我们已经学过，组内平方和 SSE 是由随机误差引起的，反映抽样的随机误差；组间平方和既包含了由因素水平变动引起的差异，又包含了由随机误差引起的差异。因此，平方和的分解成功地把总平方和分解为有意义的两部分（即组内平方和与组间平方和），并将随机误差与系统误差分离，这为方差分析的成功奠定了坚实的基础。

3. 检验统计量及其分布

在探讨检验统计量之前，我们先来了解均方的定义。

定义 8.11　各平方和除以它们所对应的自由度后所得结果被称为均方。

由于各误差平方和的大小与观测值的个数有关，因此通过均方的处理可以很好地消除观测值个数对各误差平方和大小的影响。三个平方和所对应的自由度如下：

（1）总平方和（SST）的自由度为 $n-1$，其中 n 为全部观测值的个数。

（2）组间平方和（SSA）的自由度为 $r-1$，其中 r 为因素水平的个数。

（3）组内平方和（SSE）的自由度为 $n-r$。

在方差分析中，我们通过比较组间均方和组内均方之间的差异来研究系统性误差和随机性误差的相对大小，所以，我们需要构造含有组间均方和组内均方比值的统计量。

【定理 8.1】在单因素方差分析数学模型中，有如下定义：

（1）$SSE/\sigma^2 \sim \chi^2(n-r)$。

（2）当 H_0 成立时，$SSA/\sigma^2 \sim \chi^2(r-1)$，且组内平方和与组间平方和相互独立。根据随机变量 F 的定义，若随机变量 $X \sim \chi^2(m)$，$Y \sim \chi^2(n)$，则 $F = \dfrac{X/m}{Y/n} \sim F(m, n)$。

综合上述定义，则当 H_0 成立时，有

$$F = \frac{\dfrac{SSA}{\sigma^2}/r-1}{\dfrac{SSE}{\sigma^2}/n-r} = \frac{SSA/r-1}{SSE/n-r} \sim F(r-1, n-r)$$

令　　　$MSA = \dfrac{SSA}{r-1}$，$MSE = \dfrac{SSE}{n-r}$

其中，MSA 和 MSE 分别是组间平方和（SSA）和组内平方和（SSE）的均方差。则 $F = \dfrac{MSA}{MSE} \sim F(r-1, n-r)$。这个 F 统计量就是我们需要构造的理想统计量，它服从分子自由度为 $r-1$、分母自由度为 $n-r$ 的 F 分布。

4. 假设检验问题的拒绝域

【定理 8.2】在单因素方差分析数学模型中有 $SSA = (r-1)\sigma^2 + \sum\limits_{j=1}^{r} n_j \sigma_j^2$，$SSE = (n-r)\sigma^2$。

所以，$E\left(\dfrac{SSE}{n-r}\right) = \sigma^2$，$E\left(\dfrac{SSA}{r-1}\right) = \sigma^2 + \dfrac{1}{r-1}\sum\limits_{j=1}^{r} n_j \sigma_j^2 > \sigma^2$。

当 H_0 成立时，$E\left(\dfrac{SSA}{r-1}\right) = \sigma^2$；

当 H_0 不成立时，$E\left(\dfrac{SSA}{r-1}\right) > E\left(\dfrac{SSE}{n-r}\right)$。

也就是说，当 H_0 不成立时，MSA/MSE 有大于 1 的趋势，因此，在显著性水平 α 下，其拒绝域为

$$F \geqslant F_\alpha(r-1, n-r)$$

若 $F \geqslant F_\alpha$，则拒绝原假设 H_0，即 $\mu_1 = \mu_2 = \cdots = \mu_r$ 不成立，表明 μ_i（$i=1$，2，$\cdots$，r）之间的差异是显著的。也就是说，所检验的因素（地点）对观测值（消费者评分）有显著影响。

若 $F < F_\alpha$，则接受原假设 H_0，没有证据证明 μ_i（$i=1$，2，$\cdots$，k）之间有显著差异。也就是说，这时还不能认为所检验的因素（地点）对观测值（消费者评分）有显著影响。

【例 8.3】接例 8.2，取显著性水平 $\alpha=0.05$。

解：

第七步[①]，计算组间平方和的均方差（MSA）和组内平方和的均方差（MSE）：

$$MSA = \frac{SSA}{r-1} = \frac{1\,532.067}{3-1} = 766.033\,5$$

---

① 接例 8.2 第六步。

$$\text{MSE} = \frac{\text{SSE}}{n-r} = \frac{2\,897.8}{30-3} = 107.325\,9$$

第八步，计算 F 统计量：

$$F = \frac{\text{MSA}}{\text{MSE}} = \frac{766.033\,5}{107.325\,9} = 7.137\,454$$

第九步，求临界值，并作判断：$F_\alpha(r-1, n-r) = F_{0.05}(2, 27) = 3.35$。可见，$F > F_\alpha(r-1,\ n-r)$，所以拒绝原假设 H_0，即 $\mu_1 = \mu_2 = \mu_3$ 不成立，表明 μ_1，μ_2，μ_3 之间有显著的差异。也就是说，当显著性水平 $\alpha = 0.05$ 时，我们可以认为地点对消费者评分有显著影响。

5. 单因素方差分析的计算步骤

我们可以把单因素方差分析的计算步骤进行总结，如图 8.4 所示。

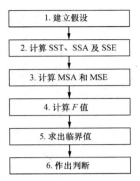

图 8.4　单因素方差分析
计算步骤图

三、用 Excel 进行单因素方差分析

1. 方差分析表

在用 Excel 进行单因素方差分析之前，我们先来了解下方差分析表。为了使方差分析过程更加清晰，我们通常将上述过程列在一张表内，这就是方差分析表，其一般形式如图 8.5 所示。

2. 用 Excel 进行单因素方差分析的操作步骤

第一步，打开"单因素方差分析"对话框。首先，在"数据"工具栏下找到"分析"模块，并单击其中的"数据分析"，会出现如图 8.6 所示的"数据分析"对话框。

	A	B	C	D	E	F	G
1	误差来源	平方和 SST	自由度 df	均方 MS	F 值	P 值	F 临界值
2	组间（因素影响）	SSA	r-1	MSA	MSA/MSE		
3	组内（误差）	SSE	n-r	MSE			
4	总和	SST	n-1				

图 8.5　方差分析的一般形式

图 8.6　"数据分析"对话框

选中图 8.6 中"方差分析：单因素方差分析"，单击"确定"按钮，出现如图 8.7 所示的"方差分析：单因素方差分析"对话框。

第二步，输入相关数据与参数。

（1）在"输入区域"方框内输入数据单元格区域 B2:D11。

（2）在"α"方框内输入显著性水平，此例中我们输入 0.05。

图 8.7　"方差分析：单因素方差分析"对话框

（3）在"输出选项"中，选择输出区域，此例中我们选择在"新工作表组"输出，如图 8.8 所示。

图 8.8　单因素方差分析

第三步，输出并分析结果。接第二步，单击"确定"按钮，便在新的工作表组中得到了分析结果，如图 8.9 所示。

方差分析：单因素方差分析						
SUMMARY						
组	观测数	求和	平均	方差		
列 1	10	719	71.9	118.1		
列 2	10	764	76.4	82.04444		
列 3	10	595	59.5	121.8333		
方差分析						
差异源	SS	df	MS	F	P-value	F crit
组间	1 532.067	2	766.0333	7.137449	0.003248	3.354131
组内	2 897.8	27	107.3259			
总计	4 429.867	29				

图 8.9　分析结果

对照上面讲的方差分析表，我们发现在表中的"方差分析"部分实际上就是方差分析表：SS 表示总平方和，df 表示自由度，MS 表示均方差，F 为检验统计量；$P\text{-}value$ 为用于检验的 P 值，$F\text{-}crit$ 为给定的显著性水平下的临界值。

我们从方差分析表中可以看到，由于 $F=7.137\,449 > F_{0.05}(2，27)=3.354\,131$，所以拒绝原假设 H_0，即认为 $\mu_1=\mu_2=\mu_3$ 不成立，表明 μ_1，μ_2，μ_3 之间的差异是显著的。也就是说，"地点"对"消费者评分"的影响是显著的。

四、方差分析中的多重比较

现在，我们可以很好地利用方差分析来判断不同总体的均值是否相同，如例 8.1 中我们得出不同城市中消费者评分的均值不相等的结论。但是，究竟是哪些均值之间不相等呢？或者说，这种差异到底出现在哪些城市之间呢？在解决这个问题时，我们已具备的方差分析方法就无能为力了。为了解决这一问题，我们引入了多重比较。

定义 8.12　*通过对总体均值之间的配对比较进一步检验到底哪些均值之间存在差异的方法称为多重比较法。*

具体来讲，多重比较是用来研究 μ_1 与 μ_2、μ_1 与 μ_3、μ_2 与 μ_3 之间究竟哪个均值存在较大差异的。多重比较的方法有很多种，这里我们介绍由费希尔提出的最小显著差异法（ List Significant Difference，LSD ）。通过该方法进行检验的具体步骤如下。

第一步，提出假设：

H_0 : $\mu_1=\mu_2$

H_1 : $\mu_i \neq \mu_j$

第二步，计算检验统计量 $|\bar{y}_i - \bar{y}_j|$。

第三步，计算 LSD 值，计算公式为

$$\text{LSD} = t_{\alpha/2}\sqrt{\text{MSE}\left(\frac{1}{n_i} + \frac{1}{n_j}\right)}$$

式中，$t_{\alpha/2}$ 是 t 分布的临界值，我们可以通过查 t 分布表得到，自由度为（$n-r$）；n 是样本中观测值的总个数；r 是因素中水平的个数；MSE 是组内均方差；n_i 和 n_j 分别是第 i 个样本和第 j 个样本的样本容量。

第四步，作出决策。在作决策时要根据显著性水平 α：若 $|\bar{y}_i - \bar{y}_j| < \text{LSD}$，则接受 H_0；若 $|\bar{y}_i - \bar{y}_j| > \text{LSD}$，则拒绝 H_0。

【例 8.4】利用上一节中单因素方差分析的结果对例 8.1 进行多重比较。

解：

第一步，提出假设。

假设一：H_0：$\mu_1 = \mu_2$　　H_1：$\mu_1 \neq \mu_2$；

假设二：H_0：$\mu_1 = \mu_3$　　H_1：$\mu_1 \neq \mu_3$；

假设三：H_0：$\mu_2 = \mu_3$　　H_1：$\mu_2 \neq \mu_3$。

第二步，计算检验统计量。

检验统计量一：$|\bar{y}_1 - \bar{y}_2| = 4.5$；

检验统计量二：$|\bar{y}_1 - \bar{y}_3| = 12.4$；

检验统计量三：$|\bar{y}_2 - \bar{y}_3| = 16.9$。

第三步，计算 LSD 值。根据 Excel 方差分析的结果，MSE=107.325 9。t 统计量的自由度为 $n-r=27$，在显著性水平 $\alpha = 0.05$ 下，$t_{\alpha/2} = t_{0.025} = 2.052$。由于各个样本的观测值数目一样，所以它们的 LSD 相同。

$$\text{LSD}_1 = \text{LSD}_2 = \text{LSD}_3 = t_{\alpha/2}\sqrt{\text{MSE}\left(\frac{1}{n_1} + \frac{1}{n_2}\right)}$$

$$= 2.052 \times \sqrt{107.325\,9 \times \left(\frac{1}{10} + \frac{1}{10}\right)} = 9.507\,025$$

第四步，作出决策。

$|\bar{y}_1 - \bar{y}_2| = 4.5 < \text{LSD}_1$，不拒绝 H_0，不能认为上海与香港的消费者评分有显著差异。

$|\bar{y}_1 - \bar{y}_3| = 12.4 > \text{LSD}_2$，拒绝 H_0，可以认为上海与东京之间的消费者评分有显著差异。

$|\bar{y}_2 - \bar{y}_3| = 16.9 > \text{LSD}_3$，拒绝 H_0，可以认为香港与东京之间的消费者评分有显著差异。

 学习指引

数据分析软件 SPSS 功能较电子表格的统计功能更为强大，在专业性的数据统计中使用 SPSS 效率更高。感兴趣的读者可以依据相关教材进行学习，张文彤主编的《SPSS 统计分析基础教程》或吴明隆主编的《SPSS 统计应用实务》均可参考学习。

第三节　双因素方差分析

单因素方差分析涉及的可变因素只有一个，但在许多实际问题中，影响试验的因素往往不止一个，需要考虑多因素中每一个因素对试验的影响是否显著，这就需要用到多因素方差分析。本节讨论双因素方差分析，其基本方法可以推广到涉及两个以上因素的多因素分析。

双因素方差分析，不但要考虑因素 A、B 单独对试验指标的影响是否显著，还要考虑这两个因素联合起来对试验指标的影响是否显著。这种作用叫作 A、B 这两个因素的交互作用。交互作用只存在于可重复试验中，因为在双因素方差分析中，只有当在每个因素的不同水平上进行可重复试验时，才能分析出这两个因素之间是否存在交互作用。

一、双因素可重复试验的方差分析

表 8.3　双因素可重复试验的方差分析的数据结构表

	B_1	B_2	$\cdots$	B_s
A_1	$x_{111},x_{112},\cdots,x_{11t}$	$x_{121},x_{122},\cdots,x_{12t}$	$\cdots$	$x_{1s1},x_{1s2},\cdots,x_{1st}$
A_2	$x_{211},x_{212},\cdots,x_{21t}$	$x_{221},x_{222},\cdots,x_{22t}$	$\cdots$	$x_{2s1},x_{2s2},\cdots,x_{2st}$
$\cdots$				
A_r	$x_{r11},x_{r12},\cdots,x_{r1t}$	$x_{r21},x_{r22},\cdots,x_{r2t}$	$\cdots$	$x_{rs1},x_{rs2},\cdots,x_{rst}$

设在某项试验中，有两个因素 A 和 B 在变化，因素 A 有 r 个不同水平 A_1，A_2，A_3，$\cdots$，A_r，因素 B 有 s 个不同水平 B_1，B_2，...，B_s。现对因素 A、B 各水平下的每对组合（A_i，B_j）（i =1,2,$\cdots$,r；j =1,2,$\cdots$,s）都作 $t(t \geqslant 2)$ 次独立重复试验，称为双因素多水平可重复试验，表 8.3 是双因素多水平可重复试验的试验结果。

1. 确定数学模型

假定：$x_{ijk} \sim N(\mu_{ij}, \sigma^2)$，$i=1,2,\cdots,r$；$j=1,2,\cdots,s$；$k=1,2,\cdots,t$；各 x_{ijk} 独立。μ_{ij} 与 σ^2 均为未知参数。

令 $\varepsilon_{ijk}=x_{ijk}-\mu_{ij}$。则 ε_{ijk} 是水平组合（A_i，B_j）下第 k 次重复试验的随机误差，相互独立且服从正态分布 $N(0,\sigma^2)$，于是得到如下模型：

$$x_{ijk} = \mu_{ij} + \alpha_i + \beta_j + \gamma_{ij} + \varepsilon_{ijk} \qquad \varepsilon_{ijk} \sim N(0,\sigma^2) \qquad （各 \varepsilon_{ijk} 独立）$$

$$\sum_{i=1}^{r} \alpha_i = 0, \sum_{j=1}^{s} \beta_j = 0, \sum_{i=1}^{r} \gamma_{ij} = \sum_{j=1}^{s} \gamma_{ij} = 0 \quad （i=1,2,\cdots,r; j=1,2,\cdots,s; k=1,2,\cdots,t）$$

其中：

$$\mu = \frac{1}{rs} \sum_{j=1}^{s} \sum_{i=1}^{r} \mu_{ij} \quad （\mu 称为总平均）$$

$$\alpha_i = \mu_{i\cdot} - \mu, (\mu_{i\cdot} = \frac{1}{s} \sum_{j=1}^{s} \mu_{ij}) \quad （\alpha_i 称为水平 A_i 的效应）$$

$$S_T^2 = S_E^2 + S_A^2 + S_B^2 + S_{A \cdot B}^2$$

$$S_{A \cdot B}^2 / \sigma^2 \sim \chi^2((r-1)(s-1))$$

$$S_E^2 / \sigma^2 \sim \chi^2(rs(t-1))$$

$$Y \sim \chi^2(n)$$

$$F_B \geqslant F_{1-\alpha}((s-1),(r-1)(s-1))$$

$$\beta_j = \mu_{.j} - \mu, \left(\mu_{.j} = \frac{1}{r}\sum_{i=1}^{r}\mu_{ij}\right) \quad (\beta_j \text{ 称为水平 } B_j \text{ 的效应})$$

$$\gamma_{ij} = \mu_{ij} - \mu_{i.} - \mu_{.j} + \mu = (\mu_{ij} - \mu) - \alpha_i - \beta_j \quad (\gamma_{ij} \text{ 称为水平 } A_i \text{ 和水平 } B_j \text{ 的交互效应})$$

2. 确定假设

对于上述模型需要检验以下三个假设。

H_{01}: $\alpha_1 = \alpha_2 = \cdots = \alpha_r = 0$

H_{02}: $\beta_1 = \beta_2 = \cdots = \beta_s = 0$

H_{03}: $\gamma_{11} = \gamma_{12} = \cdots = \gamma_{rs} = 0 (\gamma_{ij} = 0, i = 1, 2, \cdots, r; \ j = 1, 2, \cdots, s)$

要检验因素 A 对试验指标的影响是否显著，就要对 H_{01} 作显著性检验；要检验因素 B 对试验指标的影响是否显著，就要对 H_{02} 作显著性检验，要检验因素 A、B 交互作用对试验指标的影响是否显著，就要对 H_{03} 作显著性检验。

3. 平方和的分解

先引入以下记号：

$$\bar{x} = \frac{1}{rst}\sum_{i=1}^{r}\sum_{j=1}^{s}\sum_{k=1}^{t}x_{ijk}$$

$$\bar{x}_{ij.} = \frac{1}{t}\sum_{k=1}^{t}x_{ijk}(i = 1, 2, \cdots, r; j = 1, 2, \cdots, s)$$

$$\bar{x}_{i..} = \frac{1}{st}\sum_{j=1}^{s}\sum_{k=1}^{t}x_{ijk}(i = 1, 2, \cdots, r)$$

$$\bar{x}_{.j.} = \frac{1}{rt}\sum_{i=1}^{r}\sum_{k=1}^{t}x_{ijk}(j = 1, 2, \cdots, s)$$

再引入总离差平方和 s_T^2：

$$s_T^2 = \sum_{i=1}^{r}\sum_{j=1}^{s}\sum_{k=1}^{t}(x_{ijk} - \bar{x})^2$$

将总离差平方和 s_T^2 进行分解，得

$$s_T^2 = \sum_{i=1}^{r}\sum_{j=1}^{s}\sum_{k=1}^{t}(x_{ijk} - \bar{x})^2$$

$$= \sum_{i=1}^{r}\sum_{j=1}^{s}\sum_{k=1}^{t}(x_{ijk} - \bar{x}_{ij.})^2 + st\sum_{i=1}^{r}(\bar{x}_{i..} - \bar{x})^2 + rt\sum_{j=1}^{s}(\bar{x}_{.j.} - \bar{x})^2 + t\sum_{i=1}^{r}\sum_{j=1}^{s}(\bar{x}_{ij.} - \bar{x}_{i..} - \bar{x}_{.j.} + \bar{x})^2$$

式中，等号右侧四个部分分别代表 s_E^2、s_A^2、s_B^2 和 $s_{A \cdot B}^2$，即

$$s_T^2 = s_E^2 + s_A^2 + s_B^2 + s_{A \cdot B}^2$$

4. 检验统计量及其分布

【**定理 8.3**】在双因素可重复方差分析数学模型中：

（1）$s_E^2 / \sigma^2 \sim \chi^2(rs(t-1))$；

（2）当 H_{01} 成立时，$s_A^2 / \sigma^2 \sim \chi^2(r-1)$；

（3）当 H_{02} 成立时，$s_B^2 / \sigma^2 \sim \chi^2(s-1)$；

（4）当 H_{03} 成立时，$s_{A \cdot B}^2 / \sigma^2 \sim \chi^2((r-1)(s-1))$；

（5）$s_E^2, s_A^2, s_B^2, s_{A \cdot B}^2$ 相互独立。

根据随机变量 F 分布的定义，若随机变量 $X \sim \chi^2(m), Y \sim \chi^2(n)$，则

$$F = \frac{X/m}{Y/n} \sim F(m,n)$$

综合定理 8.3，则当 H_{01} 成立时，有

$$F_A = \frac{\dfrac{s_A^2}{\sigma^2}/r-1}{\dfrac{s_E^2}{\sigma^2}/rs(t-1)} = \frac{\mathrm{MSA}}{\mathrm{MSE}} \sim F(r-1,rs(t-1))$$

则当 H_{02} 成立时，有

$$F_B = \frac{\dfrac{s_B^2}{\sigma^2}/s-1}{\dfrac{s_E^2}{\sigma^2}/rs(t-1)} = \frac{\mathrm{MSB}}{\mathrm{MSE}} \sim F(s-1,rs(t-1))$$

则当 H_{03} 成立时，有

$$F_{A \cdot B} = \frac{\dfrac{s_{A \cdot B}^2}{\sigma^2}/(r-1)(s-1)}{\dfrac{s_E^2}{\sigma^2}/rs(t-1)} = \frac{\mathrm{MSAB}}{\mathrm{MSE}} \sim F((r-1)(s-1),rs(t-1))$$

5. 假设检验问题的拒绝域

对于给定的显著性水平 α，原假设 H_{01} 的拒绝域为 $F_A \geqslant F_\alpha(r-1,rs(t-1))$。

对于给定的显著性水平 α，原假设 H_{02} 的拒绝域为 $F_B \geqslant F_\alpha(s-1,rs(t-1))$。

对于给定的显著性水平 α，原假设 H_{03} 的拒绝域为 $F_{A \cdot B} \geqslant F_\alpha((r-1)(s-1),rs(t-1))$。

6. 双因素可重复试验方差分析计算表

双因素可重复试验方差分析计算表见表 8.4。表 8.4 中，

$$\mathrm{MSA} = \frac{s_A^2}{r-1}, \quad \mathrm{MSB} = \frac{s_B^2}{s-1}$$

$$\mathrm{MSAB} = \frac{s_{A \cdot B}^2}{(r-1)(s-1)}, \quad \mathrm{MSE} = \frac{s_E^2}{rs(t-1)}$$

表 8.4　双因素可重复试验方差分析计算表

方差来源	平方和	自由度	均方	F 值	拒绝域
因素 A	s_A^2	$r-1$	MSA	MSA/MSE	$F_A \geqslant F_\alpha(r-1,rs(t-1))$
因素 B	s_B^2	$s-1$	MSB	MSB/MAE	$F_B \geqslant F_\alpha(s-1,rs(t-1))$
$A \cdot B$	$s_{A \cdot B}^2$	$(s-1)(r-1)$	MSAB	MSAB/MSE	$F_{A \cdot B} \geqslant F_\alpha((r-1)(s-1),rs(t-1))$
误差 E	s_E^2	$rs(t-1)$	MSE		
总和 T	s_T^2	$rst-1$			

7. 用 Excel 进行双因素可重复试验方差分析

【例 8.5】红丽化妆品公司最近推出了一种新产品，为检验不同包装、不同货架对产品销售量是否有显著性影响，交互作用是否显著，特在一家百货商场对这种新产品采用 3 种不同的包装，放在 3 个不同的货架上进行销售试验。随机抽取了 3 天的销售量作为观察样本，观察结果如表 8.5 所示。

表8.5 双因素可重复试验方差分析例题数据			
	A1（货架1）	A2（货架2）	A3（货架3）
B1（包装1）	5, 6, 4	7, 8, 8	3, 2, 4
B2（包装2）	6, 8, 7	5, 5, 6	6, 6, 5
B3（包装3）	4, 3, 5	3, 6, 4	8, 9, 6

表8.6 双因素可重复试验方差分析例8.4 数据整理

	A1	A2	A3
B1	5	7	3
	6	8	2
	4	8	4
B2	6	5	6
	8	5	6
	7	6	5
B3	4	3	8
	3	6	9
	5	4	6

解： 先将表8.5中的数据进行整理，得表8.6。运用 Excel 软件中的"数据分析"功能进行分析，步骤如下。

第一步，如图8.6所示，在"数据分析"对话框的"分析工具"中，选择"方差分析：可重复双因素分析"选项，然后单击"确定"按钮，出现如图8.10所示的对话框。

第二步，输入表8.6中的相关数据与参数，如图8.11所示。

（1）在"输入区域"方框内输入数据单元格区域 A10:D19。

（2）在"每一样本的行数"方框内输入3。

（3）在"α"方框内输入显著性水平，此例中我们输入 0.05。

（4）在"输出选项"中，选择输出区域，此例中我们选择在"新工作表组"输出。

图8.10 "方差分析：可重复双因素分析"对话框

图8.11 双因素可重复试验方差分析

第三步，输出并分析结果。接第二步，单击"确定"按钮，便在新的工作表组中得到了分析结果，如图8.12所示。

我们从图8.12的分析结果中可以看到，由于 $F_A=1.482759 < F_{0.05}(2,18)=3.554557$，说明检验统计量落在拒绝域外，所以接受 H_{01}，即认为不同货架对销售量的影响不显著；由于 $F_B=0.448276 < F_{0.05}(2,18)=3.554557$，说明检验统计量落在拒绝域外，所以接受 H_{02}，即认为不同包装对销售量的影响不显著；由于 $F_{A \cdot B}=14.25862 >$

方差分析：可重复双因素分析						
方差分析						
差异源	SS	df	MS	F	P-value	F crit
样本	3.185185	2	1.592593	1.482759	0.253456	3.554557
列	0.962963	2	0.481481	0.448276	0.645668	3.554557
交互	61.25926	4	15.31481	14.25862	2.06E-05	2.927744
内部	19.33333	18	1.074074			
总计	84.74074	26				

图8.12 双因素可重复试验方差分析结果

$F_{0.05}(4,18)=2.927744$，说明检验统计量落在拒绝域中，所以拒绝 H_{03}，即认为货架与包装的交互作用对销售量的影响非常显著。因此对商家而言，应尽量处理好货架与包装的搭配问题。

二、双因素无重复试验的方差分析

所谓双因素无重复试验问题，就是对因素 A、B 的每一对组合（A_i, B_j）只作一次试验。

表 8.7　双因素无重复试验的方差分析的数据结构表

	B_1	B_2	$\cdots$	B_s
A_1	X_{11}	X_{12}	$\cdots$	X_{1s}
A_2	X_{21}	X_{22}	$\cdots$	X_{2s}
$\cdots$	$\cdots$	$\cdots$	$\cdots$	$\cdots$
A_r	X_{r1}	X_{r2}	$\cdots$	X_{rs}

所得结果如表 8.7 所示。

1. 确定数学模型

由于无重复试验中不存在交互作用，此时 $\gamma_{ij}=0$（$i=1,2,\cdots$；r；$j=1,2,\cdots,s$），故其数学模型如下：

$$x_{ij} = \mu + \alpha_i + \beta_j + \varepsilon_{ij} \qquad 各\varepsilon_{ij}独立，\quad \varepsilon_{ij} \sim N(0,\sigma^2)$$

$$\sum_{i=1}^{r}\alpha_i = 0, \sum_{j=1}^{s}\beta_j = 0 \qquad\qquad i=1,2,\cdots,r;\ j=1,2,\cdots,s$$

2. 确定假设

对于上述模型需要检验以下两个假设：

H_{01}：$\alpha_1 = \alpha_2 = \cdots = \alpha_r = 0$

H_{02}：$\beta_1 = \beta_2 = \cdots = \beta_s = 0$

要检验因素 A 对试验指标的影响是否显著，就要对 H_{01} 作显著性检验；要检验因素 B 对试验指标的影响是否显著，就要对 H_{02} 作显著性检验。

3. 平方和的分解

引入总离差平方和 s_T^2：$s_T^2 = \sum\limits_{i=1}^{r}\sum\limits_{j=1}^{s}(x_{ij} - \overline{x})^2$，将总离差平方和 s_T^2 进行分解，得

$$
\begin{aligned}
s_T^2 &= \sum_{i=1}^{r}\sum_{j=1}^{s}(x_{ij} - \overline{x})^2 \\
&= \sum_{i=1}^{r}\sum_{j=1}^{s}(x_{ij} - \overline{x}_{i.} - \overline{x}_{.j} + \overline{x})^2 + s\sum_{i=1}^{r}(\overline{x}_{i.} - \overline{x})^2 + r\sum_{j=1}^{s}(\overline{x}_{.j} - \overline{x})^2
\end{aligned}
$$

式中，等号右侧三个部分分别代表 s_E^2、s_A^2 和 s_B^2，即

$$s_T^2 = s_E^2 + s_A^2 + s_B^2$$

4. 检验统计量及其分布

【定理 8.4】在双因素无重复方差分析数学模型中：

（1）$s_E^2/\sigma^2 \sim \chi^2((r-1)(s-1))$；

（2）当 H_{01} 成立时，$s_A^2/\sigma^2 \sim \chi^2(r-1)$；

（3）当 H_{02} 成立时，$s_B^2/\sigma^2 \sim \chi^2(s-1)$；

（4）s_E^2、s_A^2、s_B^2 相互独立。

根据随机变量 F 分布的定义，若随机变量 $X \sim \chi^2(m), Y \sim \chi^2(n)$，则

$$F = \frac{X/m}{Y/n} \sim F(m,n)$$

综合定理 8.4，当 H_{01} 成立时，有

$$F_A = \frac{\dfrac{s_A^2}{\sigma^2}/r-1}{\dfrac{s_E^2}{\sigma^2}/(r-1)(s-1)} = \frac{MSA}{MSE} \sim F(r-1,(r-1)(s-1))$$

当 H_{02} 成立时，有

$$F_B = \frac{\dfrac{s_B^2}{\sigma^2}/s-1}{\dfrac{s_E^2}{\sigma^2}/(r-1)(s-1)} = \frac{MSB}{MSE} \sim F(s-1,(r-1)(s-1))$$

5. 假设检验问题的拒绝域

对于给定的显著性水平 α，原假设 H_{01} 的拒绝域为

$$F_A \geqslant F_\alpha((r-1),(r-1)(s-1))$$

对于给定的显著性水平 α，原假设 H_{02} 的拒绝域为

$$F_B \geqslant F_\alpha((s-1),(r-1)(s-1))$$

6. 双因素可重复试验方差分析计算表

表 8.8　双因素无重复试验方差分析计算表

方差来源	平方和	自由度	均方	F 值	临界值
因素 A	s_A^2	$r-1$	MSA	MSA/MSE	$\geqslant F_\alpha((r-1),(r-1)(s-1))$
因素 B	s_B^2	$s-1$	MSB	MSB/MAE	$\geqslant F_\alpha((s-1),(r-1)(s-1))$
误差 E	s_E^2	$(r-1)(s-1)$	MSE		
总和 T	s_T^2	$rs-1$			

表 8.8 中，

$$\text{MSE} = \frac{s_E^2}{(r-1)(s-1)} \qquad \text{MSA} = \frac{s_A^2}{r-1} \qquad \text{MSB} = \frac{s_B^2}{s-1}$$

7. 用 Excel 进行双因素无重复试验方差分析

【例 8.6】近年来，随着市场经济的发展，集市贸易在人们的生活中发挥着越来越重要的作用。市场价格，特别是生活必需品市场价格的升降起伏，直接影响着人们的生活水平。在此，研究从 20×1 年到 20×4 年京津沪三地区集市贸易价格指数，从中分析不同地区及不同时间条件对价格指数有无显著性影响。假定贸易价格指数服从正态分布，且各种组合的方差相等。有关数据见表 8.9。

运用 Excel 软件中的"数据分析"功能进行分析，步骤如下。

第一步，如图 8.6 所示，在"数据分析"对话框的"分析工具"下，选择"方差分析：无重复双因素分析"选项，然后单击"确定"按钮，出现如图 8.13 所示的对话框。

表 8.9　集市贸易价格指数（设 20×0 年为 100）

	北京（B1）	天津（B2）	上海（B3）
20×1 年（A1）	100.3	105	108
20×2 年（A2）	105.6	106.8	102.6
20×3 年（A3）	108.5	114	113.6
20×4 年（A4）	107.7	119.6	118.6

第二步，输入表 8.9 中的相关数据与参数，结果如图 8.14 所示。

（1）在"输入区域"方框内输入数据单元格区域 A3:D7。

（2）将"标志"前的框选中。

（3）在"α"方框内输入显著性水平，此例中我们键入 0.05。

（4）在"输出选项"中，选择输出区域，此例中我们选择在"新工作表组"输出。

（5）点击"确定"按钮，得到的输出结果如图 8.15 所示。

图 8.13　"方差分析：无重复双因素分析"
对话框

我们从图 8.15 的分析结果可以看到，由于 $F_A=8.034704>F_{0.05}(3,6)=4.757063$，说明检验统计量落在拒绝域中，所以拒绝 H_{01}，即认为不同年份的价格指数之间有显著性差异；由于 $F_B=3.825542<F_{0.05}(2,6)=5.143253$，说明检验统计量落在拒绝域外，所以接受 H_{02}，即认为京津沪三地区集市贸易价格指数之间无显著差异。即地区差异不是集市贸易价格指数变动的重要因素。

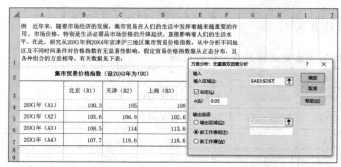

图 8.14 双因素无重复试验方差分析　　　　图 8.15 双因素无重复试验方差分析结果

本章小结

本章介绍了方差分析的基本问题，并重点介绍了单因素方差分析和双因素方差分析。检验多个总体均值是否相等的统计方法，称为方差分析。它通过对数据误差来源的分析来判断不同总体之间的均值是否相等，并据此探究分类型自变量对数据型因变量是否产生显著影响。数据误差可分解为组间误差和组内误差两部分，分别用组间平方和与组内平方和表示。由于组内误差是由随机性因素造成的，组间误差是由随机性和系统性两方面因素造成的，因此将这两者进行比较，就可以发现系统性因素与随机性因素孰强孰弱，从而利用 F 分布来判断两者之间的差异是否显著。

单因素方差分析是只涉及一个分类型自变量的方差分析，其分析的整个步骤可以利用方差分析表来表示。在方差分析中，如果原假设被拒绝，还可以利用多重比较方法进一步分析哪些均值之间有显著差异，本章介绍了由费希尔提出的最小显著差异法，双因素方差分析，不但要考虑因素 A、B 单独对试验指标的影响是否显著，还要考察这两个因素对试验指标的影响是否显著，这种作用称为 A、B 这两个因素的交互作用，交互作用只存在于可重复试验中。单因素方差分析和双因素方差分析都可以利用 Excel 中的"数据分析"工具来完成。

思考与练习

一、不定项选择题

1. 以下选项中不属于方差分析三个基本假定的是（　　　）。

　　A．每个总体都应服从正态分布　　　　B．每个总体观测值的个数必须相同

　　C．观测值是独立的　　　　　　　　　D．每个总体的方差 σ^2 必须相同

2. 某牛奶公司新进了 4 台装填牛奶的机器，公司生产部门为了检验这 4 台机器的装填量

是否相同，特从 4 台机器中抽取了样本数据，如表 8.10 所示。该试验中共有（　　）个水平。

A．5个　　　　　　B．3个

C．16个　　　　　D．4个

3．根据上题，由计算可得 SSA=0.005 935，则 MSA 的值是（　　）。

A．0.002 57　　　　B．0.000 48

C．0.000 41　　　　D．0.001 98

4．类型抽样影响抽样平均误差的方差主要是（　　）。

A．组间方差　　B．组内方差　　　　C．总方差　　　　　D．允许方差

表 8.10　4 台装填牛奶机器填装量样本数据　（单位：升）

机器 1	机器 2	机器 3	机器 4
4.04	3.96	4.00	4.00
4.03	3.99	3.95	4.02
4.01	4.01	3.97	3.99
4.03	3.97	4.01	3.98
4.05	4.00	3.98	4.01

二、简答题

1．什么是方差分析？它所研究的是什么？

2．简述方差分析的基本思想。

3．简述方差分析的基本步骤。

4．方差分析中多重比较的作用是什么？

5．简述组内平方和与组间平方和的含义。

三、计算题

1．动画片《喜羊羊与灰太狼》自首映以来就一直受到广大观众的热捧，很多人都看过这部动画片。为了分析不同群体的观众对该片的满意度是否相同，我们随机抽取了看过该片的不同群体的观众，并就他们对该片的满意度进行了调查。结果如表 8.11 所示（评分标准是为 1～10，10 代表非常满意）。

取显著性水平 $\alpha=0.01$，试检验不同群体对该动画片的满意度是否有显著差异。如果有差异，请用 LSD 方法检验哪些群体之间存在显著差异。

2．某企业技术攻关小组最新研究出了三种新的生产工艺流程，为确定哪种工艺每小时的产量最高，他们随机进行了 30 次试验，并指定每次试验使用其中一种工艺。通过对每次试验所生产的产品数量进行方差分析，他们得到了如表 8.12 所示的方差分析表。

表 8.11　不同观众的满意度

少年儿童	青年学生	中老年人
8	7	5
9	7	6
8	8	4
10	7	8
9	9	7
10		5
8		

表 8.12　三种新工艺产量方差分析表

差 异 源	SS	df	MS	F	P-value	F-crit
组　　间			210		0.245 946	3.354 131
组　　内	3 836		—		—	—
总　　计		29				

（1）完成上面的方差分析表。

（2）若显著性水平 $\alpha=0.01$，检验三种新工艺每小时产量是否有显著差异。

第九章 时间序列分析

拓展学习

在学习本章前，可通过百度百科或智库·百科"时间序列分析"词条简单了解时间序列分析。

【本章要点】

1．了解时间序列的概念、分类及其编制原则；

2．掌握增长量、平均增长量、发展速度、平均发展速度、增长速度、平均增长速度、平均发展水平等时间序列分析指标的计算；

3．了解时间序列的构成要素；

4．掌握时间序列的长期趋势的测定；

5．掌握季度变动的测定。

【实验导引】

本章的上机实验内容参见"附录1实验指导书"中实验二的"时间序列分析"部分，计划为 2 学时，建议上机实验与理论讲授交叉进行，实验素材的电子文档需从人邮教育社区（www.ryjiaoyu.com）本书相关页面下载（文件名中含"应用统计学实验用素材"）。本章上机实验主要练习移动平均、季节变动测定、用乘法模型分解时间序列及运用数据分析中的"回归"测定长期趋势。

第一节 时间序列概述

时间序列的研究具有重要意义，通过时间序列的编制和分析，可以描述社会经济现象的发展状况、结果和趋势及规律，并可以据此进行统计预测或分析社会现象发展变化的规律。本节就时间序列的概念、分类、编制原则逐一进行介绍，读者应初步掌握时间序列是如何从时间上反映和研究现象发展变化的过程、趋势及其规律的。

一、时间序列的概念

我们对现象总体数量方面进行研究时，通常要掌握该现象在各个时期的统计数据，从时间上反映和研究其发展变化的过程、趋势及规律。

定义 9.1 时间序列也称动态数列或时间数列（time series），是指将表明社会经济现象在不同时间发展变动的某种指标数值，按时间先后顺序排列而成的数列。

表 9.1 是我国 2009—2016 年若干统计指标的时间序列，从表中可以看出，时间序列是由两个基本要素构成的：一是统计指标所属的时间；二是统计指标在特定时间的具体指标值。

在统计研究中，时间序列的分析和研究具有很重要的地位：

（1）通过计算各种水平指标和速度指标，可以了解并分析社会经济现象的发展状况和结果。

表 9.1 我国 2009—2016 年国民经济指标时间序列

年份	GDP（亿元）	年末人口（万人）	人均 GDP（元）	第三产业比重（%）
2009	349 081.4	133 450	26 222	44.3
2010	413 030.3	134 091	30 876	44.1
2011	489 300.6	134 735	36 403	44.2
2012	540 367.4	135 404	40 007	45.3
2013	595 244.4	136 072	43 852	46.7
2014	643 974.0	136 782	47 203	47.8
2015	689 052.1	137 462	50 251	50.2
2016	743 585.5	138 271	53 935	51.6

（资料来源：国家数据库）

（2）通过长期趋势分析、季节变动分析、循环变动分析等方法，可以了解并分析社会现象发展变化的规律。

（3）通过研究社会经济现象的发展速度、发展趋势，建立数学模型，可以对社会经济现象的未来发展趋势进行预测。

> **思考实践**
>
> 人均指标代表的是平均指标时间序列吗？

二、时间序列的分类

时间序列按其指标的性质不同，可以分为总量指标时间序列、相对指标时间序列和平均指标时间序列三种类型。总量指标时间序列也称绝对数时间序列，它是基本的时间序列，相对指标及平均指标时间序列都是在其基础上派生出来的。

（一）总量指标时间序列

定义 9.2 把一系列总量指标值按时间的先后顺序排列起来形成的时间序列称为总量指标时间序列。

总量指标是反映社会经济现象总规模、总水平或工作总量的指标，根据总量指标反映的不同社会经济现象性质，可分为时期指标时间序列和时点指标时间序列。在表 9.1 中，国内生产总值（GDP）是时期指标时间序列，年末人口是时点指标时间序列。

1．时期指标时间序列

定义 9.3 时期指标时间序列，即由时期指标构成的反映现象在一段时期内发展过程总量的时间序列。

时期指标时间序列有以下几个特点：

（1）时期指标时间序列中各个指标的数值具有可加性。不同时期的总量指标可以相加，所得的数值表明现象在一个更长时期的指标值。例如，月度国内生产总值相加得到季度国内生产总值，季度国内生产总值相加得到年度国内生产总值。

（2）时期指标时间序列中指标值的大小与所属时间的长短有直接关系。这是由时间指标的数值具有可加性这一特点所决定的。一般来说，时期指标所属时期越长，指标值越大。如上面所说的季度国内生产总值大于月度国内生产总值，年度国内生产总值大于季度国内生产总值。

（3）时期指标时间序列中的指标值通常是采用经常性调查的方式获得的。由于时期指标是反映现象在一段时间内的发展过程总量，因此必须在这段时间内把现象发生的数量逐一记录，并进行累加得到指标值。

2. 时点指标时间序列

定义 9.4 时点指标时间序列，即由时点指标构成的反映现象在某一时点上所达到的数量水平和状态的数列。

时点指标时间序列有以下几个特点：

（1）时点指标时间序列中各个指标的数值不具有可加性。不同时点的总量指标不可相加，这是因为把不同时点的总量指标相加后，无法解释所得数值的时间状态。如把表 9.1 的 2012 年末人口数 135 404 万人和 2013 年末人口数 136 072 万人相加得到 271 476 万人，但 271 476 万人这一数据属于哪个具体时间是无法说明的，没有实际意义。

（2）时点指标时间序列中各个指标数值的大小与时点间隔的长短一般没有直接关系。在时点指标时间序列中，相邻两个指标所属时间的差距为时点间隔。时点指标的时间单位是瞬时的，因而许多现象时间间隔的长短与指标值的大小没有直接联系。如某国 12 月份的黄金储备量不一定比前面月份的黄金储备量大；单位 8 月底的职工人数也未必比 7 月底的职工人数多。但如果现象本身存在着长期变化趋势，如呈现长期增长或长期下降趋势，则指标数值的大小与时间间隔的长短就有一定关系了，例如，某国总人口变动呈现长期增长趋势，时点间隔越长，指标的数值就越大。

（3）时点指标时间序列中各个指标值是采用一次性调查的方式获得的。时点指标具有不连续统计的特点，因为时点指标是反映现象在某一时刻状态的数量，只需要在某一时点进行统计，不必连续统计。例如我国历次的人口普查（1953 年、1964 年、1982 年、1990 年、2000 年和 2010 年），就是间隔一定时间进行一次。

（二）相对指标时间序列

定义 9.5 把一系列同类的相对指标值按时间的先后顺序排列起来，所形成的时间序列称为相对指标时间序列。

相对指标是由总量指标派生出来的，它可以反映社会经济现象达到的相对水平。例如，表 9.1 中的第三产业比重时间序列就是一个相对指标时间序列。在相对指标时间序列中，各个指标值是不能相加的。

（三）平均指标时间序列

定义 9.6 把一系列同类的平均指标值按时间的先后顺序排列起来，形成的时间序列称为平均指标时间序列。

平均指标也是由总量指标派生出来的，它可以反映社会经济现象达到的平均水平。表 9.1 中的人均国内生产总值（GDP）序列就属于平均指标时间序列。

相对指标或平均指标时间序列仅反映了社会经济现象之间相互联系的发展过程。为了对社会经济现象发展过程进行多方位的分析，在经济统计分析中，我们往往把总量指标、相对指标和平均指标时间序列结合起来进行分析。

三、时间序列的编制原则

编制时间序列的目的是通过对不同时间的各个指标值的比较，研究社会经济现象的发展规律。因此，保证序列中各个指标数值的可比性，是编制时间序列的基本原则。时间序列的编制原则具体表现在以下几个方面：

（1）时间长短一致。在时期指标时间序列中，由于时间长短直接影响指标值的大小，所以必须保持各指标值所属时期长短一致。对于时点指标时间序列，为了更好地分析其长期趋势、增加可比性，各指标的时点间隔时间应一致。

（2）总体范围一致。不同时期的研究对象范围要一致。无论是时期指标时间序列还是时点指标时间序列，指标值的大小都与现象总体范围有密切关系。若指标的总体范围不一致，就失去了比较的意义。例如，研究某学校的在校学生人数情况，要注意该学校的校区划分是否有变动，这种变动会使在校学生人数发生变动。如果各个指标数值所属总体空间的范围不一致，就不能直接进行对比。应对指标数值进行调整，使总体范围达到一致后，再进行对比分析。

（3）指标的经济内容一致。新中国成立以来，我国曾采用工农业总产值、社会总产值、国民收入和国内生产总值等含有不同经济内容的指标，反映我国的经济活动总量。编制新中国成立以来的经济活动总量时间序列时，就需要对这些指标加以区别和调整，才能符合可比性的要求。

（4）计算方法、计算价格和计量单位应该一致。有时因计算方法不一致，也会导致数值上的差异，因此采用什么方法计算、按照何种价格或单位进行计量，各个指标值都要保持前后一致。例如，国内生产总值的计算有三种方法，生产法、收入法和支出法。理论上，这三种方法的计算结果应相同，但由于资料获得的渠道不同，不同方法计算的国内生产总值往往存在差异。所以，在编制时间序列时，应注意各指标的计算方法是否统一，以确保指标的可比性。

第二节　时间序列的描述性分析

通过对时间序列概念、分类、编制原则等的介绍，我们对时间序列已经有了初步了解。下面我们对时间序列进行进一步剖析，并结合实例进行介绍。

一、发展水平

定义 9.7　时间序列中原有的统计指标数值称之为发展水平（development level）。

发展水平反映社会经济现象在一定时期内或时点上所达到的水平，通常用符号 a 表示，a_0，a_1，$\cdots$，a_n 是序列各个时期（或时点）的发展水平。

最初水平：是指时间序列中第一项指标的数值，通常用 a_0 表示。

最末水平：是指时间序列中末项指标的数值，通常用 a_n 表示。

报告期水平：是指考察研究某一时期指标的数值。

基期水平：相对于报告期，用来研究比较的基础时期的指标数值。

例如，表 9.2 为某企业 20×0—20×5 年的生产费用的时间序列，那么 20×0 年生产费用是序列的最初水平，20×5 年的生产费用是序列的最末水平。

表 9.2　某企业 20×0—20×5 年生产费用　（单位：万元）

年份	20×0	20×1	20×2	20×3	20×4	20×5
生产费用	170	180	175	220	200	210

在研究某一时期的发展水平时，常把研究的那个时期的发展水平称作报告期水平或计算期水平，用作比较的基础时间的发展水平称为基期水平。如对比 20×4 年与 20×2 年的企业年生产费用，则 20×4 年的企业年生产费用是报告期水平，20×2 年的企业年生产费用为基期水平。基期和报告期是依据对比的时间来确定的。

二、平均发展水平

定义 9.8　将不同时期的发展水平加以平均而得到的平均数称为平均发展水平（average level of development），也称为序时平均数或动态平均数。

为了综合说明社会经济现象在一段时期内的发展水平，需要计算平均发展水平。平均发展水平与平均指标的概念都是反映现象的一般水平，两者的区别在于：平均发展水平是社会经济现象在不同时期发展水平的平均，是从动态上说明社会经济现象在一段时期内发展的一般水平，是根据时间序列计算的；而平均指标是社会经济现象在同一个时点上的数量差别，从静态上说明社会经济现象的一般水平，是根据变量数列计算的。平均发展水平是对同一社会经济现象不同时点上的数值差异的抽象化，而平均指标是对同一时点总体各单位某一数量标志值差异的抽象化。前者是对指标数值的平均，后者是对某一数量标志值的平均。

计算平均发展水平的方法是根据时间序列指标的性质来确定的。以下将具体介绍总量指标、相对指标和平均指标平均发展水平的计算方法。

（一）总量指标平均发展水平

总量指标可分为时期指标和时点指标，两者计算平均发展水平的方法是不同的。

1. 时期指标时间序列的平均发展水平

时期指标时间序列的平均发展水平的计算比较简单，可以采取简单算术平均数的方法进行计算。其计算公式为

$$\bar{a} = \frac{a_1 + a_2 + \cdots + a_n}{n} = \frac{\sum_{i=1}^{n} a_i}{n} \tag{9.1}$$

式中，$\bar{a}$ 为平均发展水平；a_i 为各时期的发展水平；n 为时期个数。

【例 9.1】利用图 9.1 中的数据，计算某企业 2008—2013 年生产费用平均发展水平。

解： 如图 9.1 所示的计算表可得

$$\bar{a} = \frac{170 + 180 + 175 + 220 + 200 + 210}{6} = \frac{1155}{6} = 192.5$$

	A	B	C	D	E	F	G	H
1	年 份	2008	2009	2010	2011	2012	2013	合计
2	生产费用	170	180	175	220	200	210	1155
3	平均发展水平	192.5						=H2/6

图 9.1　某企业 2008—2013 年生产费用平均发展水平的计算图表

2. 时点指标时间序列的平均发展水平

时点指标时间序列的各项数据大多是间断统计的，例如每月、每季或每年统计一次，或

者是现象发生时才统计一次，即不定期统计。根据情况的不同，时点指标时间序列的平均发展水平也需要使用不同的计算方法。

（1）间隔相同的时点指标时间序列平均发展水平的计算。时间间隔相同的时点指标时间序列平均发展水平的计算采用"首末折半法"，其计算公式为

$$\bar{a} = \frac{\frac{a_1+a_2}{2}+\frac{a_2+a_3}{2}+\cdots+\frac{a_{n-1}a_n}{2}}{n-1} = \frac{\frac{a_1}{2}+a_2+\cdots+a_{n-1}+\frac{a_n}{2}}{n-1} \qquad (9.2)$$

式中，$\bar{a}$ 为平均发展水平；$a_1+a_2+\cdots+a_n$ 为各时点的发展水平；n 为时点数。这个公式基于一个假设，即每个时间间隔内的现象数量变化是均匀的。

【例9.2】某工厂20××年下半年各月初产品库存情况如表9.3所示，计算该厂下半年月平均库存量。

解：根据公式，可得该厂下半年月平均库存量为

表9.3　某工厂20××年下半年各月初产品库存量　（单位：t）

月份	6月	7月	8月	9月	10月	11月	12月
库存量	200	270	310	305	330	285	340

$$\bar{a} = \frac{\frac{1}{2}\times200+270+310+305+330+285+\frac{1}{2}\times340}{7-1} = \frac{1\,770}{6} = 295(\text{t})$$

（2）间隔不等的时点指标时间序列平均发展水平的计算。假设每个时点间隔的现象数量变化是均匀的，由于时点间隔不同，需用时点间隔为权数进行加权计算。其计算公式为

$$\bar{a} = \frac{\frac{a_1+a_2}{2}f_1+\frac{a_2+a_3}{2}f_2+\cdots+\frac{a_{n-1}+a_n}{2}f_{n-1}}{f_1+f_2+\cdots+f_{n-1}} \qquad (9.3)$$

式中，$\bar{a}$ 为平均发展水平；a_i 为各时点的发展水平；f 为时点间隔的距离。

表9.4　某农场某年的牲畜存栏数　（单位：头）

日期	1月1日	5月1日	6月1日	10月1日	12月1日
牲畜存栏数	1 200	1 500	1 600	1 000	1 300

【例9.3】某农场某年的牲畜存栏数如表9.4所示，计算该农场的年平均牲畜存栏数。

解：该农场的年平均牲畜存栏数为

$$\bar{a} = \frac{\frac{a_1+a_2}{2}f_1+\frac{a_2+a_3}{2}f_2+\cdots+\frac{a_{n-1}+a_n}{2}f_{n-1}}{f_1+f_2+\cdots+f_{n-1}}$$

$$= \frac{\frac{1\,200+1\,500}{2}\times4+\frac{1\,500+1\,600}{2}\times1+\frac{1\,600+1\,000}{2}\times4+\frac{1\,000+1\,300}{2}\times2}{4+1+4+2}$$

$$\approx 1313（头）$$

（3）时间间隔不等的连续时点序列。时间间隔不等的连续时点序列计算序时平均数，可以使用以时间间隔为权数的加权算术平均法，计算公式为

$$\bar{a} = \frac{a_1f_1+a_2f_2+\cdots+a_nf_n}{f_1+f_2+\cdots+f_n} \qquad (9.4)$$

式中，$\bar{a}$ 为平均发展水平；a_1，a_2，$\cdots$，a_n 为各时点的发展水平；f 为时点间隔的距离。

表9.5 某企业20××年盐的库存量 （单位：万吨）

日期	6月1日	6月8日	6月15日	6月21日	6月30日
库存量	8	6	10	5	7

解： 该企业6月盐的平均库存量为

$$\bar{a} = \frac{8\times7 + 6\times7 + 10\times6 + 5\times9 + 7\times1}{7+7+6+9+1} = 7\ （万吨）$$

（二）相对指标和平均指标平均发展水平

由于相对指标和平均指标是由总量指标派生出来的，即其各项指标都是由两个总量指标对比计算出来的，所以在计算相对指标和平均指标的平均发展水平时，不能直接计算其各项指标的平均数，要分别计算出两个总量指标的平均发展水平，然后再进行对比。其计算公式为

$$\bar{c} = \frac{\bar{a}}{\bar{b}}$$

（9.5）

式中，$\bar{c}$ 为相对数或平均时间序列的平均发展水平；$\bar{a}$ 为分子序列的平均发展水平；$\bar{b}$ 为分母序列的平均发展水平。

【例9.5】根据表9.6中的数据计算2009—2016年我国年平均的人均国内生产总值。

表9.6 我国2009—2016年的国内生产总值、人口及第三产业产值

年份	国内生产总值（亿元）	年末人口数（万人）	年平均人口数（万人）	人均国内生产总值（元/人）	第三产业产值（亿元）	第三产业所占比重（%）
2009	349 081.4	133 450	133 126	26 222	154 747.9	44.3
2010	413 030.3	134 091	133 770.5	30 876	182 038.0	44.1
2011	489 300.6	134 735	134 413	36 403	216 098.6	44.2
2012	540 367.4	135 404	135 069.5	40 007	244 821.9	45.3
2013	595 244.4	136 072	135 738	43 852	277 959.3	46.7
2014	643 974.0	136 782	136 427	47 203	308 058.6	47.8
2015	689 052.1	137 462	137 122	50 251	346 149.7	50.2
2016	743 585.5	138 271	137 866.5	53 935	383 365.0	51.6

注：人均国内生产总值按年平均人口数计算。

（资料来源：国家数据库）

解： 不能对人均国内生产总值的各项发展水平直接进行算术平均，而是应计算国内生产总值的平均发展水平和年均人口数，再对比计算年平均的人均国内生产总值，具体计算如下：

据式（9.1）

$$\bar{\alpha} = \frac{\sum_{i=1}^{n} \alpha_i}{n}$$

$$= \frac{349081.4 + 413030.3 + \cdots + 689052.1 + 743585.5}{8}$$

$$= 557954.5（亿元）$$

据式（9.2）

$$\bar{b} = \frac{\dfrac{133450}{2} + 134091 + \cdots + 137462 + \dfrac{138271}{2}}{8-1}$$

$$= 135772.4（万人）$$

据式（9.5）

$$\bar{c} = \frac{\bar{\alpha}}{b} = \frac{557954.5}{135772.4} \times 10000 = 41095（元/人）$$

三、增长量与平均增长量

（一）增长量

定义 9.9　说明社会经济现象在一定时期内增长的绝对数量称为增长量（quantity of increase）。

增长量是报告期与基期水平之差，其反映的是报告期比基期增长或减少的数量，其计算公式为

增长量=报告期水平–基期水平

由于采用的基期不同，增长量又可以分为逐期增长量和累计增长量。逐期增长量是报告期水平与前一期水平之差，即以前一期为基期。累计增长量是报告期水平与某一固定时期发展水平的差，即将基期固定在某一时期。其计算公式为

逐期增长量：$a_1 - a_0, a_2 - a_1, \cdots, a_n - a_{n-1}$　　　　　　　　（9.6）

累计增长量：$a_1 - a_0, a_2 - a_0, \cdots, a_n - a_0$　　　　　　　　（9.7）

一定时期内各逐期增长量之和等于累计增长量。其计算公式为

$$(a_1 - a_0) + (a_2 - a_1) + \cdots + (a_n - a_{n-1}) = a_n - a_0 \quad\quad （9.8）$$

【例 9.6】根据图 9.2 的数据计算 2011—2016 年我国国内生产总值的逐期增长量和累计增长量。

解：根据式（9.6）和式（9.7）计算逐期增长量和累计增长量如图 9.2 所示的计算表。

	A	B	C	D	E	F	G	H
1	年份	2011	2012	2013	2014	2015	2016	合计
2	国内生产总值	489300.6	540367.4	595244.4	643974	689052.1	743585.5	
3	逐期增长量	—	51066.8	54877	48729.6	45078.1	54533.4	254284.9
4	累计增长量	—	51066.8	105943.8	154673.4	199751.5	254284.9	

图 9.2　2011—2016 年我国国内生产总值

（二）平均增长量

定义 9.10　用来说明社会经济现象在一段时间内平均增长（或减少）的数量称为平均增长量。

平均增长量也称平均增长水平，它是逐期增长量的算术平均数。其计算公式为

$$平均增长量 = \frac{逐期增长量之和}{逐期增长量个数} = \frac{累计增长量}{时间序列项数 - 1}$$

即

$$平均增长量 = \frac{\sum_{i=1}^{n}(a_i - a_{i-1})}{n} = \frac{a_n - a_0}{n} \quad\quad （9.9）$$

式（9.9）说明平均增长量是逐期增长量的算术平均数，其中，n 为逐期增长量的个数。

【例 9.7】根据图 9.3 中的数据，计算 2011—2016 年我国国内生产总值平均增长量。

解：国内生产总值平均增长量，根据公式（9.9）计算可得，如图 9.3 所示。

$$国内生产总值平均增长量 = \frac{逐期增长量之和}{逐期增长量个数} = \frac{254284.9}{5} \approx 50856.98（亿元）$$

	A	B	C	D	E	F	G	H
1	年份	2011	2012	2013	2014	2015	2016	合计
2	国内生产总值	489300.6	540367.4	595244.4	643974	689052.1	743585.5	
3	逐期增长量	—	51066.8	54877	48729.6	45078.1	54533.4	254284.9
4	累计增长量	—	51066.8	105943.8	154673.4	199751.5	254284.9	
5	平均增长量	50856.98	=H3/5					

图 9.3　2011—2016 年我国国内生产总值平均增长量计算

四、发展速度与增长速度

（一）发展速度

定义 9.11　能反映社会经济现象发展变化快慢程度的动态相对指标，称为发展速度（velocity of development）。

发展速度是报告期发展水平与基期发展水平之比，可以反映社会经济现象发展变化的快慢。一般用百分数表示发展速度。

发展速度可以分为环比发展速度和定基发展速度。环比发展速度是报告期发展水平与前期发展水平之比，反映社会经济现象逐期的发展程度；定基发展速度是报告期发展水平与某一固定基期发展水平（通常为最初水平）之比，反映社会经济现象在较长时间内总的发展速度。其表达式为

$$发展速度 = \frac{报告期水平}{基期水平} \times 100\%$$

$$环比发展速度 = \frac{报告期水平}{基期水平(报告期前一期)} \times 100\%$$

$$定基发展速度 = \frac{报告期水平}{基期水平（固定）} \times 100\%$$

各期的环比发展速度计算公式分别为

$$a_1/a_0, a_2/a_1, \cdots, a_n/a_{n-1} \tag{9.10}$$

各期的定基发展速度计算公式分别为

$$a_1/a_0, a_2/a_0, \cdots, a_n/a_0 \tag{9.11}$$

定基发展速度与环比发展速度存在一定的关系。一定时期内各环比发展速度的连乘积等于定基发展速度。而相邻两定基发展速度之商等于相应的环比发展速度。

$$(a_2/a_0) \div (a_1/a_0) = a_2/a_1 \tag{9.12}$$

$$(a_1/a_0) \times (a_2/a_1) \times \cdots \times (a_n/a_{n-1}) = a_n/a_0 \tag{9.13}$$

式（9.12）与式（9.13）中，a_0 表示基期发展水平；a_n 表示报告期发展水平；n 表示项数。

（二）增长速度

定义 9.12　能反映社会经济现象增长程度的动态相对指标，称为增长速度（velocity of increase），是报告期增长量与基期发展水平之比。

$$增长速度 = \frac{报告期水平 - 基期水平}{基期水平} = \frac{增长量}{基期水平} \times 100\% = 发展速度 - 1 \tag{9.14}$$

同理可以推出

$$环比增长速度 = 环比发展速度 - 1 \tag{9.15}$$

$$定基增长速度 = 定基发展速度 - 1 \tag{9.16}$$

【例 9.8】 某企业几年来产量不断增长，已知 20×1 年比 20×0 年增长 20%，20×2 年比 20×0 年增长 50%，20×3 年比 20×2 年增长 25%，20×4 年比 20×3 年增长 15%，20×5 年比 20×0 年增长 132.5%，计算表 9.7 中空缺数字。

表 9.7　某企业 20×1—20×5 年产量增长速度　　（单位：%）

年　份	20×1	20×2	20×3	20×4	20×5
环比增长速度	20	（2）	25	15	（5）
定基增长速度	（1）	50	（3）	（4）	132.5

解： 由于环比发展速度和定基发展速度之间存在着式（9.12）和式（9.13）的数量关系，增长速度可以根据发展速度求得，所以计算增长速度时先计算各期的发展速度，然后再通过"增长速度=发展速度−1"的关系式，计算出各增长速度。

20×1 年定基增长速度=20%

20×2 年环比增长速度$=(1+50\%)/(1+20\%)-1=25\%$

20×3 年定基增长速度$=[(1+20\%)\times(1+25\%)\times(1+25\%)]-1=87.5\%$

20×4 年定基增长速度$=[(1+87.5\%)\times(1+15\%)]-1=115.6\%$

20×5 年定基增长速度$=(1+132.5\%)/(1+115.6\%)-1=7.8\%$

五、平均发展速度与平均增长速度

（一）平均发展速度

定义 9.13　平均发展速度（average speed of development）是一定时期内各期环比发展速度的序时平均数，可反映现象在一定时期内逐期发展变化的一般程度。

目前，计算平均发展速度通常采用几何平均法，即求环比发展速度的几何平均数。

$$\bar{y}=\sqrt[n]{(a_1/a_0)\times(a_2/a_1)\times\cdots\times(a_n/a_{n-1})}=\sqrt[n]{a_n/a_0} \qquad （9.17）$$

（二）平均增长速度

定义 9.14　平均增长速度（average increase speed）是反映某种现象在一个较长时期中逐期递增的平均速度。

平均发展速度和平均增长速度之间存在以下关系：

平均增长速度=平均发展速度−1（或100%）

需要注意的是，平均发展速度是根据环比发展速度时间序列计算的，但是平均增长速度不是直接根据环比增长速度时间序列计算的，而是在计算出平均发展速度之后，通过上述关系式换算得到的。

此外，从某年到某年平均增长速度的年份均不包括基期年在内。

【例 9.9】 以如图 9.4 所示某企业生产费用为例，分析该企业 20×4—20×9 年生产费用的平均增长量和平均发展速度。

解： 根据公式及图 9.4 中的数据，可得

$$平均增长量=\frac{30+70+300+100+(-200)}{5}=\frac{300}{5}=60$$

$$平均发展速度=\sqrt[5]{1.033\times1.075\times1.30\times1.077\times0.857}=\sqrt[5]{1.333}$$

说明： 例 9.9 若求平均增长速度，只需用平均发展速度减去 1 即可，当平均发展速度大于 1（或 100%）时，就称它为平均递增率；当平均发展速度小于 1（或 100%）时，就称它为平均递减率。

		20×4	20×5	20×6	20×7	20×8	20×9	
年份								
发展水平		a_0	a_1	a_2	a_3	a_4	a_5	
		900	930	1000	1300	1400	1200	求和
增长量	逐期	—	30	70	300	100	−200	▶ 300
	累计	—	30	100	400	500	300	求积
发展速度（%）	环比	—	103.3	107.5	130	107.7	85.7	▶13324430727
	定基	100	103.3	111.1	144.4	155.5	133.3	
增长速度（%）	环比	—	3.3	7.5	30	7.7	−14.3	
	定基	—	3.3	11.1	44.4	55.5	33.3	
平均增长量		60 ◀		=300/5				

图 9.4　某企业 20×4—20×9 年生产费用表

小提示

利用 Excel 中的 PRODUCT 函数可以将所有以参数形式给出的数字相乘，并返回乘积值。其语法为 PRODUCT（number1，number2，…），number1，number2，…为 1～30 个需要相乘的数字参数。

当参数为数字、逻辑值或数字的文字型表达式时可以被计算；当参数为错误值或是不能转换成数字的文字时，将导致错误。如果参数为数组或引用，只有其中的数字将被计算。数组或引用中的空白单元格、逻辑值、文本或错误值将被忽略。

六、发展速度分析应注意的问题

时间序列的速度指标是由水平指标对比计算而来的，是用百分数表示的抽象化指标。速度指标不能反映社会经济现象的绝对量差别，由于它把现象的具体规模或水平抽象掉了，所以我们运用速度指标时，最好结合基期水平进行分析。

1. 要把发展速度和增长速度同"发展水平和增长量"结合起来

具体来说，发展速度和增长速度下降时，增长量可能在增加；增长量稳定不变，意味着增长速度逐期下降；当社会经济现象逐期同速增长时，增长量是逐期增加的；而某些时期序列中指标值的负增长却可能被逐期增长量的平均值所掩盖。

进行动态分析时，既要看速度，又要看水平，有一个很具代表性的指标，即增长 1% 的绝对值。它是增长量除以用百分比表示的增长速度，或者表示为：增长 1% 的绝对值=基期水平×1%。

2. 要把平均速度指标与时间序列水平指标结合起来

平均速度是一个较长时期总速度的平均，它是那些上升或下降的环比速度代表值。如果时间序列中，中间时期指标值出现了特殊的高低变化，或者最初、最末水平受特殊因素的影响，使指标值偏离常态，不管用几何平均法还是用方程式法来计算平均速度，都将减弱其代表性。

总之，研究社会经济现象时仅计算一个平均速度指标是不够的，所以应该综合各期水平，把各期的环比速度结合起来分析。在分析较长历史时期的动态资料时，这种结合可依据各时期的发展水平，计算分段平均速度来补充说明总平均速度。

第三节　时间序列的构成要素

社会经济现象的性质多种多样，影响社会经济发展的因素又千差万别。但就一般规律而言，社会经济现象在时间方面的发展主要受到长期趋势、季节变动、循环变动和不规则变动四种要素的影响，这也是时间序列构成的四个要素。

1. 长期趋势

长期趋势（secular trend，T）是指客观现象受根本原因的作用在某一个相当长的时期内持续发展变化的基本趋势。这种趋势可能是持续下降，也可能是持续上升。例如我国自从改革开放以来，国民经济增长迅速，人均国内生产总值在 1978—2018 年间呈现持续上升状态，这就是一种长期趋势。我们可以认为长期趋势是受到固定因素的共同作用而形成的一种趋势，是一种综合作用的结果。

2. 季节变动

由于自然条件和社会条件的影响，社会经济现象会在一年内随着季节的变动而发生周期性变动，这种变动我们称为季节变动。季节变动分析通常是根据以月、季为单位的时间序列资料，测定以年为周期的、随着季节变化而发生的周期性变动的规律。此外，受社会因素的影响，有些现象会按照月、周或日呈现规律性的变动，我们称这种变动为准季节变动（seasonal fluctuation，S）。比如，超市内的消费人数每周六、周日要比平时多，而且以周为单位呈现周期性变化，这就是一种准季节变动。

3. 循环变动

循环变动（cyclical variation，C）是指以若干年为一定周期而呈现的一种规律性波动。当然在变动过程中，每个周期可能会长短不同，但每个周期内的总体变化规律大致相同。比如在经济发展过程中会存在着经济周期，每个经济周期都会经过"繁荣—萧条—衰退—复苏—繁荣"的过程，而每个周期所经历的时间长短又不尽相同。

4. 不规则变动

不规则变动是指时间序列由于受偶然性因素的影响而表现出的不规则波动（irregular variation，I），也称为随机变动。造成时间序列不规则变动的原因主要是自然灾害、意外事故、政治事件以及其他的随机因素的干扰。长期趋势、季节变动和循环变动都有一定的规律可循，因此通常可以用统计学的方法加以预测；而不规则变动完全是无规律的随机变动，故在处理时通常作为误差项进行处理。

当然，社会经济现象是以上四种要素共同作用或者部分作用的结果。比如，以年为单位的时间序列数据就不受季节变动的影响。因此，时间序列分析应该从实际问题出发，实际包含几个要素就分解和预测几个要素。

第四节　加法模型与乘法模型

时间序列分析的原理是：在长期趋势、季节变动、循环变动以及不规则变动四种时间序列构成要素中，先剔除其他几种要素的影响来测定某一特定要素变动对社会经济现象的影响；

然后再结合起来预测各种要素变动对社会经济现象的综合影响。在对时间序列数据进行分析时，我们通常会用到两种分析模型，一种称为加法模型，另一种称为乘法模型。在这两种模型中我们用 Y_t 代表时间序列的指标值、T_t 代表长期趋势、S_t 代表季节变动、C_t 代表循环变动、I_t 代表不规则变动。

1. 加法模型

加法模型中，假定四种变动因素是相互独立的，时间序列各时期发展水平是各构成因素的总和，即

$$Y_t = T_t + S_t + C_t + I_t \tag{9.18}$$

在式（9.18）中，要预测某种要素变动对社会经济现象的影响，只需要将时间序列减去其余要素即可。当然，如果时间序列是以年为单位，则时间序列不包含季节变动，则加法公式相应变为

$$Y_t = T_t + C_t + I_t \tag{9.19}$$

2. 乘法模型

在乘法模型中，假定四种变动要素之间存在着交互作用，时间序列各时期发展水平是各构成要素的乘积，即

$$Y_t = T_t \times S_t \times C_t \times I_t \tag{9.20}$$

在利用乘法模型进行分析时，一般是先测定长期趋势值 T_t，再用长期趋势值除以时间序列，即可得到消除长期趋势影响的时间序列，即

$$\frac{Y_t}{T_t} = S_t \times C_t \times I_t \tag{9.21}$$

在式（9.21）的基础上，再进一步测定季节变动值 S_t，再用 S_t 除时间序列，即可得到消除长期趋势和季节变动的时间序列，即

$$\frac{Y_t}{T_t \times S_t} = C_t \times I_t \tag{9.22}$$

当我们得到只包含循环变动和不规则变动影响的时间序列时，可以对时间序列运用移动平均法消除随机变动，即可得到循环变动影响值 C_t。

在消除长期趋势和季节变动影响后，如果时间序列的数值接近于 1，我们认为此时循环变动和不规则变动对时间序列的影响较小，可以忽略不计；但如果其数值与 1 的偏差较大，我们还需要进一步测定循环变动和不规则变动对时间序列的影响。

当然，如果时间序列是以年为单位的，时间序列不包含季节变动，则乘法公式相应变为

$$Y_t = T_t \times C_t \times I_t \tag{9.23}$$

在对社会经济现象进行时间序列分析时，需要具体问题具体分析。对于一个具体的时间序列，要分为哪几种要素以及选择哪种分析模型，我们通常要根据研究对象的性质、研究的目的以及所掌握的数据资料来确定。

第五节　时间序列的分解分析

时间序列的分解分析是指按照时间序列分析模型，测定出各种变动要素的具体数值。时

间序列的分解分析作用有：①测定各构成要素的数量表现，认识和掌握社会经济现象的发展规律；②将某一要素从时间序列中分离出来，便于分析其他要素的变动规律；③为时间序列的预测奠定基础。

时间序列分解分析取决于时间序列的构成要素，在较为一般的分析中，通常包含长期趋势分析、季节变动分析、循环变动分析以及不规则变动分析。但是，对于具体的社会经济现象，由于其时间序列所包含的要素各不相同，因此需要分析的内容也不同。比如，对于只包括年度的时间序列数据，就不需要进行季节变动分析。

一、长期趋势分析

长期趋势分析可以认识和掌握社会经济现象发展的规律，为统计预测提供必要条件；同时，还可以消除其对时间序列的影响，以便分析季节变动与循环变动对时间序列的影响。长期趋势的测定方法有多种，在这里主要介绍一些常用的方法：时距扩大法、移动平均法、指数平滑法和趋势模型法。

（一）时距扩大法

时距扩大法又称时期扩大法，是指将时间序列的时间单位予以扩大，并将相应时间内的指标值加以合并，从而得到一个扩大了时距的时间序列。这种方法可以消除较小时距单位内偶然因素的影响，显示社会经济现象变动的基本趋势。

【例9.10】某工厂20××年各月总产值与职工人数数据如表9.8所示。运用时距扩大法，上述时间序列数据调整如表9.9所示。

表9.8　某工厂20××年各月总产值与职工人数表　（单位：万元）

月份	总产值	月初职工人数	月份	总产值	月初职工人数
1	40.5	420	8	48.4	478
2	35	430	9	49	478
3	42	428	10	51	482
4	41.5	432	11	50.5	485
5	40.4	470	12	54.2	481
6	45.4	472			
7	46	474			

表9.9　某工厂20××年季度总产值与职工人数表　（单位：万元）

季度	第一季度	第二季度	第三季度	第四季度
总产值	117.5	127.3	143.4	155.7
工人人数	426	458	478	483

在运用时距扩大法时，应注意以下几个问题：

（1）在进行时距扩大的选择时，若原时间序列发展水平波动有周期性，则扩大的时距应该与周期相同，若时间序列发展水平无明显周期性，则按经验扩大。

（2）对于时期序列，应该对扩大后时距内所包含的数据进行加总；对于时点序列，应该把扩大时距内的数据进行平均。例如在表9.8中，各月份总产值时间序列为时期序列，各月份工人人数为时点序列，因此，在运用时距扩大法时，把新时距内各个月份的总产值进行了加总，而把新时距内各个月份的工人人数进行了平均。

（3）时距选择应该长短适宜。时距过长，会使时间序列修饰过度；时距太短，则达不到修饰时间序列的目的。

（4）扩大的时距应前后一致，以使修饰后的时间序列保持可比性。

（二）移动平均法

移动平均法是指对时间序列的各项数值，按照一定的时距进行逐期移动，计算出一系列序时平均数，从而形成一个派生的平均数时间序列，以此削弱不规则变动的影响，达到对原时间序列进行修匀或平滑的目的，显示出原时间序列的长期趋势。若原时间序列包含季节变动，用含有季节变动周期的时距进行移动平均还可以消除季节变动的影响。移动平均法又分为简单移动平均法和加权移动平均法。

1. 简单移动平均法

简单移动平均法（simple moving average）是指在对时间序列数据进行移动平均时，采用算术平均数作为各时期的移动平均数的一种方法。简单移动平均的各元素的权重都相等。计算公式如下：

$$F_t = (A_{t-1} + A_{t-2} + A_{t-3} + \cdots + A_{t-n})/n \qquad\qquad (9.24)$$

式中，F_t 为对下一期的预测值；n 为移动平均的时期个数；A_{t-1} 为前期实际值；A_{t-2}、A_{t-3} 和 A_{t-n} 分别表示前两期、前三期直至前 n 期的实际值。

【例 9.11】表 9.10 是 1979—2016 年我国人均国内生产总值增长数据。试分别对其进行 3、4、5、8 项移动平均，从而确定趋势值，构成新的时间序列。

解： 运用式（9.24）我们可以分别计算出我国 1979—2016 年人均国内生产总值的 3 项、4 项、5 项和 8 项简单移动平均时间序列。将各个通过简单移动平均得到的新时间序列与原时间序列分别用表 9.10 和图 9.5 表示。

从表 9.10 和图 9.5 中可以看出，经过不同程度的简单移动平均，偶然因素引起的波动被削弱，时间序列被修饰得更加平滑。

表 9.10　1979—2016 年人均国内生产总值增长简单移动平均　　（单位：元）

年份	序号	人均国内生产总值增长值	3项移动平均	4项移动平均	5项移动平均	8项移动平均	年份	序号	人均国内生产总值增长值	3项移动平均	4项移动平均	5项移动平均	8项移动平均
1979	1	38.00	—				1998	20	379.00	589.7	694.8	766.6	649.6
1980	2	45.00	—				1999	21	369.00	443.7	534.5	629.6	664.6
1981	3	29.00	—	—			2000	22	713.00	487.0	511.0	570.2	701.0
1982	4	36.00	36.7	—			2001	23	775.00	619.0	559.0	563.8	711.3
1983	5	55.00	40.0	41.3	—		2002	24	789.00	759.0	661.5	605.0	678.1
1984	6	114.00	68.3	58.5	55.8		2003	25	1160.00	908.0	859.3	761.2	696.9
1985	7	164.00	111.0	92.3	79.6		2004	26	1821.00	1256.7	1136.3	1051.6	823.6
1986	8	107.00	128.3	110.0	95.2	—	2005	27	1881.00	1620.7	1412.8	1285.2	985.9
1987	9	150.00	140.3	133.8	118.0	87.5	2006	28	2370.00	2024.0	1808.0	1604.2	1234.8
1988	10	255.00	170.7	169.0	158.0	113.8	2007	29	3767.00	2672.7	2459.8	2199.8	1659.5
1989	11	158.00	187.7	167.5	166.8	129.9	2008	30	3616.00	3251.0	2908.5	2691.0	2022.4
1990	12	127.00	180.0	172.5	159.4	141.3	2009	31	2101.00	3161.3	2963.5	2747.0	2188.1
1991	13	249.00	178.0	197.3	187.8	165.5	2010	32	4654.00	3457.0	3534.5	3301.6	2671.3
1992	14	422.00	266.0	239.0	242.2	204.0	2011	33	5527.00	4094.0	3974.5	3933.0	3217.1
1993	15	693.00	454.7	372.8	329.8	270.1	2012	34	3604.00		3971.5	3900.4	3440.0
1994	16	1054.00	723.0	604.5	509.0	388.5	2013	35	3845.00		4407.5	3946.2	3685.5
1995	17	1010.00	919.0	794.8	685.6	496.0	2014	36	3351.00		4081.8	4196.2	3808.1
1996	18	807.00	957.0	891.0	797.2	565.0	2015	37	3048.00		3462.0	3875.0	3718.3
1997	19	583.00	800.0	863.5	829.4	618.1	2016	38	3684.00		3482.0	3506.4	3726.8

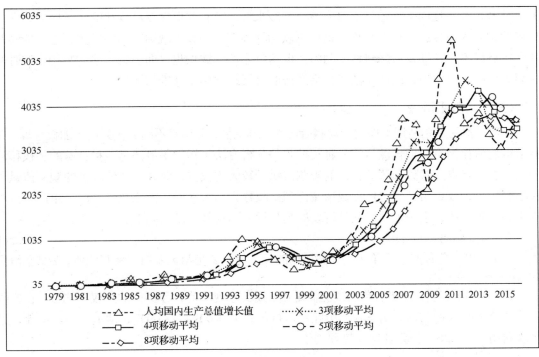

图 9.5　人均国内生产总值增长简单移动平均

2. 加权移动平均法

加权移动平均法（weighed moving average）是对简单移动平均法的一种改进，在对时间序列运用加权移动平均时，通常给各个项赋予一定的权重，以由此计算的加权平均数作为移动平均数。采用加权移动平均法，是因为观察期的近期观察值对预测值有较大的影响，它更能反映近期市场变化的趋势，所以，对于接近预测期的观察值给予较大的权数值，对于距离预测期较远的观察值则相应给予较小的权数值，以不同的权数值调节观察值对预测值所起的作用，使预测值能够更近地反映未来的发展趋势。

$$F_t = w_1 A_{t-1} + w_2 A_{t-2} + w_3 A_{t-3} + \cdots + w_n A_{t-n} \tag{9.25}$$

式中，A_{t-1} 为前期实际值；A_{t-2}、A_{t-3} 和 A_{t-n} 分别表示前两期、前三期直至前 n 期的实际值；w_1 为第 $t-1$ 期实际值的权重；w_2 为第 $t-2$ 期实际值的权重；w_n 为第 $t-n$ 期实际值的权重；n 为预测的时期数，$w_1 + w_2 + \cdots + w_n = 1$。

【例 9.12】某公司前六个月的销售额分别为 200 万元、210 万元、220 万元、230 万元、240 万元和 250 万元，权数分别为 3、2、1，移动期为 3，请用加权移动平均法预测 7 月的销售额。

解：7 月的销售额 $= 250 \times \dfrac{3}{6} + 240 \times \dfrac{2}{6} + 230 \times \dfrac{1}{6} = 243.33$（万元）

采用 n 项移动平均，形成的新时间序列会比原序列少 $n-1$ 项数据。因此，在运用移动平均法时，n 越大，对原时间序列的修匀作用就越大，但同时，时间序列处理后所缺失的项数也越多。而且移动平均值并不能总是很好地反映出趋势。由于是平均值，预测值总是停留在过去的水平上而无法预计将来会导致更高或更低的波动。

一般来说，应该选择适宜的移动项数进行移动平均，如果选择的项数过少，易受不规则变动的影响；如果选择的项数过多，虽然能够减少不规则变动的影响，但同时，时间序列缺失项过多，致使移动平均趋势不够完整。一般来说，具有周期性变动规律的时间序列，采用与周期相同的项数进行移动平均，这样可以消除周期变动和不规则变动的影响，进而能够对社会经济现象的长期发展趋势作出判断。但这种方法的缺点也显而易见，移动平均后的时间序列首尾缺失若干项，因此无法对社会经济的发展趋势作出外推预测。

（三）指数平滑法

指数平滑法是指利用本期实际观测值与本期预测值，分别对不同的权数进行加权平均，并将求得的值作为下一期预测值的一种长期趋势分析方法。指数平滑法是一种特殊的加权移动平均。它的特点是对离预测值较近的观测值赋予较大的权重，对离预测值较远的观测值赋予较小的权重，权重由近到远按指数递减排列，故称为指数平滑法。指数平滑法是生产预测中常用的一种方法，也用于中短期经济发展趋势预测。其基本模型如下：

$$\hat{Y}_{t+1} = \alpha Y_t + (1-\alpha)\hat{Y}_t \tag{9.26}$$

式中，$\hat{Y}_{t+1}$ 和 $\hat{Y}_t$ 是时间序列第 $t+1$ 和第 t 期的预测值；Y_t 是第 t 期的实际观测值；α 是平滑系数（$0 \le \alpha \le 1$）。

式（9.26）表明，第 $t+1$ 期的预测值是第 t 期实际观测值和预测值的加权平均数。在实际运用此公式时，通常假定 $Y_1 = \hat{Y}_1$，由此可以推出：$\hat{Y}_2 = \alpha Y_1 + (1-\alpha)\hat{Y}_1$，即 $\hat{Y}_2 = Y_1$。据此，就可以利用式（9.26）计算各期趋势预测值。

第 3 期的预测值为

$$\hat{Y}_3 = \alpha Y_2 + (1-\alpha)\hat{Y}_2 = \alpha Y_2 + (1-\alpha)Y_1$$

第 4 期的预测值为

$$\hat{Y}_4 = \alpha Y_3 + (1-\alpha)\hat{Y}_3 = \alpha Y_3 + \alpha(1-\alpha)Y_2 + (1-\alpha)^2 Y_1$$

......

第 n 期的预测值为

$$\hat{Y}_n = \alpha Y_{n-1} + (1-\alpha)\hat{Y}_{n-1} = \alpha Y_{n-1} + \alpha(1-\alpha)Y_{n-2} + \alpha(1-\alpha)^2 Y_{n-3} + \cdots + (1-\alpha)^{n-2} Y_1 \tag{9.27}$$

平滑系数一般大于 0 小于 1，平滑系数的确定在指数平滑法中十分重要。如果时间序列有较大的随机波动，应该选择较小的平滑系数，因为大多数的预测误差是由于时间序列随机波动引起的，我们不希望过分反映和太快调整误差。当时间序列随机波动较小时，应该选择较大的平滑系数。

【例 9.13】 用例 9.12 的数据，某公司前六个月的销售额分别为 200 万元、210 万元、220 万元、230 万元、240 万元和 250 万元，四月的实际值等于预测值，平滑系数 α 为 2/3，请用指数平滑法预测七月份的销售额。

解： 根据式（9.26）计算：

五月的预测数=2/3×四月的实际值+（1-2/3）×四月的预测数
　　　　　　=230×2/3+230×(1-2/3)=230（万元）

六月的预测数=2/3×五月的实际值+（1-2/3）×五月的预测数
　　　　　　=240×2/3+230×(1-2/3)=236.67（万元）

七月的预测数=2/3×六月的实际值+（1-2/3）×六月的预测数
　　　　　　=250×2/3+236.67×(1-2/3)=245.56（万元）

根据式（9.27）计算，即求第四期的预测值，前三期的实际值分别为 $Y_1 = 230$，$Y_2 = 240$，$Y_3 = 250$

$$\hat{Y}_4 = \alpha Y_3 + (1-\alpha)\hat{Y}_3 = \alpha Y_3 + \alpha(1-\alpha)Y_2 + (1-\alpha)^2 Y_1$$

$$=(2/3)×250+(2/3)×(1-2/3)×240+(1-2/3)^2×230 =245.56（万元）$$

也可以用 Excel 软件来实现：在 Excel 中打开"数据分析"对话框，然后在"分析工具"中选择"指数平滑"，单击"确定"按钮后打开"指数平滑"对话框，如图 9.6 所示，在"输入区域"输入 \$B\$5:\$B\$8（Excel 中至少要选择四个数据点），阻尼系数即 $1-\alpha=1-$平滑系数，在此输入 0.3333（即 1-2/3），输出区域选择 C5 单元格。单击"确定"按钮后得到如图 9.7 所示的输出结果，五、六、七月的预测值分别显示在单元格 C6、C7、C8 上。

月份	销售额（万元）	预测值
1	200	
2	210	
3	220	
4	230	#N/A
5	240	230
6	250	236.667
7		245.5561111

图 9.6　指数平滑法的 Excel 操作示例（a）　　　图 9.7　指数平滑法的 Excel 操作示例（b）

指数平滑法与移动平均法相比具有很明显的优点：在使用移动平均法时，往往会造成首尾项数的缺失，且无法对长期趋势进行外延预测；而指数平滑法，则弥补了移动平均法的这一不足，它可以对时间序列的长期趋势进行外延预测。

（四）趋势模型法

当时间序列数据具有特定趋势或数学规律时，我们通常可以考虑运用趋势模型法对时间序列数据进行长期分析。在利用趋势模型法时，首先要观测时间序列是否具有比较明显的趋势特征，或者绘成散点图直接进行观测；其次根据趋势特征选择某种趋势模型，运用最小平方方法求解趋势模型，从而达到对时间序列进行长期趋势分析的目的。

> **思考实践**
> 线性趋势看的是逐期增长量吗？

1.　线性趋势模型

若时间序列的逐期增长量相对稳定且接近于一个常量或者其散点图近似于一条直线，我们可以考虑运用线性趋势模型 $T=a+bX$ 分析长期趋势。

运用最小平方方法求解该模型的两个参数 a 和 b 时，须满足如下条件：

$$\sum(Y-T)^2 = \sum(Y-a-bX)^2 = 最小值 \tag{9.28}$$

分别对上式 a、b 求偏导数，并令其等于零，得到求解 a、b 的联立方程组：

$$\begin{cases} \sum Y = na+b\sum X \\ \sum XY = a\sum X + b\sum X^2 \end{cases} \tag{9.29}$$

求解，得

$$\begin{cases} a = \bar{Y} - b\bar{X} \\ b = \dfrac{n\sum X \cdot Y - \sum X \cdot \sum Y}{n\sum X^2 - (\sum X)^2} \end{cases} \tag{9.30}$$

为了简化计算，通常需要对原点进行变换。当时间序列的期数为奇数时，可用中间一期作为原点，则 $X=\cdots-3、-2、-1、0、1、2、3\cdots$；当期数为偶数时，可用中间两期的中点作为原点，则 $X=\cdots-5$、-3、-1、0、1、3、$5\cdots$。这样，式（9.30）可以简化为

$$\begin{cases} a = \overline{Y} \\ b = \dfrac{n\sum X \cdot Y}{n\sum X^2} \end{cases} \quad (9.31)$$

【例 9.14】根据某国国内生产总值资料，运用线性趋势模型对其进行趋势预测分析。

表 9.11 中时间序列数据年数 $n=13$，$\overline{Y} \approx 14\,038.91$。

表 9.11　某国国内生产总值线性趋势模型计算表　　（单位：亿元）

年　份	年次（X）	GDP（Y）	$X \cdot Y$	X^2	（趋势值）T_t
2006	−6	7 610.6	−45 663.6	36	7 061.57
2007	−5	8 491.3	−42 456.5	25	8 374.46
2008	−4	9 448	−37 792	16	9 687.35
2009	−3	9 832.2	−29 496.6	9	11 000.24
2010	−2	10 209.1	−20 418.2	4	12 313.13
2011	−1	11 147.7	−11 147.7	1	13 626.02
2012	0	12 735.1	0	0	14 938.91
2013	1	14 452.9	14 452.9	1	16 251.8
2014	2	16 283.1	32 566.2	4	17 564.69
2015	3	17 993.7	53 981.1	9	18 877.58
2016	4	19 718.4	78 873.6	16	20 190.47
2017	5	21 454.7	107 273.5	25	21 503.36
2018	6	23 129	138 774	36	22 816.25
	合计	182 505.8	238 946.7	182	194 205.8

按式（9.31）进行计算，得

$$\begin{cases} a = 14\,038.91 \\ b = 1\,312.89 \end{cases}$$

那么，线性趋势模型为 $T=14\,038.91+1\,312.89X$，将各年年份 X 分别代入该方程可得到各期的趋势值 T_t。还可以对未来某期的值进行预测，预测 2019 年该国的国内生产总值为

$$T_{2019}=14\,038.91+1\,312.89 \times 7=23\,229.14$$

2020 年国内生产总值的预测值为

$$T_{2020}=14\,038.91+1\,312.89 \times 8=24\,542.03$$

将国内生产总值（GDP）与国内生产总值（GDP）趋势值作图，如图 9.8 所示。

2. 二次曲线趋势模型

若时间序列数据的逐期增长量之差近似一个常数或其散点图近似于一个抛物线的形状时，可以考虑运用二次曲线趋势模型 $T=a+bX+cX^2$ 来分析社会经济现象的长期趋势。

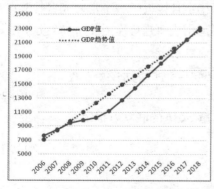

图 9.8　某国国内生产总值数值曲线图

运用最小平方法求解参数 a、b、c 时，须满足如下条件：

$$\sum (Y-T)^2 = \sum \left(Y-a-bX-cX^2\right)^2 = 最小值 \quad (9.32)$$

分别对式（9.32）中的 a、b、c 求偏导数，并令其等于零，得到求解 a、b、c 的联立方

程组

$$\begin{cases} \sum Y - na - b\sum X - c\sum X^2 = 0 \\ \sum Y \cdot X - a\sum X - b\sum X^2 - c\sum X^3 = 0 \\ \sum Y \cdot X^2 - a\sum X^2 - b\sum X^3 - c\sum X^4 = 0 \end{cases} \quad (9.33)$$

与线性趋势模型的简化一样，在这里仍然取时间序列的中心为原点，简化结果如下：

$$\begin{cases} \sum Y - na - c\sum X^2 = 0 \\ \sum Y \cdot X - b\sum X^2 = 0 \\ \sum Y \cdot X^2 - a\sum X^2 - c\sum X^4 = 0 \end{cases} \quad (9.34)$$

3. 指数趋势模型

若时间序列数据的对数逐期增长量近似于一个常数，我们可以考虑运用指数趋势模型 $T = ab^X$ 分析长期趋势。

在运用指数趋势模型时，首先需要对指数模型两边取对数，得

$$\lg T = \lg a + X\lg b \quad (9.35)$$

式（9.35）中，令 $\lg a$ 和 $\lg b$ 分别为 A 和 B，模型变为

$$\lg T = A + BX \quad (9.36)$$

式（9.36）便是指数趋势模型的对数线性趋势模型，只需按线性趋势模型求解 A 和 B，进而就可以求出 a 和 b 的值，从而求解出模型，进而对时间序列进行长期预测。

【例9.15】对表9.12的某国33年的人均消费支出时间序列运用指数趋势模型进行预测。

表 9.12　某国人均消费支出指数趋势模型计算表

时间（t）	年次（X）	人均消费（Y）	$\lg(Y)$	X^2	$X\lg(Y)$	趋势值（T_t）
1	−15	184	2.264 818	225	−33.972 3	185.535 4
2	−14	208	2.318 063	196	−32.452 9	211.510 3
3	−13	238	2.376 577	169	−30.895 5	241.121 8
4	−12	264	2.421 604	144	−29.059 2	274.878 8
5	−11	288	2.459 392	121	−27.053 3	313.361 9
6	−10	316	2.499 687	100	−24.996 9	357.232 5
7	−9	361	2.557 507	81	−23.017 6	407.245 1
8	−8	446	2.649 335	64	−21.194 7	464.259 4
9	−7	497	2.696 356	49	−18.874 5	529.255 7
10	−6	565	2.752 048	36	−16.512 3	603.351 5
11	−5	714	2.853 698	25	−14.268 5	687.820 7
12	−4	788	2.896 526	16	−11.586 1	784.115 6
13	−3	833	2.920 645	9	−8.761 94	893.891 8
14	−2	932	2.969 416	4	−5.938 83	1 019.037
15	−1	1 116	3.047 664	1	−3.047 66	1 161.702
16	0	1 393	3.143 951	0	0	1 324.34
17	1	1 833	3.263 162	1	3.263 162	1 509.748
18	2	2 355	3.371 991	4	6.743 982	1 721.112
19	3	2 789	3.445 449	9	10.336 35	1 962.068
20	4	3 002	3.477 411	16	13.909 64	2 236.757
21	5	3 159	3.499 55	25	17.497 75	2 549.904
22	6	3 346	3.524 526	36	21.147 16	2 906.89

时间（t）	年次（X）	人均消费（Y）	lg(Y)	X^2	Xlg(Y)	趋势值（T_t）
23	7	3 632	3.560 146	49	24.921 02	3 313.855
24	8	3 869	3.587 599	64	28.700 79	3 777.794
25	9	4 106	3.613 419	81	32.520 77	4 306.686
26	10	4 411	3.644 537	100	36.445 37	4 909.621
27	11	4 925	3.692 406	121	40.616 47	5 596.968
28	12	5 463	3.737 431	144	44.849 17	6 380.544
29	13	6 138	3.788 027	169	49.244 35	7 273.82
30	14	7 103	3.851 442	196	53.920 19	8 292.155
31	15	8 183	3.912 913	225	58.693 69	9 453.057
32	16	—				10 776.48
33	17	—				12 285.19
合计	—	73 457	96.797 3	2 480	141.177 7	—

以对未来的趋势进行预测，如 $T_{32}=1\,324.24 \times 1.14^{16}=10\,776.48$，$T_{33}=1\,324.24 \times 1.14^{17}=12\,285.19$。将各期人均消费支出与人均消费支出趋势预测值画在同一张图上，如图 9.9 所示。

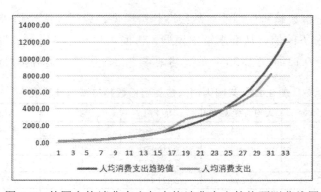

图 9.9　某国人均消费支出与人均消费支出趋势预测曲线图

二、季节变动分析

季节变动分析一般是根据以月、季为单位的时间序列数据资料，测定以年为周期的、随季节变换而发生的周期性的变动规律。当然，也可以对以更小时间单位为周期的时间序列数据进行准季节变动分析。前面已经说到，为了消除偶然因素的影响，在分析季节性变动时，时间序列至少要包括三个周期以上的资料。分析季节变动的方法有多种，在这里主要介绍同期平均法、长期趋势剔除法。

（一）同期平均法

同期平均法是指以若干年数据资料（一般三个周期以上）求出同月（季）的平均水平与各年同月（季）水平之比，进而对比得出各月（季）的季节指数来测定季节变动程度的季节变动预测方法。同期平均法又包括同期水平平均法和同期比率平均法。

1. 同期水平平均法

同期水平平均法的计算步骤如下：

（1）计算出各年同月（季）的平均值：

$$\bar{a}_j = \frac{1}{k}\sum_{i=1}^{k} a_{ij}$$

式中，a_{ij} 为各期发展水平；$i=1，2，\cdots，k$；$j=1\sim12$ 月或 $j=1\sim4$ 季。

（2）计算出各年所有月份（或季度）的总平均数 $\bar{a}$。

（3）计算季节指数 S_i：

$$S_j = \frac{\bar{a}_j}{\bar{a}}$$

2. 同期比率平均法

同期比率平均法的计算步骤如下：

（1）计算第 i 年各季（月）的平均数 $\bar{a}_i$；

（2）将各年各月（季）的实际数据同其本年月（季）的平均数相比，计算季节比率：

$$S_{ij} = \frac{a_{ij}}{\bar{a}_i}$$

（3）将各年同月（季）的比率求简单算术平均，求出季节指数 S_i：

$$S_j = \frac{\sum_{i=1}^{k} S_{ij}}{k}$$

【例 9.16】表 9.13 是某粮油公司 20×1—20×5 年交易额数据，试用季节变动法中的同期水平平均法和同期比率平均法对该时间序列数据进行季节变动分析。

表 9.13　某粮油公司 20×1—20×5 年交易额　（单位：万元）

年　份	第一季度	第二季度	第三季度	第四季度
20×1	25.2	17.1	12.6	19.3
20×2	24.4	18.4	14.1	18.9
20×3	23.8	19.4	13.8	21.0
20×4	26.0	19.1	15.7	21.6
20×5	24.9	18.6	15.1	20.8

（1）按同期水平平均法计算，首先，计算各年同季平均值，分别为 24.86、18.52、14.26、20.32；其次，计算 20×1 至 20×5 五年，20 个季度的总平均值，得 19.49；最后，计算季节指数，分别用四个同季平均值除以总平均值。如表 9.14 所示。

表 9.14　同期水平平均法

年　份	第 一 季 度	第 二 季 度	第 三 季 度	第 四 季 度
20×1	25.2	17.1	12.6	19.3
20×2	24.4	18.4	14.1	18.9
20×3	23.8	19.4	13.8	21.0
20×4	26.0	19.1	15.7	21.6
20×5	24.9	18.6	15.1	20.8
合计	124.3	92.6	71.3	101.6
同季平均值 $\bar{a}_j$	24.86	18.52	14.26	20.32
季节指数 S_j（%）	127.552 6	95.023 09	73.165 73	104.258 6

当季节指数大于 100% 时为销售旺季，当季节指数小于 100% 时为销售淡季，当季节指数恰好等于 100% 时表示销售平季。由上述计算结果可知，该粮油公司第一季度、第四季度为

销售旺季，第二季度、第三季度为销售淡季。

（2）按同期比率平均法计算，首先，计算 20×1 年到 20×5 年每年的季平均数，分别为 18.55、18.95、19.5、20.6、19.85；其次，用各年 4 个季度的实际值分别与该年的季平均数相除，计算每年各季的季节比率；最后，将各年同季的季节比率求简单算术平均，得到季节指数，如表 9.15 所示。

表 9.15　同期比率平均法

年份	第一季度	第二季度	第三季度	第四季度	合计
20×1	135.849 1	92.183 29	67.924 53	104.043 1	400
20×2	128.759 9	97.097 63	74.406 33	99.736 15	400
20×3	122.051 3	99.487 18	70.769 23	107.692 3	400
20×4	126.213 6	92.718 45	76.213 59	104.854 4	400
20×5	125.440 8	93.702 77	76.070 53	104.785 9	400
季节指数 S_j（%）	127.662 9	95.037 86	73.076 84	104.222 4	400

计算结果与同期水平平均法计算结果类似，也同样是第 1 季度、第 4 季度为销售旺季，第 2 季度、第 3 季度为销售淡季。

同期平均法在计算方法上较为简单，易于掌握。但是，这种方法的缺陷也是显而易见的，它虽然可以消除不规则变动对时间序列的影响，但未能消除长期趋势对时间序列的影响，对于有明显长期趋势的时间序列并不适用。因此，对于有明显长期趋势的时间序列，我们就需要用到长期趋势剔除法。

（二）长期趋势剔除法

长期趋势剔除法是指先通过一定的方法确定出长期趋势值，并加以剔除，然后再进行季节变动分析的方法。长期趋势值可以由移动平均法和趋势模型法进行确定，在这里我们只介绍按简单移动平均法确定趋势值并剔除长期趋势，进而进行季节变动分析的方法。

【例 9.17】表 9.16 是某商场 20×1—20×5 年各季度销售额数据。以表 9.16 中的数据为例运用长期趋势剔除法进行季节变动分析。

表 9.16　某商场 20×1—20×5 年各季度销售额　（单位：万元）

年份	第一季度	第二季度	第三季度	第四季度
20×1	983.1	971.2	2 264.5	1 995.2
20×2	1 591.8	1 789.4	3 894.2	3 541.2
20×3	2 342.1	2 556.8	3 838.4	4 500.3
20×4	3 254.4	4 248.6	5 959.6	6 321.9
20×5	4 100.3	5 224.3	7 231.9	8 862.7

首先，对表 9.16 中的数据进行 4 项简单移动平均，从而消除不规则变动和季节变动的影响，得到长期趋势分量和循环变动分量。计算结果如表 9.17 所示。

表 9.17　长期趋势分量和循环变动分量计算表

年份	季度	销售额（Y_t）	4 项移动平均（T_t）	Y_t/T_t（%）	$Y_t - T_t$
20×1	1 季	983.1	—	—	—
	2 季	971.2	—	—	—
	3 季	2 264.5	—	—	—
	4 季	1 995.2	1 553.50	128.43	441.70
20×2	1 季	1 591.8	1 705.68	93.32	−113.88
	2 季	1 789.4	1 910.23	93.67	−120.83
	3 季	3 894.2	2 317.65	168.02	1 576.55
	4 季	3 541.2	2 704.15	130.95	837.05

年　份	季　度	销售额(Y_t)	4项移动平均(T_t)	Y_t/T_t（%）	$Y_t - T_t$
20×3	1季	2 342.1	2 891.73	80.99	−549.63
	2季	2 556.8	3 083.58	82.92	−526.78
	3季	3 838.4	3 069.63	125.04	768.78
	4季	4 500.3	3 309.40	135.99	1 190.90
20×4	1季	3 254.4	3 537.48	92.00	−283.08
	2季	4 248.6	3 960.43	107.28	288.18
	3季	5 959.6	4 490.73	132.71	1 468.88
	4季	6 321.9	4 946.13	127.82	1 375.78
20×5	1季	4 100.3	5 157.60	79.50	−1 057.30
	2季	5 224.3	5 401.53	96.72	−177.22
	3季	7 231.9	5 719.60	126.44	1 512.30
	4季	8 862.7	4 354.80	19.81	−3 492.10

前面介绍过，时间序列分析模型分为加法型和乘法型，在对例 9.17 进行季节变动分析时，就需要对加法型和乘法型时间序列分析模型分别进行讨论。

（1）加法型时间序列分析模型季节变动分析。这种方法是用原时间序列的实际数值减去长期趋势值，从而剔除长期趋势变动对时间序列的影响，再用同期平均法进行季节变动分析。

首先，计算（$Y_t - T_t$），剔除长期趋势影响，填入表 9.18。

其次，根据（$Y_t - T_t$）计算同期平均数和季节差。将表 9.17 的数据转入表 9.18 中，得到如表 9.18 所示的结果。

表 9.18　季节差计算表

年　份	第一季度	第二季度	第三季度	第四季度	合　计
20×1	—	—	—	441.70	
20×2	−113.88	−120.83	1 576.55	837.05	—
20×3	−549.63	−526.78	768.78	1 190.90	—
20×4	−283.08	288.18	1 468.88	1 375.78	—
20×5	−1 057.30	−177.22	1 512.30	−3 492.10	—
同期平均	−315.53	−134.163	1 172.665	639.375	1362.348
季节差	−656.117	−474.749	832.0781	298.7881	0

在不存在无规则变动时，四个季度的同期平均数之和应该为 0，现为 1362.348>0，说明其中仍含有不规则变动，因此应该进行校正：

$$校正值 = \frac{1362.348}{4} = 340.587$$

该校正值表明，由于不规则变动对时间序列的影响使得季节变动平均增加了 340.587 万元，因此应该从同期平均中剔除该校正值，以得到能够反映季节变动的季节差。

调整后的数值如表 9.18 中"季节差"数据所示。

当"季节差"为正值时，表示该季度为旺季；当"季节差"为负值时，表示该季度为淡季；当"季节差"在 0 附近时，表示该季度为平季。

（2）乘法型时间序列分析模型季节变动分析。这种方法是用原时间序列的实际数值除以长期趋势值，从而剔除长期趋势变动的影响，再用同期平均法进行季节变动分析。

在不存在不规则变动时，四个季度各期平均数之和应该为400%，现为423.295%>400%，故其中含有不规则变动，因此应该予以校正。

$$校正系数 = \frac{400\%}{423.295\%} = 0.944967$$

季节指数=同期平均数×校正系数

调整后的季节指数如表9.19所示。

表9.19　季节指数计算表　　　　　　　　　　　　　　　　（单位：%）

年　　份	第一季度	第二季度	第三季度	第四季度	合　　计
20×1	—	—	—	128.43	—
20×2	93.32	93.67	168.02	130.95	—
20×3	80.99	82.92	125.04	135.99	—
20×4	92.00	107.28	132.71	127.82	—
20×5	79.50	96.72	126.44	19.81	—
同季平均值	86.453	95.148	138.053	103.643	423.295
季节指数	81.695	89.911	130.455	97.939	400

当"季节指数"大于100%时，该季度为旺季；当"季节指数"小于100%时，该季度为淡季；当"季节指数"等于100%时，该季度为平季。

三、循环变动与不规则变动的分析

循环变动一般周期较长，是以若干年为周期的社会经济现象的观测数据为基础的一种波动规律。我们在测定循环变动时，往往采用剩余法。剩余法是指从时间序列数据中剔除长期趋势、季节变动和不规则变动后，进而求出循环变动影响的一种方法。

不规则变动是由一些不可估计、不可预料的原因引起的变动，具有很大的随机性。我们在进行不规则变动分析时，先从时间序列中剔除长期趋势、季节变动和循环变动，剩下的就是不规则变动。

【例9.18】以某国31年间人均消费支出数据为例，对该时间序列进行循环变动和不规则变动分析，如表9.20、图9.10和图9.11所示。

表9.20　某国31年间人均消费支出循环变动与不规则变动计算表　　　（单位：元）

年　　份	人均消费支出 Y_t	长期趋势值 T_t	循环变动及不规则变动（%）$C_t \cdot I_t$	循环变动（%）C_t	不规则变动（%）I_t
1	184	185.535 4	99.17	—	—
2	208	211.510 3	98.34	—	—
3	238	241	98.71	96.83	101.93
4	264	275	96.04	94.69	101.43
5	288	313	91.91	92.75	99.09
6	316	357	88.46	92.22	95.92
7	361	407	88.64	91.80	96.57

应用统计学（第3版）

年　份	人均消费支出 Y_t	长期趋势值 T_t	循环变动及不规则变动（%）$C_t \cdot I_t$	循环变动（%）C_t	不规则变动（%）I_t
8	446	464	96.07	92.14	104.26
9	497	529	93.91	95.21	98.63
10	565	603	93.64	97.58	95.96
11	714	688	103.81	97.01	107.01
12	788	784	100.50	96.52	104.12
13	833	894	93.19	97.00	96.07
14	932	1 019	91.46	97.28	94.02
15	1 116	1 162	96.07	101.46	94.68
16	1 393	1 324	105.18	110.19	95.46
17	1 833	1 510	121.41	120.33	100.90
18	2 355	1 721	136.83	127.96	106.93
19	2 789	1 962	142.15	131.70	107.93
20	3 002	2 237	134.21	130.44	102.89
21	3 159	2 550	123.89	124.99	99.12
22	3 346	2 907	115.11	117.04	98.34
23	3 632	3 314	109.60	109.27	100.30
24	3 869	3 778	102.41	102.46	99.95
25	4 106	4 307	95.34	97.04	98.25
26	4 411	4 910	89.84	92.24	97.40
27	4 925	5 597	87.99	88.64	99.28
28	5 463	6 381	85.62	86.70	98.75
29	6 138	7 274	84.38	86.04	98.07
30	7 103	8 292.155	85.66	—	—
31	8 183	9 453.057	86.56	—	—

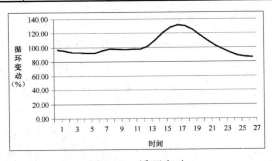

图 9.10　循环变动

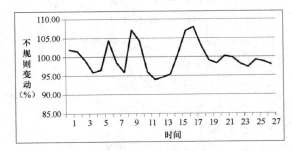

图 9.11　不规则变动

📖学习指引

　　利用计量经济学软件包 Eviews 进行时间序列分析比较方便，感兴趣的读者可参考李子奈和潘文卿编著的《计量经济学》教材。

 **本章小结**

　　本章共分为五节，第一节主要介绍了时间序列的概念以及分类。第二节着重介绍了几组时间序列描述性的分析指标，包括发展水平与平均发展水平、增长量与平均增长量、发展速度与平均发展速度、增长速度和平均增长速度等。第三节介绍了时间序列的四个构成要素，长期趋势、季节变动、循环变动和不规则变动。第四节分析了分解时间序列的两种模型：加法模型和乘法模型。最后一节对长期趋势分析、季节变动分析、循环变动分析和不规则变动分析的常用方法逐一进行了介绍。

 思考与练习

一、不定项选择题

　　1．某地区某年 9 月末的人口数为 150 万人，10 月末的人口数为 150.2 万人，该地区 10 月的人口平均数为（　　）。

　　　　A．150 万人　　　　　B．150.2 万人　　　　C．150.1 万人　　　　D．无法确定

　　2．采用几何平均法计算平均发展速度的依据是（　　）。

　　　　A．各年环比发展速度之积等于总速度　　　B．各年环比发展速度之和等于总速度

　　　　C．各年环比增长速度之积等于总速度　　　D．各年环比增长速度之和等于总速度

　　3．以年为单位的时间序列数据不包含（　　）要素。

　　　　A．长期趋势　　　　B．季节变动　　　　C．不规则变动　　　　D．循环变动

　　4．运用趋势模型法进行长期趋势分析的数学依据是（　　）。

　　　　A．$\sum (Y - T_t) = 0$　　　　　　　　　B．$\sum (Y - T_t)^2 = $ 最小值

　　　　C．$\sum (Y - T_t) < $ 任意值　　　　　　D．$\sum (Y - T_t)^2 = 0$

　　5．在对时间序列进行长期趋势测定时，各观测值的逐期增长量大致相等，可以配合（　　）测定长期趋势。

　　　　A．直线趋势模型　　　　　　　　　　　B．指数趋势模型

　　　　C．二次曲线趋势模型　　　　　　　　　D．双曲线趋势模型

　　6．下列长期趋势测定方法不可以进行外推预测的是（　　）。

　　　　A．移动平均法　　　　　　　　　　　　B．指数平滑法

　　　　C．线性趋势模型法　　　　　　　　　　D．非线性趋势模型法

　　7．定基发展速度与环比发展速度之间的关系表现为（　　）。

　　　　A．各环比发展速度的连乘积等于相应的定基发展速度

　　　　B．各定基发展速度的连乘积等于相应的环比发展速度

　　　　C．各环比发展速度之商等于相应的定基发展速度

　　　　D．相邻两个定基发展速度的乘积等于相应的环比发展速度

8．20×3 年某机械车间工人的月平均工资为 1 200 元，工具车间工人的月平均工资为 1 400 元，20×4 年各车间的工资水平不变，但机械车间的工人增加了 20%，工具车间的工人增加了 10%，则 20×4 年两车间工人的总平均工资比 20×3 年（　　　）。

  A．提高   B．降低   C．不变   D．不能下结论

9．某企业 20×3 年完成利润 100 万元，20×4 年计划比 20×3 年利润增长 5%，实际完成利润 110 万元，20×4 年超额完成计划（　　　）。

  A．104.76% B．4.76%   C．110%   D．10%

10．发展速度的计算方法为（　　　）。

  A．报告期水平与基期水平相比   B．基期水平与报告期水平相比

  C．增长量与基期水平之差   D．增长量与基期水平相比

二、简答题

1．简述"长期趋势剔除法"的计算步骤。

2．简述按（月）季测定季节变动的要求及步骤。

3．如何利用剩余法进行循环变动的测定？

三、计算题

1．某地区 20×1—20×5 年国民生产总值（GNP）数据如表 9.21 所示。

（1）计算并填列表中所缺数字。

（2）计算该地区 20×1—20×5 年间的平均国民生产总值。

（3）计算 20×1—20×5 年间国民生产总值的平均发展速度和平均增长速度。

表 9.21　某地区 20×1—20×5 年国民生产总值

年　份		20×1	20×2	20×3	20×4	20×5
国民生产总值（亿元）		40.9		68.5	58	
发展速度（%）	环比	—				
	定基	—				151.34
增长速度（%）	环比	—	10.3			
	定基	—				

2．为争取在 2010 年把我国人口控制在 14 亿人之内，1980 年末人口为 98 705 万人，试问，在 30 年内，人口自然增长率平均应控制在什么水平上？

3．某地区棉花产量的年度资料如表 9.22 所示，请用最小平方法确定趋势方程，并预测该地区 20×8 年的棉花产量。

4．某单位总产值资料如表 9.23 所示。试用同期水平平均法计算各季度的季节比率。

表 9.22　20×1—20×7 年某地区棉花产量

（单位：t）

年份	产量
20×1	354.0
20×2	424.5
20×3	414.9
20×4	378.8
20×5	450.8
20×6	567.5
20×7	450.8

表 9.23　某单位 20×1—20×3 年产值表

（单位：万元）

年份	第一季度	第二季度	第三季度	第四季度
20×1	140	190	60	130
20×2	160	230	90	140
20×3	180	270	150	180

第十章 统计指数

【本章重点】

1. 了解统计指数的分类及作用；
2. 掌握综合指数和平均指数的编制；
3. 掌握基于统计指数体系的因素分析法；
4. 了解几种常用的经济指数。

【实验导引】

本章的上机实验内容参见"附录1实验指导书"中实验二的"统计指数"部分，计划为2学时，建议上机实验与理论讲授交叉进行，实验素材的电子文档需从人邮教育社区（www.ryjiaoyu.com）本书相关页面下载（文件名中含"应用统计学实验用素材"）。本章上机实验主要练习运用正确的框架完成总指数的编制及因素分析。

 学习指引

这里提到的股市指数在多数手机新闻客户端的"财经"频道可查到，更为专业的数据可在"东方财富网→行情中心→行情数据"进行查询。

在日常生活中，我们常常听到或看到媒体报道的各种指数，比如，居民消费价格指数（CPI）、上证指数、道琼斯指数、香港恒生股票价格指数等。最早的指数源自人们对物价变化的考察，由于价格处在不停的变化当中，不同时期的数值往往是不同的，统计学家为了研究价格的变动，将不同时期的价格数值进行比较，于是价格指数就产生了。从广义上讲，任何两个数值对比形成的相对数都可以称为指数。在实际的研究中，统计指数是指一种对比性的指标，用于测定多个项目在不同场合下综合变动的一种相对数，目的是用于分析相关现象之间的变化及差异程度，是一种分析社会经济现象数量变化的重要统计方法。与我们日常生活联系紧密的一些指数，如居民消费价格指数、工业生产指数、股票价格指数、房地产价格指数等，都可以用来考察和分析社会经济生活某方面的状况，还可以作为预测社会经济现象的工具。

第一节　统计指数概述

一、统计指数的概念

定义 10.1　指数（index number），是用于测定多个项目在不同场合综合变动的一种特殊相对数。

统计学中的指数是表明社会经济现象数量对比关系的一种相对数。从广义上来说，指数是能够反映经济现象变动情况的相对数。从狭义上来说，指数是用来综合反映那些不能直接相加的复杂经济现象数量变动情况的相对数。

统计指数通常为百分数形式，这表明其作为一种相对数，用于反映被考察的现象水平相当于基准水平（基数）的百分比。例如，20×4 年 9 月我国居民消费价格指数（CPI）为 103.6%，即表示将基期年份（指 20×3 年 9 月）的一般价格水平作为 100%，则 20×4 年 9 月的物价水平相当于 20×3 年 9 月的 103.6%，表示 20×4 年 9 月我国居民消费价格指数同比上涨了 3.6%。

二、统计指数的分类

统计指数一般可按以下几种方式进行分类。

1. 根据研究范围的不同分类

根据研究范围的不同，统计指数可分为个体指数和总指数。

个体指数是反映单一经济现象变动的相对数，例如华为 Mate20 型号手机的产量指数就是一个个体指数。总指数是综合反映复杂经济现象总体变化的相对数，如某集团 20×6 年工业总产值是 20×5 年的 121.73%。总指数与个体指数的区别不仅在于总指数的考察对象是"复杂现象总体"，还在于其计算方法不是直接加总或简单综合对比，总指数的分析对象一般不能进行直观分析。本书中，用 k 表示个体指数，$\bar{k}$ 表示总指数。

2. 根据分析对象性质特征的不同分类

根据分析对象性质特征的不同，统计指数可分为数量指标指数和质量指标指数。

数量指标指数是反映分析对象规模数量变动的指数，如经济增长指数、工业总产值指数、商品销售量指数等。质量指标指数是反映分析对象质量水平变动的指数，如股票价格指数、产品成本指数、劳动生产率指数等。如果用 q 表示数量指标，p 表示质量指标，则数量指标个体指数和质量指标个体指数分别表示为 k_q 和 k_p，而数量指标总指数和质量指标总指数分别表示为 $\bar{k}_q$ 和 $\bar{k}_p$。

3. 根据对比性质的不同分类

根据对比性质的不同，统计指数可分为动态指数和静态指数。

动态指数是反映分析对象在时间上变化的指数，如与 20×7 年相比的 20×8 年国内生产总值指数为 109%。动态指数根据所采用基期的不同，又可分为定基指数和环比指数。定基指数是以某一固定时期为基期，如某厂工业总产值 20×9 年与 20×1 年相比为 156%，20×5 年与 20×1 年相比为 166%；环比指数的各指数都以前一时期为基期，如某厂工业总产值 20×9 年与 20×8 年相比为 122%，20×8 年与 20×7 年相比为 114%。一般基期用下标"0"表示，报告期用下标"1"表示，则基期的数量指标和质量指标分别表示为 q_0 和 p_0，而报告期的数量指标和质量指标分别表示为 q_1 和 p_1。

静态指数包括空间指数和计划完成指数，如地区间的价格比较指数、中日对比的人均国内生产总值指数等就是空间指数；产品产量计划完成情况指数就是计划完成指数，该指数是实际完成水平与计划目标对比的结果。

4. 根据编制方法的不同分类

根据编制方法的不同，统计指数可分为综合指数和平均指数。

综合指数是用两个综合总量指标对比的方法来计算总指数。这种编制方法的基本思想是将多种不能同度量的数值，分别改变为能同度量的数值，然后进行对比，以表明事物的综合变动。平均指数则是通过对个体指数加权平均来编制总指数。

三、统计指数的作用

统计指数的作用主要表现在以下三个方面。

1．统计指数可以综合反映复杂现象总体的变动情况

统计指数一般以百分比的形式来表示，可以反映现象的变动方向和变动程度，其值大于100%表示上升，小于100%表示下降，比100%大或者小的值即为升降变动的相对程度。如某品牌服饰 20×3 年销售额指数是 20×2 年的 126%，说明该品牌服饰 20×3 年的销售额比 20×2 年增加了 26%。

2．统计指数可以分析各构成因素的变动对总体变动的影响程度

复杂现象总体的变动是各种因素变动的综合影响结果，如

产品总成本=产品总产量×单位成本

产品成本指数=产品产量指数×单位产品成本指数

产品总成本受到产品产量和单位成本变动的影响，我们可以通过指数体系用因素分析法从相对数和绝对数两方面分析产品产量和单位成本对产品总成本的影响。

3．测定现象数量变动受总体内部各组水平和总体单位结构变动的影响方向和程度

在对现象总体进行分组的条件下，平均指标中包含水平因素和结构因素，即平均水平数值大小，既受现象水平的影响，又受现象结构的影响。如职工平均工资的变化，既受各组工人平均工资的影响，又受各组工人人数在全体职工中所占比重的影响。因此，可以编制可变构成指数、固定构成指数和结构影响指数，来研究各因素变动对平均指标变动的影响程度和影响的绝对值。

4．统计指数可以分析和反映出复杂经济现象总体在长时期内的发展趋势

通过将动态指数编制成指数数列，可以反映出复杂经济现象总体在长期内的发展趋势。我们还可以将有联系的指数（如产品价格指数和产品成本指数）加以比较，解决其不能直接对比的困难，进一步认识其数量上的变动关系。

第二节　综合指数和平均指数

总指数可以反映经济现象总体变动的情况。编制总指数是统计研究复杂现象总体变动情况的重要任务。计算总指数的方法主要有综合指数和平均指数两种。

一、综合指数

综合指数可用来反映复杂现象总体的变动情况。不同类型的对象由于性质特征不同或计量单位不同（如产品成本、产品价格、产品销量和产品产量等），不能直接相加比较，因此应

将这些指标通过引进相应的"同度量因素"变成可以相加的指标。如要反映不同种商品的销量变动，可以引进销售价格，销售量与销售价格相乘得出可以比较的销售额，便克服了销售量不可直接比较的问题。

定义 10.2 综合指数是两个总量指标对比形成的指数，在总量指标中包含两个或两个以上的因素，将其中被研究因素以外的一个或一个以上的因素固定下来，仅观察被研究因素的变动，这样编制的指数，称为综合指数。

综合指数的编制方法是"先综合、后对比"，先将不能相加的指标转化成可以相加的指标，然后再进行对比。我们一般将总量指标中可分解成的若干个因素指标其中的一个或几个固定下来，分析一个因素指标的变动情况。综合指数有数量指标综合指数和质量指标综合指数两种。

1. 数量指标综合指数

数量指标由总体的单位数量或结构形成，如产品产量、商品销售量等。数量指标指数是反映社会经济现象发展总规模、总水平或工作总量的统计指标，用绝对数表示，比如工业产品产量指数、商品销售量指数等。由于不同产品的计量单位和使用价格各不相同，无法直接相加比较，因此引进质量指标作为同度量因素。

数量指标综合指数的计算公式为

$$\bar{K}_q = \frac{\sum q_1 p}{\sum q_0 p}$$

销售量变动影响的销售额 $= \sum q_1 p - \sum q_0 p$

思考实践

数量指标指数公式中的 P 是固定的，是不是可以约除？

		销售量		价格		销售额			
商品	单位	q_0	q_1	p_0	p_1	q_0p_0	q_1p_1	q_0p_1	q_1p_0
A	瓶	200	250	100	120	20000	30000	25000	24000
B	罐	150	200	200	210	30000	42000	40000	31500
C	支	300	400	50	80	15000	32000	20000	24000
合计		——	——	——	——	65000	104000	85000	79500

图 10.1　某化妆品专柜 20×× 年上半年销售资料表

【例 10.1】 如图 10.1 所示，是某化妆品专柜 20×× 年第一季度和第二季度的销售资料，其中下标 0 表示第一季度，下标 1 表示第二季度，p 表示价格，q 表示销售量。计算商品销售量指数。

解： 根据图 10.1，采用不同时期的价格作为同度量因素，计算商品销售量指数。

（1）以基期价格为同度量因素，则

销售量指数 $\bar{K}_q = \dfrac{\sum q_1 p_0}{\sum q_0 p_0} = \dfrac{85\,000}{65\,000} = 130.77\%$

销售量变动影响的销售额 $= \sum q_1 p_0 - \sum q_0 p_0 = 85\,000 - 65\,000 = 20\,000$（元）

所以，在第一季度价格条件下，三种商品第二季度的综合销售量增加了 30.77%，销售额增加了 20 000 元。

（2）以报告期价格为同度量因素，则

销售量指数 $\bar{K}_q = \dfrac{\sum q_1 p_1}{\sum q_0 p_1} = \dfrac{104\,000}{79\,500} = 130.82\%$

销售量变动影响的销售额 $= \sum q_1 p_1 - \sum q_0 p_1 = 104\,000 - 79\,500 = 24\,500$（元）

所以，在第二季度价格条件下，三种商品第二季度的综合销售量增加了 30.82%，销售额增加了 24 500 元。

2. 质量指标综合指数

质量指标由总体内部各单位的标志值构成，如价格、成本、工资、劳动生产率等。质量指标指数是反映社会经济现象发展相对水平或工作总量的统计指标，用平均数或相对数表示，比如商品零售价格指数、股票价格指数、劳动生产率指数等。由于不同产品的性质各不相同，无法直接相加比较，因此引进数量指标作为同度量因素。

质量指标综合指数的公式为

$$\bar{K}_p = \frac{\sum p_1 q}{\sum p_0 q}$$

质量指标变动对总量指标影响的绝对值 $= \sum p_1 q - \sum p_0 q$

【例 10.2】 接例 10.1，计算销售价格指数。

解：（1）以基期销售量为同度量因素，则

$$销售价格指数\ \bar{K}_p = \frac{\sum p_1 q_0}{\sum p_0 q_0} = \frac{79\,500}{65\,000} = 122.31\%$$

$$销售价格变动影响的销售额 = \sum p_1 q_0 - \sum p_0 q_0 = 79500 - 65000$$
$$= 14\,500\ （元）$$

所以，在第一季度销售量条件下，三种商品第二季度的综合价格提高了 22.31%，销售额增加了 14 500 元。

（2）以报告期销售量为同度量因素，则

$$销售价格指数\ \bar{K}_p = \frac{\sum p_1 q_1}{\sum p_0 q_1} = \frac{104\,000}{85\,000} = 122.35\%$$

$$销售价格变动影响的销售额 = \sum p_1 q_1 - \sum p_0 q_1 = 104000 - 85000$$
$$= 19\,000\ （元）$$

所以，在第二季度销售量条件下，三种商品第二季度的综合价格提升了 22.35%，由此销售额增加了 19 000 元。

以基期价格（或销售量）为同度量因素编制的综合指数称为拉氏指数，是由德国经济学家拉斯贝尔（Laspeyre）于 1864 年提出的。而以报告期价格（或销售量）为同度量因素编制的综合指数称为派氏指数，是由德国经济学家派许（Passche）于 1874 年提出的。

学术界对到底采用拉氏指数还是派氏指数一直存在争议，实际应用中，我们在计算数量指标指数时，一般采用拉氏指数，即以基期的质量指标为同度量因素，如式（10.1）；而在计算质量指标指数时，一般采用派氏指数，即以报告期数量指标为同度量因素，如式（10.2）。

$$\bar{K}_q = \frac{\sum q_1 p_0}{\sum q_0 p_0} \tag{10.1}$$

$$\bar{K}_p = \frac{\sum p_1 q_1}{\sum p_0 q_1} \tag{10.2}$$

二、平均指数

在计算综合指数时，需要较多的数据资料。但在实际的工作中，经常会出现资料不全或只有间接资料的情况。比如，只有个体价格指数，而缺乏基期或报告期价格；只有基期或报告期产值，而缺乏基期与报告期产量等。这时，就需要采用平均指数法计算总指数。

定义 10.3 平均指数是以指数化因素的个体指数为基础,通过对个体指数的加权平均而计算的一种总指数。

与综合指数不同,平均指数的编制方法是"先对比,后平均",即先计算和对比个体现象的个体指数,然后再对个体指数赋予适当权数加以平均,最后得到总指数。

平均指数主要有数量指标平均指数和质量指标平均指数。

1. 数量指标平均指数的编制

根据式(10.1),数量指标综合指数的公式为 $\bar{K}_q = \dfrac{\sum q_1 p_0}{\sum q_0 p_0}$,个体数量指数的计算公式为 $k_q = \dfrac{q_1}{q_0}$,则 $q_1 = k_q q_0$,将此式代入式(10.1)中得

$$数量指标平均指数\ \bar{K}_q = \frac{\sum k_q q_0 p_0}{\sum q_0 p_0} \tag{10.3}$$

其实质是以基期销售额为权数计算的个体数量指数 k_q 的算术平均值。

【例 10.3】 图 10.2 是由某化妆品专柜第一季度和第二季度的销售资料得出的数据,其中下标 0 表示第一季度,下标 1 表示第二季度,p 表示价格,q 表示销售量。计算销售量平均指数。

解: 根据式(10.3),销售量平均指数:

$$\begin{aligned}\bar{K}_q &= \frac{\sum k_q \cdot q_0 p_0}{\sum q_0 p_0} \\ &= \frac{1.25 \times 20\,000 + 1.33 \times 30\,000 + 1.33 \times 15\,000}{65\,000} \\ &= \frac{85\,000}{65\,000} = 130.77\%\end{aligned}$$

	A	B	C	D	E
1	商品	个体指数		销售额	
2		销售量k_q	价格k_p	基期q_0p_0	报告期q_1p_1
3	A	1.25	1.2	20000	30000
4	B	1.333333	1.05	30000	42000
5	C	1.333333	1.6	15000	32000
6	合计			65000	104000

图 10.2 某化妆品专柜上半年销售量与价格平均指数计算表

销售量变动影响的销售额 $= \sum k_q \cdot q_0 p_0 - \sum q_0 p_0 = 85\,000 - 65\,000 = 20\,000$(元)

2. 质量指标平均指数的编制

根据式(10.2),质量指标综合指数的公式为 $\bar{K}_p = \dfrac{\sum p_1 q_1}{\sum p_0 q_1}$,个体质量指数的计算公式为 $k_p = \dfrac{p_1}{p_0}$,则 $p_0 = \dfrac{1}{k_p} p_1$,将此式代入式(10.2)中得

$$质量指标平均指数\ \bar{K}_p = \frac{\sum p_1 q_1}{\sum \dfrac{1}{k_p} p_1 q_1} \tag{10.4}$$

其实质是以报告期销售额为权数计算的个体质量指数 k_p 的调和平均值。

【例 10.4】 接例 10.3,求销售价格平均指数。

解: 根据式(10.4),

$$\begin{aligned}销售价格平均指数\ \bar{K}_p &= \frac{\sum p_1 q_1}{\sum \dfrac{1}{k_p} p_1 q_1} \\ &= \frac{30000 + 42000 + 32000}{30000/1.2 + 42000/1.05 + 32000/1.6} = \frac{104000}{85000} = 122.35\%\end{aligned}$$

销售量变动影响的销售额 $= \sum p_1 q_1 - \sum \dfrac{1}{k_p} p_1 q_1 = 104\,000 - 85\,000 = 19\,000$(元)

第三节 指数体系与因素分析

由于社会现象是相互联系、相互影响的，仅凭单个指数是无法全面系统地对社会现象作出综合表达的，因此，在实际应用中，不仅要确定单个指数的计算方法，更重要的是确定由若干个指数组成的指数体系，以便对相互联系的社会经济现象进行更深入的分析。

定义 10.4 由总量指数及其若干个因素指数构成的数量关系式称为指数体系。

若干个在性质和数量上有一定联系的指数可以构成指数体系，社会经济现象中的一些联系都可以通过指数体系来分析，如以下一些现象之间存在着一定的数量关系：

销售额＝销售量×销售价格

生产总值＝产量×出厂价格

工资总额＝职工人数×平均工资

销售利润＝销售量×销售价格×销售利润率

则其指数之间也存在着一定的数量关系：

销售额指数＝销售量指数×销售价格指数

生产总值指数＝产量指数×出厂价格指数

工资总额指数＝职工人数指数×平均工资指数

销售利润指数＝销售量指数×销售价格指数×销售利润率指数

指数体系可以用来推算体系中某一个未知的指数。如商品销售价格指数经常公布，可以用来推算商品销售量指数。另外，更重要的是，利用指数体系可以进行因素分析，从而研究经济现象总量和平均指标受各因素变动的具体影响。因素分析法是指数体系的应用，其分析对象受两种或以上因素影响，一般先固定其他因素，再逐个分析测定其中某一因素的影响程度。如：净产值＝工人劳动生产率×工人人数，即净产值受工人劳动生产率和工人人数两个因素的影响。如果再进一步分解，那么可知净产值还受三个因素的影响，即

$$净产值 = 工人劳动生产率 × 职工人数 × \frac{工人人数}{职工人数}$$

$$净产值 = \frac{净产值}{工人人数} × \frac{工人人数}{职工人数} × 职工人数$$

$$= 工人劳动生产率 × 工人人数在全部职工中所占比重 × 职工人数$$

一、总量指标变动的因素分析

总量指标变动的因素分析有两因素分析和多因素分析，本书主要以总量指标变动的两因素分析为例进行研究。

总量指标指数 $\bar{K}_{pq} = \dfrac{\sum q_1 p_1}{\sum q_0 p_0} = \dfrac{\sum q_1 p_0}{\sum q_0 p_0} \cdot \dfrac{\sum q_1 p_1}{\sum q_0 p_1}$　　　　　　　　（10.5）

总量绝对额 $= \sum q_1 p_1 - \sum q_0 p_0 = \left(\sum q_1 p_0 - \sum q_0 p_0\right) + \left(\sum q_1 p_1 - \sum q_1 p_0\right)$　　　（10.6）

【例 10.5】 接例 10.1，对销售额的变动进行因素分析。

解： 根据式（10.5）及式（10.6），分别对销售额的总体变动及其影响因素销售量和销售价格的变动进行分析。

（1）总体变动：

销售额指数 $\bar{K}_{pq} = \dfrac{\sum q_1 p_1}{\sum q_0 p_0} = \dfrac{104\,000}{65\,000} = 160\%$

销售额变动的绝对额 $= \sum q_1 p_1 - \sum q_0 p_0 = 104\,000 - 65\,000 = 39\,000$（元）

（2）销售量变动：

销售量指数 $\bar{K}_q = \dfrac{\sum q_1 p_0}{\sum q_0 p_0} = \dfrac{85\,000}{65\,000} = 130.77\%$

销售量变动影响的销售额 $= \sum q_1 p_0 - \sum q_0 p_0 = 85\,000 - 65\,000 = 20\,000$（元）

（3）销售价格变动：

销售价格指数 $\bar{K}_p = \dfrac{\sum q_1 p_1}{\sum q_1 p_0} = \dfrac{104\,000}{85\,000} = 122.35\%$

销售价格变动影响的销售额 $= \sum q_1 p_1 - \sum q_1 p_0 = 104\,000 - 85\,000 = 19\,000$（元）

（4）三者关系：指标指数关系为

160%=130.77%×122.35%

绝对值的关系为

39 000=20 000+19 000

（5）文字分析：经分析，该化妆品专柜第二季度的销售额比第一季度提高了60%，共增加了 39 000 元，其中，由于销售量提高了 30.77%，使销售额增加了 20 000 元，由于销售价格提高了 22.35%，使销售额增加了 19 000 元。

二、平均指标变动的因素分析

平均指标变动的因素分析是对影响平均指标变动的因素进行分解分组后的分析，平均指标受各分组变量水平的影响和各分组单位数占总体单位数比重的影响。在平均指标变动的因素分析中，一般将各组单位数占总体单位数的比重当成数量因素，将各组平均水平当成质量因素。

$$\bar{x} = \frac{\sum x_i f_i}{\sum f_i} = \sum x_i \cdot \frac{f_i}{\sum f_i}$$

式中，x_i 是各组变量水平；$\dfrac{f_i}{\sum f_i}$ 是各组单位数占总体的比重。则可得下列指数体系。

（1）总平均水平指数：

$$\frac{\bar{x}_1}{\bar{x}_0} = \frac{\sum x_i f_1}{\sum f_1} \div \frac{\sum x_0 f_0}{\sum f_0} \tag{10.7}$$

总水平变动绝对额 $= \dfrac{\sum x_1 f_1}{\sum f_1} - \dfrac{\sum x_0 f_0}{\sum f_0}$ （10.8）

（2）组水平变动指数：

$$\frac{\sum x_1 f_1}{\sum f_1} \div \frac{\sum x_0 f_1}{\sum f_1} \tag{10.9}$$

组水平变动绝对额 $= \dfrac{\sum x_1 f_1}{\sum f_1} - \dfrac{\sum x_0 f_1}{\sum f_1}$ （10.10）

（3）结构变动指数：

$$\frac{\sum x_0 f_1}{\sum f_1} \div \frac{\sum x_0 f_0}{\sum f_0} \tag{10.11}$$

$$结构变动绝对额 = \frac{\sum x_0 f_1}{\sum f_1} - \frac{\sum x_0 f_0}{\sum f_0} \qquad (10.12)$$

（4）上述指数之间的关系为

总平均水平指数=组水平变动指数×结构变动指数

总水平变动绝对额=组水平变动绝对额+结构变动绝对额

【例10.6】图10.3是某专柜两种商品上半年销售利润计算表，其中下标0表示第一季度，下标1表示第二季度，x_i表示单位销售利润，f_i表示销售量（单位销售利润为元/件）。对该专柜平均单位销售利润的变动进行因素分析。

商品	单位销售利润		销售量		总销售利润		
	x_0	x_1	f_0	f_1	$x_0 f_0$	$x_1 f_1$	$x_0 f_1$
商品1	50	70	1000	1100	50000	77000	55000
商品2	30	20	500	1000	15000	20000	30000
合计	——	——	1500	2100	65000	97000	85000

图10.3　某专柜销售利润计算表

解：根据表中数据计算：

第一季度平均单位销售利润 $\overline{x_0} = \dfrac{\sum x_0 f_0}{\sum f_0} = \dfrac{65\,000}{1\,500} = 43.33$（元/件）

第二季度平均单位销售利润 $\overline{x_1} = \dfrac{\sum x_1 f_1}{\sum f_1} = \dfrac{97\,000}{2\,100} = 46.19$（元/件）

假定平均单位销售利润 $\overline{x_n} = \dfrac{\sum x_0 f_1}{\sum f_1} = \dfrac{85\,000}{2\,100} = 40.48$（元/件）

（1）总平均指标的变动：

总平均水平指数 $= \dfrac{\overline{x_1}}{\overline{x_0}} = \dfrac{46.19}{43.33} = 106.59\%$

单位销售利润变动额 $= \overline{x_1} - \overline{x_0} = 46.19 - 43.33 = 2.86$（元/件）

（2）不同商品单位利润变动对总平均单位利润变动的影响：

组织水平变动指数 $= \dfrac{\overline{x_1}}{\overline{x_n}} = \dfrac{46.19}{40.48} = 114.12\%$

不同商品单位利润变动影响的绝对额 $= \overline{x_1} - \overline{x_n} = 46.19 - 40.48$
$= 5.71$（元/件）

（3）不同商品销量结构变动对总平均单位利润变动的影响：

结构变动指数 $= \dfrac{\overline{x_n}}{\overline{x_0}} = \dfrac{40.48}{43.33} = 93.41\%$

不同商品销量结构变动影响的绝对额 $= \overline{x_n} - \overline{x_0} = 40.48 - 43.33$
$= -2.85$（元/件）

（4）三者关系：相对变动方面为

106.59%=114.12%×93.41%

绝对变动方面为

2.86=5.71+（−2.85）

（5）文字分析：从相对数上看，上半年该专柜总平均单位利润提高了6.59%，其中，两种商品的单位销售利润变动使总平均单位利润提高了14.12%，销量结构变动使总平均单位利润降低了6.59%。

从绝对数上看，上半年该专柜总平均单位利润增加了2.86元，其中，两种商品单位利润变动使总平均单位利润增加了5.71元，而销售量结构变动使总平均单位利润下降了2.85元。

第四节　几种常用的经济指数

经济指数在实践中有着广泛的应用，最初用于反映物价变化，随后从经济领域扩展到社会领域。我们利用经济指数不仅可以分析经济问题，甚至还可以描述社会发展状况，测定人的心理（消费者满意度指数）。本节介绍几种常见的经济指数，包括居民消费价格指数、生产者价格指数、工业生产指数和股票价格指数。

学习指引

常见价格指数的最新数据可在国家数据库"年度数据"栏目中查询。

推荐扫描二维码观看国家统计局制作的统计宣传片"统计数据是如何产生的·居民消费价格指数"，了解居民消费价格指数的编制过程。

一、居民消费价格指数

定义 10.5　居民消费价格指数（consumer price index，CPI）是反映一定时期内消费者所购买的生活消费品和服务项目价格变动趋势和程度的一种相对数。

居民消费价格指数是综合反映各种消费品和生活服务价格的变动程度的重要经济指数，是一个度量消费品及服务项目价格水平随着时间变动的相对数，可用于分析市场物价动态、研究居民生活、反映宏观调控执行效果，按年度计算的变动率还可用于测定通货膨胀率。

随着社会的发展，我国居民消费价格指数的编制也在不断完善中，分类越来越细、代表商品越来越多、权数越来越贴近实际。其编制过程如下。

思考实践

请列出生活中常见的经济指数。

1. 选择代表商品

确定代表商品的原则是：居民消费量最大、生产和市场供应比较稳定、价格变动趋势和程度有较强的代表性。代表商品的数量每年可适当变更，但更换数量有一定限制，一般不超过 10 个，以保证代表商品的稳定性。

2. 选择调查点

选择调查点时我们主要采取"划类选点"的方法确定抽选价格调查市、县和价格调查点。一般将所有城市以年平均工资为标准从高到低排序，并累计各城市的常住人口数量，然后依据所需的调查城市的数量进行等距抽样。对于价格调查点，首先将各类商店、服务网点按人均销售额、成交额和经营规模从高到低排序，其次累计销售额、成交额和经营规模，进行等距抽样。

3. 调查与计算价格

价格调查的原则是：同一代表商品的价格必须同质可比；挂牌价格与实际成交价格不一致时，应采集实际成交价格；与居民生活密切相关、价格变动较频繁的商品应至少每 5 天调查一次价格，一般性商品每月调查 2~3 次，工业品每月调查 1~3 次，对于电、公共交通和生活用水等政府监督商品的价格一般每月调查 1 次。价格调查方法采用定人、定点、定时直接调查，一般用简单算术平均法计算代表商品的平均价格。

4. 确定权数

居民消费价格指数的权数根据城乡居民家庭消费支出构成确定。其中各省（或地区）城乡的权数分别根据当地城乡居民家庭生活消费支出调查资料来计算。全国权数根据各省、自治区、直辖市的权数按各地人均消费支出金额和人口加权平均来计算。大类、中类和基本分类的权数依次分层计算。

5. 计算指数

实际计算时，权数一经确定，一年内不变，因此总指数是按固定权数加权平均计算的，其计算公式为

$$\overline{K}_p = \frac{\sum K_p W}{\sum W} \tag{10.13}$$

以下举例说明居民消费价格指数中权数的确定。

【例10.7】如图10.4所示，简要说明居民消费价格指数中权数的确定。

（1）求某种商品的个体价格指数，如小米的价格指数为

$$K_p = \frac{p_1}{p_0} = \frac{2.4}{2.29} = 104.8\%$$

（2）将所有个体价格指数加权平均，得出小类价格指数。如粗粮小类价格指数为

$$\overline{K}_p = \frac{\sum K_p W}{\sum W} = \frac{108.0\% \times 76 + 104.8\% \times 24}{100} = 107.2\%$$

（3）将各小类价格指数加权平均得出中类价格指数，如粮食类价格指数为

$$\overline{K}_p = \frac{\sum K_p W}{\sum W} = \frac{120.5\% \times 62 + 107.2\% \times 39}{100} = 115.5\%$$

（4）将各中类价格指数加权平均得出大类价格指数，如食品类价格指数为

$$\overline{K}_p = \frac{\sum K_p W}{\sum W} = \frac{115.5\% \times 9 + 114.8\% \times 3 + 160.2\% \times 13 + \cdots}{100} = \frac{125}{100} = 125\%$$

（5）将各大类价格指数加权平均，即可得出总价格指数，如图10.5所示。

$$\overline{K}_p = \frac{\sum K_p W}{\sum W} = \frac{122.287}{100} = 122.3\%$$

	商品类别及项目	消费支出	权数 W			
			大类	中类	小类	单项商品
3	总计	35 000	100			
4	一、食品	21 700	62	100		
5	1.粮食	1 931		9	100	
6	（1）细粮	1 203			62	100
7	面粉	422				35
8	稻米	671				56
9	江米	25				2
10	挂面	85				7
11	（2）粗粮	728			38	100
12	玉米面	552				76
13	小米	176				24
14	2.淀粉及薯类	650		3		
15						
16	3.菜类	2 778		13		
17						
18	二、烟酒及用品	935	3			
19	三、衣着	4 900	14			
20	四、家庭用品及服务	2 030	6			
21	五、医疗及个人用品	1 085	3			
22	六、交通和通信	770	2			
23	七、文娱用品及服务	1 435	4			
24	八、居住	2 145	6			

图10.4 居民消费价格指数中权数的确定

	商品类别及项目	规格等级	计量单位	平均价格		权数	指数	计算列
				p_0	p_1		$K_p = p_1/p_0$	$K_p W$
3	总计					100	122.30%	122.287
4	一、食品					62	125.00%	77.5
5	1.粮食					9	115.50%	10.392
6	（1）细粮					62	120.50%	74.714
7	面粉	普通粉	千克	1.72	2	35	116.30%	40.698
8	稻米	标二	千克	2.24	2.8	56	125.00%	70
9	江米	标二	千克	2.74	2.9	2	105.80%	2.117
10	挂面	高强粉	千克	2.73	3	7	109.90%	7.692
11	（2）粗粮					38	107.20%	40.748
12	玉米面	一等	千克	1.5	1.62	76	108.00%	82.08
13	小米	一等	千克	2.29	2.4	24	104.80%	25.153
14	2.淀粉及薯类					3	114.80%	3.444
15								
16	3.菜类					13	160.20%	20.826
17								
18	二、烟酒及用品					3	122.6%	3.678
19	三、衣着					14	127.40%	17.836
20	四、家庭用品及服务					6	110.60%	6.636
21	五、医疗及个人用品					3	121.50%	3.645
22	六、交通和通信					2	116.40%	2.328
23	七、文娱用品及服务					4	105.80%	4.232
24	八、居住					6	107.20%	6.432

图10.5 居民消费价格指数计算表

居民消费价格指数除了能反映城乡居民所购买的生活消费品和服务的价格变动趋势外，还有以下几个方面的作用。

（1）用于反映通货膨胀状况。我们用通货膨胀率来衡量通货膨胀的程度，它说明了一定时期内商品价格持续上升的幅度。通货膨胀率一般是以居民消费价格指数计算出来的。通货膨胀率的计算公式为

$$通货膨胀率 = \frac{报告期居民消费价格指数 - 基期居民消费价格指数}{基期居民消费价格指数} \times 100\%$$

（10.14）

若通货膨胀率大于 1，则说明存在通货膨胀；若通货膨胀率小于 1，则说明出现通货紧缩。

（2）用于反映货币购买力的变动情况。货币的购买力是指单位货币能够购买到的消费品和服务的数量。居民消费价格指数上涨，则货币购买力下降，居民消费价格指数下降则货币购买力上升。我们用居民消费价格指数的倒数来表示货币购买力指数。货币购买力指数的计算公式为

$$货币购买力指数 = \frac{1}{居民消费价格指数} \times 100\%$$

（10.15）

（3）用于反映价格对职工实际工资的影响。居民消费价格指数的提高意味着实际工资的减少，而居民消费价格指数的下降则意味着实际工资的提高。因此，利用居民消费价格指数可以将名义工资转化为实际工资。实际工资的计算公式为

$$实际工资 = \frac{名义工资}{居民消费价格指数}$$

（10.16）

二、生产者价格指数

定义 10.6 生产者价格指数（producer price index，PPI），是测量在初级市场上的生产领域内工业企业产品出厂价格变动趋势和变动程度的一种价格指数。

生产者价格指数是根据每种商品在非零售市场上首次交易中的价格计算的。其计入的产品覆盖了原始的、经过制造的和在各个加工阶段上加工的货物，也包括制造业、农业、林业、渔业以及公用事业等的各类产出。其主要的目的是衡量企业购买的一揽子物品和劳务的总费用。由于企业最终要把它们的费用以更高消费价格的形式转嫁给消费者，所以，生产者价格指数的变动可以用来预测居民消费价格指数的变动状况。生产者价格指数与居民消费价格指数的主要区别在于选取的代表性商品所属的类别不同，但计算过程与计算方法相同。

三、工业生产指数

定义 10.7 工业生产指数（industrial production index，IPI），是用加权算术平均数编制的工业产品实物量指数。

工业生产指数是相对指标，用来衡量制造业、矿业与公共事业的实质产出，衡量的基础是数量而非金额。工业生产指数反映的是某一时期工业经济的景气状况和发展趋势。

工业生产指数的数量指标指数可以用综合指数计算，也可以用加权算术平均法计算，其计算公式为

$$\overline{K}_q = \frac{\sum K_q p_0 q_0}{\sum p_0 q_0} \quad\quad (10.17)$$

其中 $K_q = \dfrac{q_1}{q_0}$，为个体数量指数。

【例 10.8】表 10.1 是某厂三种商品的销售情况。

解：根据表 10.1 提供某厂三种商品的销售数据，可整理计算得出如表 10.2 所示的数据。

表 10.1　某厂三种商品销售情况表

商品	基期销售量 q_0（件）	基期单价 p_0（元/件）	当期销售量 q_1（件）
商品 1	100	500	110
商品 2	200	400	250
商品 3	300	200	420
合计	—	—	—

表 10.2　某厂三种商品工业生产指数计算表（加权算术平均法）

商品	个体销售量指数 $k_q = \dfrac{q_1}{q_0}$	基期产品价值 $p_0 q_0$	当期产品价值 $k_q p_0 q_0$
商品 1	1.1	50 000	55 000
商品 2	1.25	80 000	100 000
商品 3	1.05	80 000	84 000
合计	—	210 000	239 000

学习指引

在学习本部分内容之前，可扫描二维码观看"股票价格"和"股票价格指数"两段动画视频。

按照工业生产指数的计算式，即式（10.17），可计算得出工业生产指数为

$$\overline{K}_q = \frac{\sum K_q p_0 q_0}{\sum p_0 q_0} = \frac{239\,000}{210\,000} = 113.81\%$$

四、股票价格指数

定义 10.8　股票价格指数（stock price index）是反映某一股票市场上多种股票价格变动趋势的一种相对数，简称股价指数。

股票价格指数（以下简称股价指数）一般是选择具有代表性、敏感性强的样本股票某时点平均市场价格计算的动态变化相对数，是衡量某一股票市场价格总变动趋势的指标，也是反映市场经济状况的"晴雨表"。股票价格指数的单位一般用"点"（point）表示，即与基期相比，每上升或下降 1 个单位称为 1 点。股价指数一般使用综合指数法进行计算，其计算公式为

$$\overline{K}_p = \frac{\sum p_{1i} q_i}{\sum p_{0i} q_i} \quad\quad (10.18)$$

式中，p_{1i} 为第 i 种样本股票的报告期价格；p_{0i} 为第 i 种股票的基期价格；q_i 为第 i 种股票的发行量，它可以确定为基期，也可以确定为报告期，但大多数股价指数是以报告期发行量为权数计算出来的。例 10.9 给出了股价指数的编制和计算方法。

【例 10.9】设有三种股票的价格和发行量数据资料如表 10.3 所示，试计算股价指数。

解：根据表中数据和式（10.18），可得股价指数为

表 10.3　三种股票的价格和发行量情况表

样本股票	基期价格（元）	报告期价格（本日收盘价）（元）	报告期发行量（万股）
A	30	31	3 600
B	21	20	4 200
C	8	11.5	8 000

$$\overline{K}_p = \frac{\sum p_{1i}q_i}{\sum p_{0i}q_i} = \frac{31 \times 3\,600 + 20 \times 4\,200 + 11.5 \times 8\,000}{30 \times 3\,600 + 21 \times 4\,200 + 8 \times 8\,000} = \frac{287\,600}{260\,200} \times 100\% = 110.53\%$$

即股价指数上涨了 10.53 点。

 **本章小结**

统计指数是一种特殊的相对数，用以表明社会经济现象数量对比关系，可以反映不能直接相加的复杂经济现象数量的变动情况，还可以用于分析经济现象总量和平均指标受总体中各因素变动的影响。

综合指数的编制方法是先综合、后对比，将不能相加的指标转化成可以相加的指标进行对比。我们一般将组成总体的各因素指标中一个或几个固定下来，分析其中某一因素的变动情况。平均指数的编制方法是先对比，后平均。先计算和对比个体现象的个体指数，然后对个体指数赋予适当权数加以平均，得到总指数。

在性质和数量上有联系的指数可以构成指数体系，我们通过指数体系可以进行因素分析，研究经济现象内部的变化联系，还可以预测未知指数。因素分析的研究方法是先固定其他因素再逐个分析测定其中某一因素的影响程度。平均指标变动受各分组变量水平和各分组单位数占总体单位数比重的影响，一般将各组单位数占总体单位数的比重当作数量因素，将各组平均水平当作质量因素。

常用的经济指数有居民消费价格指数、生产者价格指数、工业生产指数、股价指数等，这些经济指数与社会经济生活联系紧密。

 思考与练习

一、不定项选择题

1. 编制质量指标综合指数的一般原则是采用（　　）作同度量因素。

A. 报告期的质量指标　　　　　　　　　　B. 基期的质量指标

C. 报告期的数量指标　　　　　　　　　　D. 基期的数量指标

2. 统计指数是表明社会经济现象综合变动的（　　）。

A. 绝对数　　　　　B. 相对数　　　　　C. 时期数　　　　　D. 平均数

3. 若 q 为销售量，p 为价格，则 $\sum p_0q_1 - \sum p_0q_0$ 的意义是（　　）。

A. 由于物价变动而增减的销售量

B. 由于销售额本身变动而增减的绝对额

C. 由于销售量变动而增减的销售额

D. 由于物价变动而增减的销售额

4.（　　）是商品流转额总指数。

A. $\dfrac{\sum p_1q_0}{\sum p_0q_0}$　　　　B. $\dfrac{\sum p_0q_1}{\sum p_1q_0}$　　　　C. $\dfrac{\sum p_1q_1}{\sum p_0q_0}$　　　　D. $\dfrac{\sum p_1q_1}{\sum p_0q_1}$

5．某地区生活品零售价格上涨 6%，生活品销售量增长 8%，那么生活品销售额是（　　　）。

    A．下降 114.48%　B．下降 14.48%　　　　C．增长 114.48%　　　　D．增长 14.48%

二、简答题

1．什么是统计指数（广义、狭义）？

2．统计指数有何作用？

3．简述统计指数的分类。

4．什么是综合指数？

5．什么是同度量因素？

6．平均指数适用于什么情况？

7．什么是指数体系，有何作用？

8．以 q 表示销售量，p 表示销售价格，写出对销售额变动进行因素分析时所用的指数体系。

9．写出对总平均粮食产量变动进行因素分析时所用的指数体系。

三、计算分析题

1．某企业有关部门资料如表 10.4 所示，试建立指数体系对该企业总成本变动情况进行分析。

2．根据表 10.5，求三种商品的综合区域对比的价格指数。

表 10.4　某企业有关部门资料

产品	计量单位	单位成本（元）		产量	
		基期 p_0	报告期 p_1	基期 q_0	报告期 q_1
甲	台	180	170	2 000	1 800
乙	件	95	90	2 500	4 000
丙	套	120	100	1 700	2 000

表 10.5　三种商品区域价格对比

商品	甲　地　区		乙　地　区	
	交易量（kg）	价格（元）	交易量（kg）	价格（元）
甲	300	40	200	50
乙	100	30	300	20
丙	30	25	35	25

3．某企业有关部门资料如表 10.6 所示。

（1）求产量总指数，并分析其变化对总产值的影响。

（2）求价格总指数，并分析其变化对总产值的影响。

4．三种商品的销售资料如表 10.7 所示。

（1）求价格总指数，并分析其变化对销售额的影响。

（2）求销售额总指数，并分析其变化对销售额的影响。

表 10.6　某企业有关部门资料

产品	工业总产值（万元）		产量增长速度（%）
	基期	报告期	
甲	80	90	2
乙	200	180	-8
丙	300	330	4

表 10.7　三种商品的销售资料

商品	去年销售额（万元）	今年比去年销售额增长率（%）	今年比去年价格增长率（%）
甲	250	4	5
乙	400	10	-2
丙	180	-5	8

5．某公司所属三个企业生产计划完成情况如表 10.8 所示。

对该公司平均劳动生产率计划完成情况进行指数分析。

6．某企业生产某种产品的产量及原材料消耗资料如表 10.9 所示。

表 10.8　三个企业生产计划完成情况

企　业	职工人数（人）		劳动生产率（元/人）	
	计　划	实　际	计　划	实　际
甲	1 000	1 000	2 000	2 200
乙	1 250	1 150	1 500	1 500
丙	800	850	1 600	1 520

表 10.9　某种产品产量及原材料消耗资料

车　间	产量（万件）		单耗（kg/件）		原材料单价（元/kg）	
	基期 a_0	报告期 a_1	基期 b_0	报告期 b_1	基期 c_0	报告期 c_1
一	85	90	21	19	8	9
二	80	90	22	19	8	9

对该企业原材料支出额的变动情况进行因素分析。

第十一章　相关与回归分析

 学习指引

想对回归分析有更深入认识的读者可以学习"计量经济学"课程。

【本章重点】

1．了解相关关系的概念及分类；
2．掌握相关分析的基本内容；
3．掌握一元线性回归分析的基本内容及相应的 Excel 操作；
4．了解多元线性回归分析的基本内容。

【实验导引】

1．本章的上机实验内容参见"附录1实验指导书"中实验二的"（六）相关与回归分析"部分，计划为 2 学时，建议教师在教学时上机实验与理论讲授交叉进行，实验素材的电子文档需从人邮教育社区（www.ryjiaoyu.com）本书相关页面下载（文件名中含"应用统计学实验用素材"）。本章上机实验主要练习"数据分析"中"相关系数"和"回归"功能的运用。

2．参见"附录1实验指导书"中实验三的内容，课程结束后，完成"统计学知识综合运用"，计划为 2 学时，实验三是对抽样、时间序列分析、相关回归分析、假设检验等理论与方法的综合运用。

在实践中，许多事物或现象之间是相互制约、相互影响的，如施肥量与亩产量、气温与害虫的繁殖速度、父母身高与子女身高、工人工资与事故发生率等。在对其研究过程中，人们通常关注的问题包括：上述有相互依存关系的现象其相关方向及相关的密切程度如何，如果关系足够密切，其依存关系是否可以用函数形式表达，用什么函数形式误差更小，等等。

本章将对上述有相关关系的现象进行分析，包括相关分析和回归分析。相关分析是研究现象之间是否存在某种依存关系，并对有依存关系的具体现象探讨其相关方向以及相关程度，是研究随机变量之间的相关关系的一种统计方法；而回归分析则是确定两种或两种以上变量间相互依赖的定量关系的一种统计分析方法。如果在回归分析中，只包括一个自变量和一个因变量，且二者的关系可用一条直线近似表示，这种回归分析称为一元线性回归分析。如果回归分析中包括两个或两个以上的自变量，且因变量和自变量之间是线性关系，则称为多元线性回归分析。

第一节　相关与回归分析的基本问题

一、函数关系与相关关系

观察下列八组现象：①施肥量与亩产量；②圆半径与面积；③商品销售额与销售量、销售价格；④气温与害虫的繁殖速度；⑤工人工资与事故发生率；⑥储蓄所收储业务量与费用率；⑦父亲身高、母亲身高与子女身高；⑧劳动生产率、产量、资金、原料消耗、成本与利润。我们可以得出如下几个结论：

（1）无论在自然界还是在社会经济领域，都存在具有相互制约、相互依存关系的现象。

（2）各组现象里，变量之间的变动方向有的是同向的，如①，施肥量越高，亩产量也越高，还有②、③、④、⑦；有的是反向的，如⑤，事故发生率越低工人工资越高，还有⑥，储蓄所收储业务量越高，费用率越低。

（3）上述现象中，有两个变量之间存在依存关系的，如①、②、④、⑤、⑥；也有三个及三个以上变量之间存在依存关系的，如③、⑦、⑧。

（4）上述现象中，有一一对应的确定性关系，如②，圆半径与面积之间有确定的函数表达式，还有③，销售量与销售价格的乘积等于销售额，它们存在函数关系。而其他六组现象之间虽然存在相互依存关系却并不能用确定的函数来表达，这一类关系叫相关关系，具有相关关系的现象正是本章要研究的对象。

定义 11.1　函数关系指确定性现象之间的关系，即一种现象的数量确定之后，另一种现象的数量也随之确定，表格为一种严格的函数关系。函数关系以 $y = f(x)$ 的形式表示。如银行存款中，本利和与本金之间的关系。

定义 11.2　相关关系是指现象之间存在着的一种非确定性的数量依存关系，即一个现象发生数量变化时，另一个现象也相应地发生数量变化，但其关系值是不固定的，往往同时出现几个不同的数值，这些数值分布在它们的平均数周围，是一种数量依存关系。相关关系无法以确定的 $y = f(x)$ 函数表示，如储蓄额的多少还会受到除居民收入之外多种变量的影响等。

二、相关关系的分类

相关关系可以从不同的角度进行划分。

（1）根据相关关系涉及的变量（或因素）的多少，可分为单相关与复相关。单相关也称一元相关，是两个变量之间的相互关系，如上述现象中的①、④、⑤、⑥。复相关是指多个变量之间的相互关系，所以复相关又称多元相关，如上述现象中的⑦、⑧。本书主要研究单相关。

（2）按相关关系的表现形式来分，有线性相关和非线性相关。在直角坐标系上，如果两个相关变量的对应值的散布点趋向直线形式，尽管它们不是严格的直线关系，但我们还是称其为线性相关或直线相关。例如，施肥量与亩产量之间的关系，在一定的数量界限之内，施肥量增加，亩产量也相应增加，两者表现为线性相关；但一旦施肥量超过一定的数量，亩产量不但不会增加反而会减少，即出现亩产量下降的情况，施肥量与亩产量表现为非线性相关。

（3）按相关的方向，线性相关可分为正相关和负相关。如果两个变量同时趋向在同一方向上变化，即它们是同时增加或同时减少，则称正相关。如经济理论假设商品供给量与商品价格之间具有这种正相关，当价格上涨，供给量就增加；当价格下跌，供给量就减少。如上述八组现象中的①、④、⑦即为正相关。反之，如果两个变量不在同一方向上变化，即一个变量增加，而另一个变量相应减少，两者呈反向变化，则称负相关。如商品需求量和商品价格是负相关，当商品价格上涨时，需求量减少，而当价格下降时，需求量增加。例如上述八组现象中的⑤、⑥即为负相关。

（4）按变量之间的相关程度来分，可分为完全相关、不完全相关和不相关三类。所谓完全相关，就是变量之间的一种确定性的函数关系。反之，若变量之间不存在相关关系，则称不相关，介于这两种相关程度之间的则称不完全相关。因此，可以说函数关系是相关关系的特例，本书主要研究不完全相关关系。

参见图 11.1 和图 11.2。

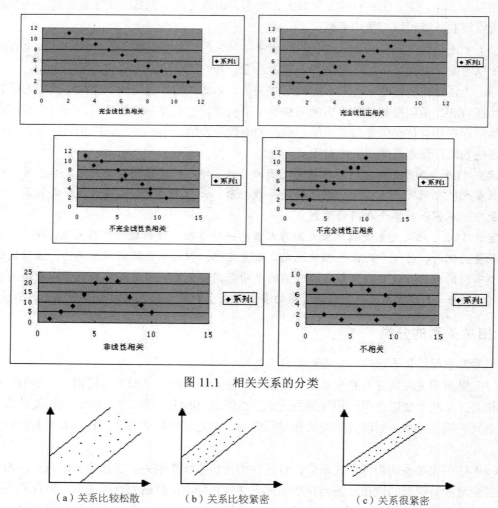

图 11.1　相关关系的分类

图 11.2　相关关系的密切程度归类图

三、相关分析的主要内容

相关分析是研究两个或两个以上的变量之间相关程度的大小的一种统计方法，其主要内容包括以下几项。

（1）定性判断现象之间有无相关关系。

（2）判断相关关系的表现形式，主要通过绘制相关图表的方式来实现。

（3）确定相关关系的密切程度。判断相关关系密切程度的主要方法是绘制散点图和计算相关系数。

（4）相关系数的检验。由于两个变量的相关系数大多是由样本值计算出来的，即用两变量的样本相关系数来描述两变量（总体）的相关性。这样就产生了如下问题：样本相关系数的绝对值大到什么程度，才能断定样本所反映的关系能够用来代表两个变量总体上的关系？这就需要进行显著性检验。

四、回归分析的主要内容

回归分析是寻找具有相关关系的变量间的数学表达式并进行统计推断的一种统计方法，它主要包括以下几项内容。

（1）进行参数估计。即根据样本观测值对回归模型的参数进行估计，求出具体的回归方程。

（2）进行统计显著性检验。利用"小概率事件实际不可能原理"以及样本信息，来接受或者否定事先对总体所作的假设，借助对回归方程、参数估计值的显著性检验，判断总体的真实情况与原假设是否存在显著性差异。

（3）进行预测和控制。根据回归方程进行适当的预测和控制是回归分析的最终目的。

五、相关分析与回归分析的关系

相关分析与回归分析是两种既有联系又有区别的数理统计方法。

1. 两者的联系

相关分析与回归分析都是研究和处理变量之间相关关系的数理统计方法。

回归分析和相关分析是互相补充、密切联系的。回归分析是建立在相关分析的基础上，对密切相关的两个变量进行深入分析，建立它们之间的数学关系式，并进行统计推断，是相关分析的拓展。而相关分析是回归分析的前提，对于相关程度很低的两个变量进行回归分析是没有实际意义的。

2. 两者的区别

（1）相关分析主要通过相关系数来判断两个变量之间是否存在着相关关系及其关系的密切程度，其前提条件是两个变量都是随机变量，且变量之间不必区别自变量和因变量。而回归分析研究的是一个随机变量 y 与另一个非随机变量 x 之间的相关关系，且变量之间必须区别自变量和因变量。

（2）相关系数只能观察变量间相关关系的密切程度和方向，不具备预测功能。而回归分析可以根据回归方程，用自变量数值推算因变量的估计值。

（3）相关分析只能得到反映两变量间关系密切程度的相关系数，改变两个随机变量的相对位置，不会影响相关系数的数值。而回归分析可以根据研究目的的不同，分别建立两个完全不同的回归方程。

第二节　相关分析

相关分析的步骤分为四步：①定性判断现象之间有无相关关系；②判断相关关系的表现形式；③确定相关关系的密切程度；④相关系数的检验。

一、定性判断现象之间有无相关关系

从数量上研究社会经济现象的依存关系，首先要凭借研究者所掌握的科学知识和判断能力进行定性分析。定性分析需根据事物间联系的普遍性、相互作用的原理和社会经济理论进行分析研究，否则就很有可能将虚假的相关现象拿来进行相关分析和回归分析，其内容则会变成抽象的数字游戏，其结果则会导致预测和决策失误。

二、判断相关关系的表现形式

在定性分析的基础上，根据样本资料编制相关表或绘制散点图，可以直观地判断现象之间大致上呈现何种关系，粗略地研究变量间是否存在着相关关系以及相关关系的表现形式，本部分只讨论单相关的情况。

1. 相关表

相关表是根据现象变动样本资料编制出来的反映变量间相关关系的统计表。根据样本资料是否分组，相关表可分为简单相关表和分组相关表。

（1）简单相关表是资料未曾分组，只将某一变量的取值按照从小到大的顺序并配合另一变量的取值一一对应排列起来的表。如表 11.1 所示。

表 11.1　产品产量与生产费用的简单相关表

序号	年产量（万台）	生产费用（万元）	序号	年产量（万台）	生产费用（万元）	序号	年产量（万台）	生产费用（万元）	序号	年产量（万台）	生产费用（万元）
1	20	300	9	40	385	17	60	470	25	80	580
2	20	330	10	40	405	18	60	485	26	80	700
3	20	350	11	40	410	19	60	500	27	90	610
4	20	380	12	40	420	20	70	480	28	90	650
5	30	342	13	50	415	21	70	545	29	100	630
6	30	353	14	50	420	22	70	565	30	100	750
7	30	370	15	50	480	23	80	500			
8	40	380	16	50	525	24	80	560			

表 11.2　产品产量与生产费用单变量分组相关表

年产量（万台）	企业数（个）	生产费用（万元）	年产量（万台）	企业数（个）	生产费用（万元）
20	4	340	70	3	530
30	3	355	80	4	585
40	5	400	90	2	630
50	4	460	100	2	690
60	3	485			

（2）分组相关表是将原始资料进行分组而形成的相关表，可分为单变量分组相关表和双变量分组相关表。单变量分组相关表，对某一变量进行分组并计算次数，而对另一变量不分组，只计算同组内变量值的平均值。根据资料的具体情况，自变量分组可以是单项式（如表 11.2 所示），

也可以是组距式。单变量分组相关表与简单相关表相比，更能清晰地反映出两个变量之间的相关关系；双变量分组相关表是指两个都进行分组而形成的相关表，这种表形似棋盘，故又称为棋盘式相关表，如表 11.3 所示。

表 11.3　产品产量与生产费用双变量分组相关表

生产费用（万元）	年产量（万台）									合计
	20	30	40	50	60	70	80	90	100	
701～800									1	1
601～700						1	2	1		4
501～600				1		2	2			5
401～500			3	3	3	1	1			11
300～400	4	3	2							9
合　计	4	3	5	4	3	3	4	2	2	30

2. 散点图

利用直角坐标系第一象限，把自变量置于横轴上，因变量置于纵轴上，将两个变量相对应的 n 组观察数据（x_i, y_i）（$i=1, 2, \cdots, n$）用坐标点形式描绘出来，用以表明变量之间相关关系的图形，称为散点图。利用散点图可以判断现象之间有无相关关系，同时可以判断相关关系的类型（见图 11.3 和图 11.4）和相关关系的密切程度（见图 11.2）。

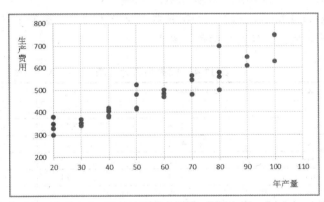

图 11.3　年产量与生产费用散点图（a）

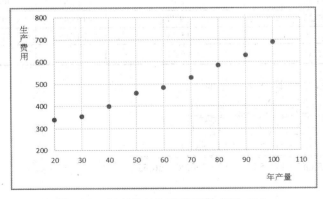

图 11.4　年产量与生产费用散点图（b）

三、确定相关关系的密切程度

散点图只能大体上反映变量间相关关系的方向、类型和密切程度，要确切地反映变量间相关关系的密切程度，还需计算相关系数。

在各种相关关系中，单相关是基本的相关关系，它是复相关的基础。单相关有线性相关和非线性相关两种表现形式。测定线性相关系数的方法是最基本的相关分析，是测定其他相关系数方法的基础。我们着重研究线性单相关系数，即直线相关系数，简称相关系数。

根据样本数据计算得到的测度两个变量之间线性相关关系的强度的数值称为样本相关系数，用 r 表示；根据总体全部数据计算的相关系数称为总体相关系数，用 ρ 表示。

1. 样本相关系数的计算

样本相关系数的计算方法有若干种，最简单的一种称为积差法，用积差法计算相关系数的公式为

$$r = \frac{\sigma_{xy}}{\sigma_x \sigma_y} = \frac{n\sum xy - \sum x \sum y}{\sqrt{n\sum x^2 - (\sum x)^2}\sqrt{n\sum y^2 - (\sum y)^2}} = \frac{\overline{xy} - \overline{x}\,\overline{y}}{\sigma_x \sigma_y} \tag{11.1}$$

式中，$\sigma_{xy} = \frac{1}{n}\sum(x-\overline{x})(y-\overline{y})$，称为 xy 的协方差；$\sigma_x = \sqrt{\frac{1}{n}\sum(x-\overline{x})^2}$，是变量 x 的标准差；$\sigma_y = \sqrt{\frac{1}{n}\sum(y-\overline{y})^2}$，是变量 y 的协方差。在 Excel 中，相关系数可以用函数 CORREL 来求解，也可以运用"数据分析"功能中的"相关系数"求解。

【例 11.1】如表 11.4 所示，已知人均国民收入 x 与人均消费金额 y 呈线性相关关系，根据表 11.4 中的 10 对数据，计算两者的相关系数。

表 11.4　相关系数计算表

序号	人均国民收入（x）	人均消费金额（y）	xy	x^2	y^2
1	5.44	3.29	17.90	29.59	10.82
2	6.68	4.06	27.12	44.62	16.48
3	7.38	4.51	33.28	54.46	20.34
4	8.60	5.13	44.12	73.96	26.32
5	10.69	6.43	68.74	114.28	41.34
6	11.69	6.99	81.71	136.66	48.86
7	12.51	7.13	89.20	156.50	50.84
8	14.30	8.03	114.83	204.49	64.48
9	17.26	9.47	163.45	297.91	89.68
10	21.00	11.48	241.08	441.00	131.79
合计	115.55	66.52	881.43	1553.47	500.96

解：根据相关系数计算公式计算如下：

$$\begin{aligned}
r &= \frac{n\sum xy - \sum x \sum y}{\sqrt{n\sum x^2 - (\sum x)^2}\sqrt{n\sum y^2 - (\sum y)^2}} \\
&= \frac{10 \times 881.43 - 115.55 \times 66.52}{\sqrt{10 \times 1553.47 - 115.55^2} \times \sqrt{10 \times 500.96 - 66.52^2}} \\
&= 0.9984
\end{aligned}$$

2. 相关系数的性质

（1）$|r| \leqslant 1$，即相关系数是介于 –1 到 +1 之间的实数。

（2）当 $|r|=1$ 时，变量 x 与 y 为完全线性相关，即变量 x 与 y 之间存在函数关系。

（3）当 $0<|r|<1$ 时，表明变量 x 与 y 之间存在着一定的线性相关关系。$|r|$ 的数值越接近 1，说明 x 与 y 之间线性相关程度越高；反之 $|r|$ 的数值越接近 0，说明 x 与 y 之间线性相关程度越低。一般而言，$0<|r|\leqslant0.3$，表示微弱相关；$0.3<|r|\leqslant0.5$，表示低度相关；$0.5<|r|\leqslant0.8$，表示显著相关；$0.8<|r|<1$，表示高度相关。

（4）当 $r>0$ 时，表明 x 与 y 正相关；当 $r<0$ 时，表明 x 与 y 负相关。

（5）当 $r=0$ 时，表明 x 与 y 之间没有线性相关关系，即 x 与 y 之间不相关或曲线相关。

（6）r 具有对称性。x 与 y 之间的相关系数 r_{xy} 和 y 与 x 之间的相关系数 r_{yx} 数值相等，即 $r_{xy}=r_{yx}$。

在例 11.1 中，$|r|=0.9984$，远大于 0.8，表明人均国民收入 x 与人均消费金额 y 高度相关。

四、相关系数的检验

相关系数是根据样本数据计算出来的，样本相关系数具有一定的随机性，它能否说明总体的相关程度往往同样本容量有一定的关系。一方面，当样本容量很小时，计算出的相关系数不一定能反映总体的真实相关关系；另一方面，两个不相关的变量，其样本相关系数也可能较高，这在统计上称为虚假相关。因此，要从样本相关系数判断总体是否也具有这样的关系，就需要对相关系数进行统计检验后才能得出结论。

这里采用费希尔提出的 t 分布检验，该检验可以用于小样本的检验，也可以用于大样本的检验。

（1）提出原假设 $H_0:\rho=0$，备择假设 $H_1:\rho\neq0$。

（2）构造 t 统计量：

$$t=|r|\sqrt{\frac{n-2}{1-r^2}}\sim t(n-2) \tag{11.2}$$

（3）进行统计决策。若 $|t|>t_{\alpha/2}$，则拒绝原假设 H_0，表明总体的两个变量之间存在显著的线性关系；若 $|t|\leqslant t_{\alpha/2}$，则接受原假设 H_0，表明总体的两个变量之间不存在显著的线性关系。

第三节　一元线性回归分析

一、一元线性回归模型

1. 回归模型的一般形式

对于模型 $y=f(x)+u$，若 x 与 y 确有因果关系，则称 $y=f(x)+u$ 为总体回归模型，x 为自变量（或解释变量或外生变量），y 为因变量（或被解释变量或内生变量），u 为随机项，是没有包含在该模型中的自变量和其他一些随机因素对 y 的总影响。

若给定 x,y 的 n 次观测值（样本值）(x_i,y_i)（$i=1,2,3,\cdots,n$），代入模型 $y=f(x)+u$ 中，得

$$y_i=f(x_i)+u_i \tag{11.3}$$

我们称式（11.3）为样本回归模型。

一般来说，随机项 u 来自以下几个方面。

（1）自变量的省略。由于人们认识的局限性，不能穷尽所有的影响因素，或由于受时间、费用、数据质量等因素的制约，而没有引入模型之中的，对被解释变量 y 又有一定影响的自变量被省略。

（2）统计误差。数据搜集中由于计量、计算、记录等导致的登记误差；或由样本信息推断总体信息时产生的代表性误差。

（3）模型的设定误差。如在模型构造时，非线性关系误用线性模型描述，复杂关系误用简单模型描述，此非线性关系误用彼非线性关系描述等。

（4）随机误差。被解释变量还受一些不可控的众多的、细小的偶然因素的影响。

2. 一元线性回归模型的表达式

对于总体回归模型 $y = f(x) + u$，特别地，当 $f(x) = \beta_0 + \beta_1 x$ 时，则有

$$y = \beta_0 + \beta_1 x + u \tag{11.4}$$

式中，β_0 和 β_1 为两个待定参数，β_0 为直线的截距，β_1 为直线的斜率。我们称式（11.4）为一元线性总体回归模型。

若给定 x, y 的 n 次观测值（样本值）(x_i, y_i)（$i = 1, 2, 3, \cdots, n$），代入式（11.4）中，得

$$y_i = \beta_0 + \beta_1 x_i + u_i \quad (i = 1, 2, 3, \cdots, n) \tag{11.5}$$

我们称式（11.5）为一元线性样本回归模型。

二、一元线性回归模型中随机项的基本假定

在给定样本观测值（样本值）(x_i, y_i)（$i = 1, 2, 3, \cdots, n$）后，为了估计式（11.5）中的参数 β_0 和 β_1，必须对随机项 u_i 作出某些合理的假定，这些假定通常称为古典假设。

假设 1 $E(u_i) = 0$

即假设随机项 u_i 的数学期望（均值）为零。这就是说，对于 x 的每个观测值，u 可以取不同值，有的大于零，有的小于零，但对于 u 的所有可能取值，它们的平均数等于零。

假设 2 $Var(u_i) = E((u_i - E(u_i))^2) = E(u_i^2) = \sigma_u^2$ $\quad (i = 1, 2, 3, \cdots, n)$

即假设各次观测中 u 具有相同的方差，也就是说各次观测所受的随机影响的程度相同。

对于不同的解释变量 x_i，如果随机项的方差不同，那么与其相对应的观察值 y_i 的可靠程度（与随机项的方差大小成反比）也不相同。对于不同的随机项 u_i 所对应的不同观测值 y_i 应分别赋予不同的权数，这样做会使参数的估计、检验和利用模型进行预测复杂化。如果满足同方差假设，将会使估计、检验和预测简化。

假设 3 $Cov(u_i, u_j) = E((u_i - E(u_i))(u_j - E(u_j))) = 0$（$i \neq j$；$i = 1, 2, \cdots, n$；$j = 1, 2, \cdots, n$）

即假设在任意两次观测时，u_i, u_j 是相互独立的，不相关的，也就是无序列相关。

如果假设 3 成立，则参数的检验和利用模型进行预测将被简化。

假设 2 和假设 3 称为高斯-马尔柯夫假设。在此假设条件下，可以得到关于回归系数的最小二乘估计及随机项方差估计的一些重要性质。

假设 4 $Cov(u_i, x_i) = 0$

即假设解释变量 x_i 与误差项 u_i 同期独立无关。如果两者相关，就不可能把 x 对 y 的影响和 u 对 y 的影响区分开来。

在一般情况下，x_i 为非随机变量（在预测时它是确定性变量），而 u_i 为随机变量，这一假

设很显然成立。

假设 5 $u_i \sim N(0, \alpha_u^2)$

即假设 u_i 为服从正态分布的随机变量。

对于大样本，由中心极限定理中的李雅普诺夫定理可知，无论 u_i 中包含的每一种影响因素服从什么分布，u_i 都近似服从正态分布，即在大样本条件下该假设成立。但对于小样本，该假设不一定成立，如果该假设不成立，就无法进行检验和预测。因为检验和预测，须知道总体 y 的分布情况。

在 u_i 服从正态分布的假设下，随机变量 y_i 也服从正态分布。

三、一元线性样本回归方程

对于一元线性样本回归模型 $y_i = \beta_0 + \beta_1 x_i + u_i$，在满足古典假设条件下，两边取均值，得一元线性理论回归方程 $E(y_i) = \beta_0 + \beta_1 x_i$，简称总体回归线。其中，$\beta_0$ 和 β_1 是未知的，实际上总体回归线是无法求得的，它只是理论上的存在，所以称为理论回归方程。但我们可以通过样本观测值来拟合一条直线，使它成为理论回归线的最佳估计，对于第 i 个 x 值，估计的回归方程可以表示成为

$$\hat{y}_i = b_0 + b_1 x_i \tag{11.6}$$

式（11.6）中，b_0 是估计的回归直线在 y 轴上的截距；$\hat{y}$ 是 y 的估计值；b_1 表示直线的斜率，表示 x 每变动一个单位时，y 的平均变动值。这条线我们称为一元线性样本回归线，简称样本回归线；式（11.6）称为一元线性样本回归方程，简称样本回归方程。又因式（11.6）的建立依赖于观测值，所以我们又称式（11.6）为经验回归方程。

四、普通最小二乘法

观测值 y_i 与它的拟合值 $\hat{y}_i$ 之差记为

$$e_i = y_i - \hat{y}_i = y_i - b_0 - b_1 x_i$$

式中，e_i 叫作残差，它是随机项 u_i 的估计值。

最小二乘准则是使全部观测值的残差平方和最小，即

$$Q = \sum e_i^2 = \sum (y_i - b_0 - b_1 x_i)^2 = \text{Min}$$

由微分极值原理可知，要使 Q 达到最小的充分必要条件是：Q 对 b_0 和 b_1 的一阶偏导数等于零，二阶偏导数大于零。依据必要条件，b_0 和 b_1 应满足下列方程组：

$$\begin{cases} \dfrac{\partial Q}{\partial b_0} = -2\sum_{i=1}^{n}(y_i - b_0 - b_1 x_i) = 0 \\ \dfrac{\partial Q}{\partial b_1} = -2\sum_{i=1}^{n}(y_i - b_0 - b_1 x_i)x_i = 0 \end{cases}$$

经整理后得如下正规方程组：

$$\begin{cases} \sum_{i=1}^{n} y_i = nb_0 + b_1 \sum_{i=1}^{n} x_i^2 \\ \sum_{i=1}^{n} x_i y = b_0 \sum_{i=1}^{n} x_i + b_1 \sum_{i=1}^{n} x_i^2 \end{cases}$$

由克莱姆法则得最小二乘估计量为

$$\begin{cases} b_1 = \dfrac{n\sum\limits_{i=1}^{n} x_i y_i - \sum\limits_{i=1}^{n} x_i \sum\limits_{i=1}^{n} y_i}{n\sum\limits_{i=1}^{n} x_i^2 - (\sum\limits_{i=1}^{n} x_i)^2} = \dfrac{\sum\limits_{i=1}^{n}(x_i - \overline{x})(y_i - \overline{y})}{\sum\limits_{i=1}^{n}(x_i - \overline{x})^2} = \dfrac{L_{xy}}{L_{xx}} \\ b_0 = \overline{y} - b_1 \overline{x} \end{cases} \tag{11.7}$$

式中，$\overline{y} = \frac{1}{n}\sum\limits_{i=1}^{n} y_i$，$\overline{x} = \frac{1}{n}\sum\limits_{i=1}^{n} x_i$，$L_{xy} = \sum\limits_{i=1}^{n}(x_i - \overline{x})(y_i - \overline{y})$，$L_{xx} = \sum\limits_{i=1}^{n}(x_i - \overline{x})^2$。由 $b_0 = \overline{y} - b_1\overline{x}$，可知 $\overline{y} = b_0 + b_1\overline{x}$，说明回归直线 $\hat{y}_i = b_0 + b_1 x_i$ 通过平均数这个点（$\overline{x}, \overline{y}$）。

上述方法就是普通最小二乘法。

五、拟合优度

估计的回归方程 $\hat{y}_i = b_0 + b_1 x_i$ 在一定程度上描述了自变量和因变量之间的数量关系，通过拟合的回归直线不断靠近离散的观测数据，从而形成了这一方程，最终可以依据自变量的取值来估计或预测因变量的取值，此时回归直线对于观测值的拟合程度就决定了后期预测的准确性。回归直线与各观测点之间的接近程度称为回归直线对数据的拟合优度，判定系数数值可以说明回归直线的拟合程度。

说明判定系数之前，需要了解因变量 y 取值的变差。变差的主要来源来自两个方面。首先是自变量的取值不同所造成的；其次是除自变量 x 之外的其他因素。变差的大小可以用总离差表示，即用实际观测值 y 与其均值 $\overline{y}$ 之差 $(y - \overline{y})$ 来表示。第 n 次观测值总变差由这些离差的平方和 SST 表示。

$$\text{SST} = \sum(y_i - \overline{y})^2 \tag{11.8}$$

因为每个观测点的离差都可以分解为

$$y - \overline{y} = (y - \hat{y}) - (\hat{y} - \overline{y}) \tag{11.9}$$

将式（11.9）两边平方，之后求和可以得到：

$$\sum(y_i - \overline{y})^2 = \sum(y_i - \hat{y}_i)^2 + \sum(\hat{y}_i - \overline{y})^2 + 2\sum(y_i - \hat{y}_i)(\hat{y}_i - \overline{y}) \tag{11.10}$$

其中，由于交叉项乘积为 0，所以上式最终可以写成：

$$\sum(y_i - \overline{y})^2 = \sum(y_i - \hat{y}_i)^2 + \sum(\hat{y}_i - \overline{y})^2 \tag{11.11}$$

根据式（11.11）可知，总平方和 SST 可以分解成两部分：其中，$\sum(\hat{y}_i - \overline{y})^2$ 是回归值 $\hat{y}_i$ 与均值 $\overline{y}$ 的离差平方和。根据估计的回归方程，估计值 $\hat{y}_i = b_0 + b_1 x_i$，则 $\sum(\hat{y}_i - \overline{y})^2$ 则反映了 y 的总变差中由于 x 与 y 之间的线性关系引起 y 的变化部分，它是可以由回归直线来解释的 y_i 变差部分，称为回归平方和，用 SSR 表示。而另一部分 $\sum(y_i - \hat{y}_i)^2$ 是各个实际观测值与回归值的残差 $(y_i - \hat{y}_i)$ 平方和，表示的是线性影响之外的其他因素对 y 变差的作用，即不能用回归直线来解释的 y_i 变差部分，称为残差平方和或误差平方和，用 SSE 表示。这三者的关系为

$$\text{SST} = \text{SSE} + \text{SSR} \tag{11.12}$$

需要说明的是，回归直线拟合的程度受到 SSR 与 SSE 的影响，其中 SSR／SST 的比例大小反映了回归直线的拟合程度，SSR／SST 的比例越大，则回归直线拟合得越好，该比例称为判定系数（coefficient of determination），记为 R^2，计算公式为

$$R^2 = \frac{\text{SSR}}{\text{SST}} = \frac{\sum(\hat{y}_i - \overline{y})^2}{\sum(y_i - \overline{y})^2} = 1 - \frac{\sum(y_i - \hat{y}_i)^2}{\sum(y_i - \overline{y})^2} \qquad (11.13)$$

判定系数 R^2 测度了回归直线对观测数据的拟合程度，若所有观测点都落在直线上，残差平方和 SSE=0，R^2=1，拟合是完全的；如果 y 的变化与 x 无关，x 完全无助于解释 y 值的变差，此时 $\hat{y} = \overline{y}$，则 R^2=0，可见 R^2 的取值范围是 $[0,1]$，R^2 越接近 1，则说明回归平方和占总平方和的比例越高，回归直线与各个观测点越接近，用 x 的变化解释 y 值变差的部分就越多，回归直线的拟合程度就越好；反之，R^2 越接近 0，则回归直线的拟合程度就越差。

在一元线性回归中，相关系数 r 实际上是判定系数的平方根，因此，相关系数也从另一个角度说明了回归直线的拟合程度。$|r|$ 越接近 1，表明回归直线对观测数据的拟合程度越高。

六、检验

当给定 x,y 的 n 次观测值（样本值）（x_i, y_i）（$i = 1,2,\cdots,n$），采用最小二乘法进行参数估计得经验回归方程 $\hat{y} = b_0 + b_1 x$ 后，我们还不能马上就用它去进行分析、预测和控制。因为 $\hat{y} = b_0 + b_1 x$ 是否真正描述了变量 x 与 y 之间的统计关系，或变量 x 与 y 之间的统计关系是否显著，还需对有关参数和方程进行统计显著性检验，才能作出回答或判定。

1. 回归系数的统计显著性检验——t 检验

t 检验（t-Test）属于回归系数的统计显著性检验，是对个别感兴趣参数的检验。其检验步骤如下。

（1）提出假设：

原假设 H_0：β_1=0

备择假设 H_1：$\beta_1 \neq 0$

如果原假设 H_0 成立，则因变量 y 与自变量 x 之间并没有真正的线性相关关系，即无论自变量 x 怎样变化，因变量 y 始终等于 b_0，也就是说自变量 x 的变化对因变量 y 并不产生影响。

（2）构造 t 统计量：

$$t = \frac{b_1}{\sqrt{Var(b_1)}} \sim t(n-m) \qquad (11.14)$$

式中，$\sqrt{Var(b_1)} = \dfrac{\sigma}{\sqrt{L_{xx}}}$ 为 b_1 的标准差；$\sigma^2 = \dfrac{1}{n-m}\sum\limits_{i=1}^{n} e_i^2 = \dfrac{1}{n-m}\sum\limits_{i=1}^{n}(y_i - \hat{y}_i)^2$ 是 σ_u^2 的无偏估计量；$m = k+1$（k 为自变量的个数）为变量的个数或估计参数个数，在一元线性回归方程中 $m = 2$（下同）。

（3）给定小概率（显著性水平 α），查 t 分布临界值 $t_{\alpha/2}(n-m)$。可以利用 Excel 中的函数 "Tinv" 进行计算。显著水平 α 通常可取 1% 或 5%。

（4）进行统计决策。当 $|t| \geqslant t_{\alpha/2}(n-m)$ 时，拒绝原假设 H_0，接受备择假设 H_1，认为 β_1 显著不为零，说明因变量 y 对自变量 x 的一元线性相关关系显著；当 $|t| < t_{\alpha/2}(n-m)$ 时，接受原假设 H_0，拒绝备择假设 H_1，认为 β_1 与零没有显著差异，说明因变量 y 对自变量 x 的一元线性相关关系不显著。

若我们知道了 $P-value$（概率值）（Excel 软件运行结果可给出），通常称为 P 值，也可根据 P 值进行比较，其判别标准是：当 $P-value \leqslant \alpha$ 时，$|t| \geqslant t_{\alpha/2}(n-m)$，此时拒绝原假设 H_0；

当 $P-value > \alpha$ 时，$|t| < t_{\alpha/2}(n-m)$，此时应接受原假设 H_0。

2. 回归方程的显著性检验——F 检验

F 检验（F-Test）属于回归方程的显著性检验，在线性回归分析中，是检验自变量 x 与因变量 y 之间的线性关系是否显著，为此，需要构造用于检验的统计量。该统计量的构造是以回归平方和（SSR）和残差平方和（SSE）为基础的，将 SSR 除以相应的自由度（SSR 的自由度是自变量的个数 k，一元线性回归中自由度为 1）后的结果称为均方回归，记为 MSR；将 SSE 除以其相应的自由度（SSE 的自由度为 $n-k-1$，一元线性回归中自由度为 $n-2$）后的结果称为均方残差，记为 MSE。

所以当原假设 $H_0 : \beta_0 = \beta_1 = 0$ 成立时，MSR/MSE 的值应接近 1，但如果原假设不成立，MSR/MSE 的值将变得无穷大，因此，较大的 MSR/MSE 值将导致拒绝原假设 H_0，此时就可以断定变量 x 与 y 之间存在着显著的线性关系。其检验步骤如下。

（1）提出假设。

原假设 $H_0 : \beta_0 = \beta_1 = 0$ （β_0, β_1 同时为零）

备择假设 $H_1 : \beta_0 \neq \beta_1 \neq 0$ （β_0, β_1 不同时为零）

（2）构造 F 统计量：

$$F = \frac{\text{SSR} / 1}{\text{SSE} / n-2} = \frac{\text{MSR}}{\text{MSE}} \sim F(1, n-2) \tag{11.15}$$

若原假设 H_0 不成立，即统计量 F 不服从第一自由度为 1，第二自由度为 $n-2$ 的 F 分布，则两个变量之间的线性关系显著。

（3）给定显著性水平 α，查 F 分布临界值 $F_\alpha(1, n-2)$。可以利用 Excel 中的函数 "Finv" 进行计算。

（4）作出统计决策。若 $F \geq F_\alpha(1, n-2)$，拒绝原假设 H_0，接受备择假设 H_1，则认为 x 与 y 的线性相关关系显著，即回归方程显著；若 $F < F_\alpha(1, n-2)$，接受原假设 H_0，则认为 x 与 y 的线性相关关系不显著，即回归方程不显著。

如果我们知道了 $SignificanceF$，通常也称为 P 值，也可根据 P 值进行比较，作出决策。其判别标准是：当 $P \leq \alpha$ 时，$F \geq F_\alpha(1, n-2)$，此时拒绝原假设 H_0；当 $P > \alpha$ 时，$F < F_\alpha(1, n-2)$，此时应接受原假设 H_0。

七、预测

当具体模型建立以后，在满足古典假设的条件下，若通过了各种统计显著性检验，便可用于预测和控制了。

1. 点预测

点预测分为两种：一是平均值的点预测，二是个别值的点预测。利用回归方程，对于 x 的一个固定值 x_0，推算出 y 的平均值的一个估计值 $E(y_0)$，就是平均值的点预测；如果对于 x 的一个特定值 x_0，推算出 y 的一个个别值的估计值 $\hat{y}_0$，则属于个别值的点预测。

对于给定的 x_0，则

$$\hat{y}_0 = b_0 + b_1 x_0 \tag{11.16}$$

$$E(y_0) = \beta_0 + \beta_1 x_0 \tag{11.17}$$

2. 区间预测

区间预测是指，对于给定的显著性水平α，找一个区间(y_1, y_2)，使对应于某个特定的x_0的实际值y_0，以$1-\alpha$的概率被区间(y_1, y_2)所包含。即$(\hat{y}_0 - y_1, \hat{y}_0 + y_2)$满足$P\{y_1 \leq y_0 \leq y_2\} = 1 - \alpha$。

区间预测也分为两种：一种是平均值的区间预测，另一种是个别值的区间预测。

（1）个别值的区间预测。由于b_0和b_1是$y_i (i = 1, 2, \cdots, n)$的线性组合，$\hat{y}_0 = b_0 + b_1 x_0$也是$y_i (i = 1, 2, \cdots, n)$的线性组合，在古典假设成立的条件下，$\hat{y}_0$服从正态分布，其均值为$E(\hat{y}_0) = \beta_0 + \beta_1 x_0$，其方差为

$$Var(\hat{y}_0) = (\frac{1}{n} + \frac{(x_0 - \overline{x})^2}{L_{xx}})\sigma^2 \qquad (11.18)$$

$$Var(y_0 - \hat{y}_0) = \sigma^2 + (\frac{1}{n} + \frac{(x_0 - \overline{x})^2}{L_{xx}})\sigma^2 = \left[1 + \frac{1}{n} + \frac{(x_0 - \overline{x})^2}{L_{xx}}\right]\sigma^2$$

所以：

$$y_0 - \hat{y}_0 \sim N(0, (1 + \frac{1}{n} + \frac{(x_0 - \overline{x})^2}{L_{xx}})\sigma^2) \qquad (11.19)$$

进而可知：

$$t = \frac{y_0 - \hat{y}_0}{\sqrt{1 + \frac{1}{n} + \frac{(x_0 - \overline{x})^2}{L_{xx}}}\sigma} \sim t(n - m) \qquad (11.20)$$

$$P\left\{t \leq t_{\alpha/2}(n - m)\right\} = 1 - \alpha$$

于是y_0的置信水平为$1 - \alpha$的预测区间为

$$\hat{y}_0 \pm t_{\alpha/2}(n - m)\sqrt{1 + \frac{1}{n} + \frac{(x_0 - \overline{x})^2}{L_{xx}}}\sigma \qquad (11.21)$$

由式（11.21）可以看出，对于给定的显著性水平α，样本容量n越大，$L_{xx} = \sum_{i=1}^{n}(x_i - \overline{x})^2$就越大，$x_0$越靠近$\overline{x}$，则置信区间长度就越短，此时的预测精度就越高。所以，为了提高预测精度，样本容量n应越大越好，所给定的x_0不能偏离$\overline{x}$太大。当$x_0 = \overline{x}$时，预测结果精度最高；当$|x_0 - \overline{x}|$很大时，预测效果就差。

（2）平均值的区间预测。由于：

$$\hat{y}_0 - E(y_0) \sim N(0, (\frac{1}{n} + \frac{(x_0 - \overline{x})^2}{L_{xx}})\sigma^2) \qquad (11.22)$$

于是$E(y_0)$的置信水平为$1 - \alpha$的置信区间为

$$\hat{y}_0 \pm t_{\alpha/2}(n - m)\sqrt{\frac{1}{n} + \frac{(x_0 - \overline{x})^2}{L_{xx}}}\sigma \qquad (11.23)$$

八、案例：一元线性回归模型的应用

已知某地区第1年～第26年的地区生产总值与货运周转量的数据如表11.5所示。

试对其进行一元线性回归分析。若第27年地区生产总值达到80亿元，试对其货运周转量作出区间预测（$\alpha = 5\%$）。

表 11.5 某地区第 1 年～第 26 年地区生产总值与货运周转量

年份	地区生产总值（亿元）	货运周转量（亿吨千米）	年份	地区生产总值（亿元）	货运周转量（亿吨千米）	年份	地区生产总值（亿元）	货运周转量（亿吨千米）
第 1 年	5	9	第 10 年	40	35	第 19 年	57	43.5
第 2 年	8.7	12	第 11 年	41	32	第 20 年	59	43.5
第 3 年	12	14	第 12 年	32	24	第 21 年	63	43.5
第 4 年	16	15	第 13 年	34	28	第 22 年	66.5	44
第 5 年	19	17	第 14 年	44	32	第 23 年	67	45.5
第 6 年	22	20	第 15 年	47	34	第 24 年	70.5	47
第 7 年	25	20.5	第 16 年	54	37	第 25 年	70.6	46
第 8 年	28	23.5	第 17 年	56.5	40	第 26 年	73	52
第 9 年	36	30	第 18 年	56	44			

（一）相关分析

绘制散点图，以观察地区生产总值与货运周转量之间的关系形态。用 Excel 软件制作散点图的步骤如下。

（1）选择"插入"下拉菜单。

（2）选择"图表"选项。

（3）选择 XY 散点图，单击"下一步"按钮。

（4）输入数据区域"=（B2:C27）"，单击"下一步"按钮。

（5）输入图表标题"散点图"、数值 X 轴"地区生产总值"、数值 Y 轴"货运周转量"，单击"下一步"按钮。

（6）选择"新工作表插入"还是"作为其中的对象插入"（在这里我们选择"作为其中的对象插入"），单击"完成"按钮（见图 11.5）。

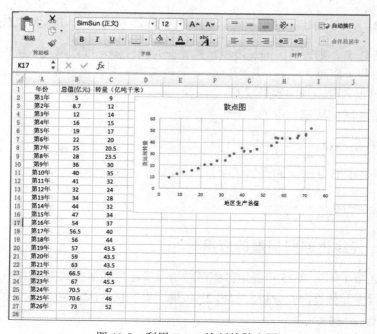

图 11.5 利用 Excel 绘制的散点图

由图 11.5 可以看出，地区生产总值与货运周转量之间具有线性相关关系。于是我们可以对地区生产总值 x 与货运周转量 y 建立一元线性回归方程 $\hat{y}_i = b_0 + b_1 x_i$ 进行回归分析。

（二）回归分析

用 Excel 软件进行回归计算的步骤如下。

（1）选择“工具”下拉菜单。

（2）选择“数据分析”选项。

（3）在分析工具中，选择“回归”，然后单击“确定”按钮

（4）Y 值输入区域输入“=（B1:B26）”，X 值输入区域输入“=（A1:A26）”，置信度定为 95%，输出区域（我们选“C1”单元格），单击“确定”按钮后，得到如图 11.6 所示的结果。

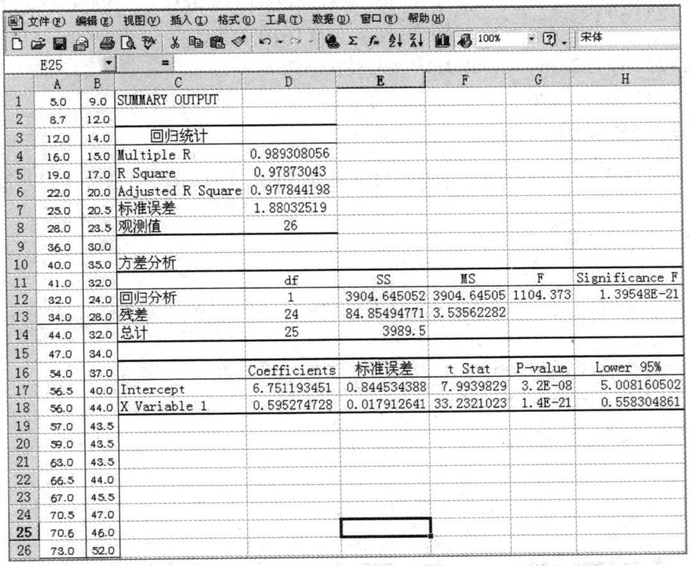

	A	B	C	D	E	F	G	H
1	5.0	9.0	SUMMARY OUTPUT					
2	8.7	12.0						
3	12.0	14.0	回归统计					
4	16.0	15.0	Multiple R	0.989308056				
5	19.0	17.0	R Square	0.97873043				
6	22.0	20.0	Adjusted R Square	0.977844198				
7	25.0	20.5	标准误差	1.88032519				
8	28.0	23.5	观测值	26				
9	36.0	30.0						
10	40.0	35.0	方差分析					
11	41.0	32.0		df	SS	MS	F	Significance F
12	32.0	24.0	回归分析	1	3904.645052	3904.64505	1104.373	1.39548E-21
13	34.0	28.0	残差	24	84.85494771	3.53562282		
14	44.0	32.0	总计	25	3989.5			
15	47.0	34.0						
16	54.0	37.0		Coefficients	标准误差	t Stat	P-value	Lower 95%
17	56.5	40.0	Intercept	6.751193451	0.844534388	7.9939829	3.2E-08	5.008160502
18	56.0	44.0	X Variable 1	0.595274728	0.017912641	33.2321023	1.4E-21	0.558304861
19	57.0	43.5						
20	59.0	43.5						
21	63.0	43.5						
22	66.5	44.0						
23	67.0	45.5						
24	70.5	47.0						
25	70.6	46.0						
26	73.0	52.0						

图 11.6　利用 Excel 软件进行回归计算

图 11.6 中的 SUMMARY　OUTPUT 包括以下三部分内容。

第一部分是“回归统计”。给出了多重相关系数 r、判定系数 R^2、修正的判定系数 R^2、标准误差和观测值的个数。如果两个变量是一元线性相关关系，Multiple R 表示的是相关系数 r 的绝对值，两个变量的相关方向由回归系数的符号决定。本例中，回归系数为 0.5952747，表明两个变量为正相关关系，因此相关系数 r=0.9898081。

第二部分是“方差分析”。给出了自由度（df）、回归平方和、残差平方和和总体残差和（SS）、回归平方和与残差平方和的均方（MS）、F 统计量和 F 检验的显著水平（$SignificanceF$）。

第三部分是参数估计的有关内容。给出了回归方程的截距 β_0 的估计值 b_0、斜率 β_1 的估计值 b_1、截距和斜率标准误差、t 检验中的 t 统计量“t Stat”、P 值“$P-value$”以及截距 b_0 和斜率 b_1 的置信区间“Lower 95%，Upper 95%”。

由图 11.6 可知，$\hat{y} = 6.7511935 + 0.5952747x$；$SignificanceF$ =1.395E−21 ($\alpha = 5\%$)；$P-value$ =1.395E-21 ($\alpha = 5\%$)；r=0.9893081；R^2=0.9787304；$\hat{\sigma}$ = 1.8803252；b_1 的置信区间为（0.5583049，0.6322446）。于是我们认为，地区生产总值 x 与货运周转量 y 之间的线性相关关系显著，统计显著性检验通过。

（三）预测

1. 点预测

如果第 27 年地区生产总值达到 80 亿元，即给定 $x_0=80$（亿元），则货运周转量为

$$\hat{y}_0 = 6.7511935+0.5952747\times 80 =54.3731695 \text{（亿吨千米）}$$

2. 区间预测

如果第 27 年地区生产总值达到 80 亿元，则其货运周转量的区间预测 $(\alpha = 5\%)$ 如下。

（1）个别值的区间预测。依据 y_0 的置信水平为 $1-\alpha$ 的预测区间公式：

$$\hat{y}_0 \pm t_{\alpha/2}(n-m)\sqrt{1+\frac{1}{n}+\frac{(x_0-\bar{x})^2}{L_{xx}}}\sigma$$

$$=54.3731695 \pm t_{0.05/2}(26-2)\sqrt{1+\frac{1}{26}+\frac{(80-42.41538462)^2}{11019.11385}}\times\sqrt{\frac{84.85494771}{26-2}}$$

$$=54.3731695\pm 2.064\times 1.080119\times 1.8803252$$

$$=54.3731695\pm 4.196$$

置信区间为[50.177，58.569]。

（2）均值的区间预测。依据均值 $E(y_0)$ 的置信水平为 $1-\alpha$ 的置信区间公式：

$$\hat{y}_0 \pm t_{\alpha/2}(n-2)\sqrt{\frac{1}{n}+\frac{(x_0-\bar{x})^2}{L_{xx}}}\sigma$$

$$=54.3731695 \pm t_{0.05/2}(26-2)\sqrt{\frac{1}{26}+\frac{(80-42.41538462)^2}{11019.11385}}\times 1.8803252$$

$$=54.3731695\pm 2.064\times 0.408236777\times 1.8803252$$

$$=54.3731695\pm 1.58436$$

置信区间为[52.7888，55.9575]。

第四节　多元线性回归分析

在许多实际问题中，往往有多个影响因变量的因素，这种一个因变量同多个自变量的回归问题就是多元回归。多元线性回归分析的原理与一元线性回归基本相同，但计算要复杂得多，需要借助计算机来完成。

一、多元线性回归模型及其假设

1. 多元线性回归模型的一般形式

如果被解释变量（因变量）y 与 k 个解释变量（自变量）$x_1,x_2,\cdots,x_k$ 之间有线性相关关系，那么它们之间的多元线性总体回归模型可以表示为

$$y = \beta_0 + \beta_1 x_1 + \beta_2 x_2 + \cdots + \beta_k x_k + u \tag{11.24}$$

式中，$\beta_0,\beta_1,\beta_2,\cdots,\beta_k$ 是 $k+1$ 个未知参数，又称为回归系数；u 是随机误差项。

如果我们将 n 组实际观测数据 $y_i,x_{i1},x_{i2},\cdots,x_{ik}(i=1,2,\cdots,n)$，代入式（11.24）中，可得到下式：

$$y_i = \beta_0 + \beta_1 x_{i1} + \beta_2 x_{i2} + \cdots + \beta_k x_{ik} + u_i \tag{11.25}$$

即

$$
\begin{cases}
y_1 = \beta_0 + \beta_1 x_{11} + \beta_2 x_{12} + \cdots + \beta_k x_{1k} + u_1 \\
y_2 = \beta_0 + \beta_1 x_{21} + \beta_2 x_{22} + \cdots + \beta_k x_{2k} + u_2 \\
\qquad\qquad \cdots\cdots \\
y_n = \beta_0 + \beta_1 x_{n1} + \beta_2 x_{n2} + \cdots + \beta_k x_{nk} + u_n
\end{cases}
$$

写成矩阵形式为

$$
\begin{bmatrix} y_1 \\ y_2 \\ \vdots \\ y_n \end{bmatrix} =
\begin{bmatrix}
1 & x_{11} & x_{12} & \cdots & x_{1k} \\
1 & x_{21} & x_{22} & \cdots & x_{2k} \\
\vdots & \vdots & \vdots & \cdots & \vdots \\
1 & x_{n1} & x_{n2} & \cdots & x_{nk}
\end{bmatrix}
\begin{bmatrix} \beta_0 \\ \beta_1 \\ \vdots \\ \beta_k \end{bmatrix} +
\begin{bmatrix} u_1 \\ u_2 \\ \vdots \\ u_n \end{bmatrix}
$$

即

$$
\boldsymbol{Y} = \boldsymbol{XB} + \boldsymbol{U} \tag{11.26}
$$

式（11.26）为多元线性回归模型的矩阵表达式，代表了总体变量间的真实关系，式中，

$$
\boldsymbol{Y} = \begin{bmatrix} y_1 \\ y_2 \\ \vdots \\ y_n \end{bmatrix} \quad
\boldsymbol{X} = \begin{bmatrix}
1 & x_{11} & x_{12} & \cdots & x_{1k} \\
1 & x_{21} & x_{22} & \cdots & x_{2k} \\
\vdots & \vdots & \vdots & \cdots & \vdots \\
1 & x_{n1} & x_{n2} & \cdots & x_{nk}
\end{bmatrix} \quad
\boldsymbol{B} = \begin{bmatrix} \beta_0 \\ \beta_1 \\ \vdots \\ \beta_k \end{bmatrix} \quad
\boldsymbol{U} = \begin{bmatrix} u_1 \\ u_2 \\ \vdots \\ u_n \end{bmatrix}
$$

$\boldsymbol{Y}$ 表示因变量的观测值向量，$\boldsymbol{X}$ 表示自变量的观测值向量，$\boldsymbol{B}$ 表示总体参数向量，$\boldsymbol{U}$ 表示随机误差项向量。

2. 多元线性回归模型的基本假定

为了方便进行模型的参数估计，对多元线性回归模型式（11.24）需作如下基本假定。

（1）随机误差项 u_i 的期望值为零，即 $E(u_i)=0$。这意味着对于给定 $x_1, x_2, \cdots, x_k$ 的值，y 的期望值为

$$
E(y) = \beta_0 + \beta_1 x_1 + \beta_2 x_2 + \cdots + \beta_k x_k \tag{11.27}
$$

我们称式（11.27）为多元线性回归方程，它代表了总体变量间的依存关系。

（2）随机误差项 u_i 的方差与 t 无关，为一个常数项，即 $Var(u)=\sigma^2$。

（3）随机误差项 u_i 之间无序列相关，即

$$
COV(u_i, u_j) = 0 \qquad (i \neq j; \ i=1,2,\cdots,n; \ j=1,2,\cdots,n)
$$

（4）自变量 x_{il} 与随机误差项 u_i 同期独立无关，即

$$
COV(u_i, x_{il}) = 0 \qquad (i=1,2,\cdots,n; \ l=1,2,\cdots,k)
$$

（5）随机误差项 u_i 服从正态分布，即 $u_i \sim n(0, \sigma^2)$。

（6）各个自变量之间不存在多重共线性，即假定各个自变量之间不存在线性关系。

二、参数估计

1. 样本回归模型与样本回归方程

若对于总体回归模型式（11.24）中的参数进行估计，便可得到样本回归模型为

$$
y_i = b_0 + b_1 x_{i1} + b_2 x_{i2} + \cdots + b_k x_{ik} + e_i \tag{11.28}
$$

式中，$b_0, b_1, b_2, \cdots, b_k$ 分别是 $\beta_0, \beta_1, \beta_2, \cdots, \beta_k$ 的估计量；e_i 是 μ_i 的估计量。样本回归模型的矩阵形式为

$$
\boldsymbol{Y} = \boldsymbol{X}\hat{\boldsymbol{B}} + \boldsymbol{E}
$$

式中，

$$Y = \begin{bmatrix} y_1 \\ y_2 \\ \vdots \\ y_n \end{bmatrix} \quad X = \begin{bmatrix} 1 & x_{11} & x_{12} & \cdots & x_{1k} \\ 1 & x_{21} & x_{22} & \cdots & x_{2k} \\ \vdots & \vdots & \vdots & \cdots & \vdots \\ 1 & x_{n1} & x_{n2} & \cdots & x_{nk} \end{bmatrix} \quad \hat{B} = \begin{bmatrix} b_0 \\ b_1 \\ \vdots \\ b_k \end{bmatrix} \quad E = \begin{bmatrix} e_1 \\ e_2 \\ \vdots \\ e_n \end{bmatrix}$$

若对于总体回归方程式（11.27）进行估计，便可得到样本回归方程为

$$\hat{y}_i = b_0 + b_1 x_{i1} + b_2 x_{i2} + \cdots + b_k x_{ik} \tag{11.29}$$

式中，$\hat{y}_i$ 是 $E(y_i)$ 的无偏估计量；$b_0, b_1, b_2, \cdots, b_k$ 分别是 $\beta_0, \beta_1, \beta_2, \cdots, \beta_k$ 的无偏估计量。

样本回归方程的矩阵形式为

$$\hat{Y} = X\hat{B} \tag{11.30}$$

式中，

$$\hat{Y} = \begin{bmatrix} \hat{y}_1 \\ \hat{y}_2 \\ \vdots \\ \hat{y}_n \end{bmatrix} \quad X = \begin{bmatrix} 1 & x_{11} & x_{12} & \cdots & x_{1k} \\ 1 & x_{21} & x_{22} & \cdots & x_{2k} \\ \vdots & \vdots & \vdots & \cdots & \vdots \\ 1 & x_{n1} & x_{n2} & \cdots & x_{nk} \end{bmatrix} \quad \hat{B} = \begin{bmatrix} b_0 \\ b_1 \\ \vdots \\ b_k \end{bmatrix}$$

2. 参数的最小二乘估计

多元线性回归方程的未知参数的估计与一元线性回归方程的参数估计原理一样，仍然可以采用普通最小二乘法进行参数估计，使全部观测值 y_i 与回归值 $\hat{y}_i$ 的残差平方和最小。使

$$Q = \sum_{i=1}^{n} e_i = \sum_{i=1}^{n} (y_i - \hat{y}_i)^2 = \sum_{i=1}^{n} (y_i - b_0 - b_1 x_{i1} - b_2 x_{i2} - \cdots - b_k x_{ik})^2 \text{ 达到最小。}$$

根据微分极值原理可知，$b_0, b_1, b_2, \cdots, b_k$ 应满足下列方程组：

$$\begin{cases} \dfrac{\partial Q}{\partial \beta_0} = -2\sum_{i=1}^{n} (y_i - b_0 - b_1 x_{i1} - b_2 x_{i2} - \cdots - b_k x_{ik}) = 0 \\ \dfrac{\partial Q}{\partial \beta_1} = -2\sum_{i=1}^{n} (y_i - b_0 - b_1 x_{i1} - b_2 x_{i2} - \cdots - b_k x_{ik}) x_{i1} = 0 \\ \qquad\qquad \cdots\cdots \\ \dfrac{\partial Q}{\partial \beta_k} = -2\sum_{i=1}^{n} (y_i - b_0 - b_1 x_{i1} - b_2 x_{i2} - \cdots - b_k x_{ik}) x_{ik} = 0 \end{cases}$$

即

$$\begin{cases} \sum_{i=1}^{n} y_i = nb_0 + b_1 \sum_{i=1}^{n} x_{i1} + b_2 \sum_{i=1}^{n} x_{i2} + \cdots + b_k \sum_{i=1}^{n} x_{ik} \\ \sum_{i=1}^{n} x_{i1} y_i = b_0 \sum_{i=1}^{n} x_{i1} + b_1 \sum_{i=1}^{n} x_{i1}^2 + b_2 \sum_{i=1}^{n} x_{i1} x_{i2} + \cdots + b_k \sum_{i=1}^{n} x_{i1} x_{ik} \\ \qquad\qquad \cdots\cdots \\ \sum_{i=1}^{n} x_{ik} y_i = b_0 \sum_{i=1}^{n} x_{ik} + b_1 \sum_{i=1}^{n} x_{i1} x_{ik} + b_2 \sum_{i=1}^{n} x_{i2} x_{ik} + \cdots + b_k \sum_{i=1}^{n} x_{ik}^2 \end{cases} \tag{11.31}$$

利用克莱姆法则可以解得参数 $b_0, b_1, b_2, \cdots, b_k$。写成矩阵形式为

$$X^{\mathrm{T}} Y = X^{\mathrm{T}} X \hat{B} \tag{11.32}$$

式中，

$$\boldsymbol{X}^{\mathrm{T}}\boldsymbol{Y} = \begin{bmatrix} 1 & 1 & \cdots & 1 \\ x_{11} & x_{21} & \cdots & x_{n1} \\ \vdots & \vdots & \cdots & \vdots \\ x_{1k} & x_{2k} & \cdots & x_{nk} \end{bmatrix} \begin{bmatrix} y_1 \\ y_2 \\ \vdots \\ y_n \end{bmatrix} = \begin{bmatrix} \sum_{i=1}^{n} y_i \\ \sum_{i=1}^{n} x_{i1} y_i \\ \vdots \\ \sum_{i=1}^{n} x_{ik} y_i \end{bmatrix} \qquad \hat{\boldsymbol{B}} = \begin{bmatrix} b_0 \\ b_1 \\ \vdots \\ b_k \end{bmatrix}$$

$$\boldsymbol{X}^{\mathrm{T}}\boldsymbol{X} = \begin{bmatrix} 1 & 1 & \cdots & 1 \\ x_{11} & x_{21} & \cdots & x_{n1} \\ \vdots & \vdots & \cdots & \vdots \\ x_{1k} & x_{2k} & \cdots & x_{nk} \end{bmatrix} \begin{bmatrix} 1 & x_{11} & \cdots & x_{1k} \\ 1 & x_{21} & \cdots & x_{2k} \\ \vdots & \vdots & \cdots & \vdots \\ 1 & x_{n1} & \cdots & x_{nk} \end{bmatrix}$$

$$= \begin{bmatrix} n & \sum_{i=1}^{n} x_{i1} & \sum_{i=1}^{n} x_{i2} & \cdots & \sum_{i=1}^{n} x_{ik} \\ \sum_{i=1}^{n} x_{i1} & \sum_{i=1}^{n} x_{i1}^2 & \sum_{i=1}^{n} x_{i1} x_{i2} & \cdots & \sum_{i=1}^{n} x_{i1} x_{ik} \\ \vdots & \vdots & \vdots & \cdots & \vdots \\ \sum_{i=1}^{n} x_{ik} & \sum_{i=1}^{n} x_{i1} x_{ik} & \sum_{i=1}^{n} x_{i1} x_{ik} & \cdots & \sum_{i=1}^{n} x_{ik}^2 \end{bmatrix}$$

由式（11.32）和古典假设 6 $rank(\boldsymbol{X}) = k+1$，得

$$\hat{\boldsymbol{B}} = (\boldsymbol{X}^{\mathrm{T}}\boldsymbol{X})^{-1}\boldsymbol{X}^{\mathrm{T}}\boldsymbol{Y} \qquad\qquad (11.33)$$

我们称式（11.33）为参数 $\beta_0, \beta_1, \beta_2, \cdots, \beta_k$ 的最小二乘估计量。

【例 11.2】经过调查，发现家庭书刊消费水平受家庭收入及户主受教育年数的影响。现对某地区的家庭进行抽样调查，得到样本数据如表 11.6 所示，其中因变量 y 表示家庭书刊消费水平（元/年），自变量 x 表示家庭收入（元／月），T 表示户主受教育年数。请估计家庭书刊消费水平同家庭收入、户主受教育年数之间的线性关系。

表 11.6　某地区家庭书刊消费水平及影响因素调查数据表

序号	家庭书刊消费（y）	家庭收入（x）	户主受教育程度（T）	序号	家庭书刊消费（y）	家庭收入（x）	户主受教育程度（T）	序号	家庭书刊消费（y）	家庭收入（x）	户主受教育程度（T）
1	450	1027.2	8	7	541.8	1641	9	13	580.8	2147.4	8
2	507.7	1045.2	9	8	611.1	1768.8	10	14	612.7	2154	10
3	613.9	1225.8	12	9	1222.1	1981.2	18	15	890.8	2231.4	14
4	563.4	1312.2	9	10	793.2	1998.6	14	16	1121	2611.8	18
5	501.5	1316.4	7	11	660.8	2196	10	17	1094.2	3143.4	16
6	781.5	1442.4	15	12	792.7	2105.4	12	18	1253	3624.6	20

解： 第一步，根据样本数据，写出如下矩阵：

$$\boldsymbol{Y} = \begin{pmatrix} 450 \\ 507.7 \\ \cdots \\ 1094.2 \\ 1253 \end{pmatrix} \qquad \boldsymbol{X} = \begin{pmatrix} 1 & 1027.2 & 8 \\ 1 & 1045.2 & 9 \\ \cdots & \cdots & \cdots \\ 1 & 3143.4 & 16 \\ 1 & 3624.6 & 20 \end{pmatrix}$$

第二步，计算 $\boldsymbol{X'X}$、$(\boldsymbol{X'X})^{-1}$、$\boldsymbol{X'Y}$ 三个矩阵：

$$X'X = \begin{pmatrix} 18 & 34972.8 & 219 \\ 34972.8 & 76252056 & 458076 \\ 219 & 458076 & 2929 \end{pmatrix}$$

$$(X'X)^{-1} = \begin{pmatrix} 0.661273 & -0.0001 & -0.03324 \\ -0.0001 & 2.33E-07 & -2.9E-05 \\ -0.03324 & -2.9E-05 & 0.007315 \end{pmatrix} \quad X'Y = \begin{pmatrix} 13592.2 \\ 28832356 \\ 182039.7 \end{pmatrix}$$

第三步，计算参数向量 B 的最小二乘估计 $\hat{B}$：

$$\hat{B} = (X'X)^{-1}X'Y = \begin{pmatrix} 0.661273 & -0.0001 & -0.03324 \\ -0.0001 & 2.33E-07 & -2.9E-05 \\ -0.03324 & -2.9E-05 & 0.007315 \end{pmatrix}\begin{pmatrix} 13592.2 \\ 28832356 \\ 182039.7 \end{pmatrix}$$

$$= \begin{pmatrix} -50.0164 \\ 0.08645 \\ 52.37031 \end{pmatrix}$$

所以，样本回归方程为

$$\hat{y} = -50.0164 + 0.08645x + 52.37031T$$

运用 Excel 中的"数据分析"中的"回归"工具也可以得到上述结果（见图 11.7）。

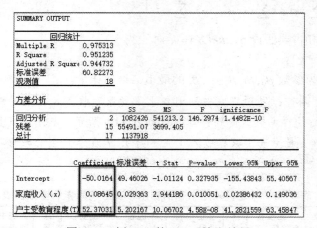

图 11.7 例 11.2 的 Excel 输出结果

三、统计显著性检验

当我们用多元线性回归方程去拟合被解释变量（因变量）y 与解释变量（自变量）$x_1, x_2, \cdots, x_k$ 之间的关系时，在进行参数估计之前，我们只是根据一些定性分析和图形所作的一种假设。究竟这些变量之间是否真正具有多元线性相关关系，还需进行相关统计显著性检验。只有通过检验的模型，才能用于预测和分析。

（一）判定系数检验（$R^2 - Test$）

我们把回归解释平方和 $SSR = \sum_{i=1}^{n}(\hat{y}_i - \bar{y})^2$，在总离差平方和 $SST = \sum_{i=1}^{n}(y_i - \bar{y})^2$ 中所占的比重定义为判定系数 R^2（$R^2 = \dfrac{SSR}{SST}$），见式（11.13）。很显然，$0 \leqslant R^2 \leqslant 1$。$R^2$ 越大说明回归方程与样本值拟合得越好，反之越差。由于 R^2 与模型中的解释变量个数有关，即如果观测值 y 不变，判定系数 R^2 将随解释变量的数目增大而增大，因而需对 R^2 进行调整。修正的判定系

数 $\overline{R}^2$ 为

$$\overline{R}^2 = 1 - \frac{(1-R^2)(n-1)}{n-k-1} = 1 - \frac{\sum e_i^2 / n-k-1}{\sum (y_i - \overline{y})^2 / n-1} \qquad (11.34)$$

式中，n 是样本观测值的个数，k 是解释变量的个数。

在例 11.2 中，如图 11.7 所示，SSR $=1082426$，SST $=1137918$，$n=18$，$k=2$，则 $n-k-1=15$。

$$R^2 = \frac{1082426}{1137918} = 0.951235$$

$$\overline{R}^2 = 1 - \frac{(1-R^2)(n-1)}{n-k-1} = 1 - \frac{(1-0.951235)\times 17}{15} = 0.944732$$

R^2 和 $\overline{R}^2$ 均接近于 1，说明回归方程与样本值拟合得好。

需要指出的是，R^2 或 $\overline{R}^2$ 只能说明在给定的样本条件下回归方程与样本观测值拟合的优度（回归解释的百分比），并不能对总体模型进行推断。

（二）F 检验

F 检验（F-Test）属于回归方程的显著性检验，其检验步骤如下。

（1）提出假设：

原假设 H_0 $\qquad \beta_0 = \beta_1 = \cdots = \beta_k = 0$ $\qquad$（$\beta_0, \beta_1, \beta_2, \ldots, \beta_k$ 同时为零）

备择假设 H_1 $\qquad \beta_0 \neq \beta_1 \neq \cdots \neq \beta_k \neq 0$ $\qquad$（$\beta_0, \beta_1, \beta_2, \ldots, \beta_k$ 不同时为零）

（2）构造 F 统计量：

$$F = \frac{\text{SSR}/k}{\text{SSE}/n-k-1} \sim F_\alpha(k, n-k-1) \qquad (11.35)$$

即统计量 F 服从第一自由度为 k，第二自由度为 $n-k-1$ 的 F 分布。

（3）给定显著性水平 α，查 F 分布临界值 $F_\alpha(k, n-k-1)$。可以利用 Excel 中的函数 "Finv" 进行计算。显著性水平 α 通常可取 1% 或 5%。

（4）作出统计决策。若 $F \geqslant F_\alpha(k, n-k-1)$，拒绝原假设 H_0，接受备择假设 H_1，则认为在显著性水平 α 下，被解释变量（因变量）y 与解释变量（自变量）$x_1, x_2, \cdots, x_k$ 之间的线性相关关系显著，即回归方程显著；若 $F < F_\alpha(k, n-k-1)$ 时，接受原假设 H_0，则认为被解释变量（因变量）y 与解释变量（自变量）$x_1, x_2, \cdots, x_k$ 之间的线性相关关系不显著，即回归方程不显著。

若我们知道了 $SignificanceF$，通常也称为 P 值，也可根据 P 值进行比较，作出决策。其判别标准是：当 $SignificanceF \leqslant \alpha$ 时，$F \geqslant F_\alpha(k, n-k-1)$，此时拒绝原假设 H_0；当 $SignificanceF > \alpha$ 时，$F < F_\alpha(k, n-k-1)$，此时应接受原假设 H_0。

在【例 11.2】中，如图 11.7 所示，SSR $=1082426$，SSE $=55491.07$，$k=2$，$n-k-1=15$，所以：

$$F = \frac{1082426/2}{55491.0/15} = \frac{541213.2}{3699.405} = 146.2974$$

在 Excel 软件中，$F_\alpha(k, n-k-1)$ 可通过函数 FINV 求得，取 $\alpha = 0.05$，则 $F_\alpha(k, n-k-1) =$ FINV(0.05,2,15)=3.68232，因为 $F > F_{0.05}$，所以拒绝原假设 H_0，即在显著性水平 α 下，因变量家庭书刊消费 y 与自变量家庭收入 x 及户主受教育年数 T 之间的线性相关关系显著。本例中，P 值为 1.448E–10，远小于 0.05，也能证明拒绝原假设 H_0 成立。

（三）t 检验

t 检验属于回归系数的统计显著性检验，是对个别参数的显著性检验。

在一元线性回归中，t 检验与 F 检验是等价的，而在多元线性回归中，这两种检验是不等价的。F 检验显著，说明被解释变量（因变量）y 与解释变量（自变量）x_1，x_2，$\cdots$，x_k 之间整体的线性相关关系是显著的，即回归方程显著。但并不等于被解释变量（因变量）y 与每个解释变量（自变量）x_j 之间的线性相关关系都显著。

t 检验的思路和步骤如下。

（1）提出假设：

原假设 $H_0: \beta_j = 0$　　　　$j = 0,1,2,\cdots,k$

备择假设 $H_1: \beta_j \neq 0$　　　$j = 0,1,2,\cdots,k$

如果原假设 H_0 成立，则因变量 y 与自变量 x_j 之间的线性相关关系不显著，即某个自变量 x_j 对因变量 y 的作用或影响不显著。

（2）构造 t 统计量：

$$t = \frac{b_j}{s(b_j)} = \frac{b_j}{\sqrt{\mathrm{Var}(b_j)}} \sim t_{\alpha/2}(n-k-1) \tag{11.36}$$

式中，$\sqrt{Var(b_j)} = \sqrt{C_{jj}\hat{\sigma}_u^2} = \sqrt{C_{jj}\dfrac{\sum\limits_{i=1}^{n}(y_i-\hat{y}_i)^2}{n-k-1}}$ 为 b_j 的标准差；$\hat{\sigma}_u^2 = \dfrac{1}{n-m}\sum\limits_{i=1}^{n}e_i^2$ $= \dfrac{1}{n-m}\sum\limits_{i=1}^{n}(y_i-\hat{y}_i)^2$（$\hat{\sigma}_u^2 = \mathrm{SSE}/n-k-1$）为 σ_u^2 的无偏估计量；$m = k+1$（k 为自变量的个数）为变量的个数或估计参数总数。c_{jj} 为矩阵 $(X'X)^{-1}$ 中第 j 行第 j 列位置上的元素。

在例 11.2 中，有

$$(X'X)^{-1} = \begin{pmatrix} 0.661273 & -0.0001 & -0.03324 \\ -0.0001 & 2.33\mathrm{E}-07 & -2.9\mathrm{E}-05 \\ -0.03324 & -2.9\mathrm{E}-05 & 0.007315 \end{pmatrix}$$

所以 $c_{11} = 0.661273$，$c_{22} = 2.33\mathrm{E}-07$，$c_{33} = 0.007315$，$\hat{\sigma}_u = \sqrt{\mathrm{SSE}/n-k-1} = \sqrt{55491.07/15}$ $= \sqrt{3699.405} = 60.82273$（即图 11.7 中的标准误差）。经过计算，两个 t 统计量分别为

$$t_1 = \frac{b_1}{\hat{\sigma}_u\sqrt{c_{22}}} = \frac{0.08645}{60.82273 \times \sqrt{2.33\mathrm{E}-07}} = \frac{0.08645}{0.029363} = 2.944186$$

$$t_2 = \frac{b_2}{\hat{\sigma}_u\sqrt{c_{33}}} = \frac{52.37031}{60.82273 \times \sqrt{0.007315}} = \frac{52.37031}{5.202167} = 10.06702$$

（3）给定小概率（显著性水平 α），查 t 分布临界值 $t_{\frac{\alpha}{2}}(n-m)$。可以利用 Excel 中的函数 "TINV" 进行计算。显著性水平 α 通常可取 1% 或 5%。在例 11.2 中，$t_{\alpha/2}(n-m)$（即 $t_{\alpha/2}(n-k-1)$），可由 TINV(0.05,15) 计算得出，约为 2.13。

（4）作出统计决策。当 $|t_j| \geqslant t_{\frac{\alpha}{2}}(n-m)$ 时，拒绝原假设 $H_0: \beta_j = 0$，接受备择假设 H_1，认为 β_j 显著不为零，说明自变量 x_j 对因变量 y 的线性相关关系显著；当 $|t_j| < t_{\frac{\alpha}{2}}(n-m)$ 时，接受原假设 H_0，拒绝备择假设 H_1，认为 β_j 与零没有显著差异，说明自变量 x_j 对因变量 y 的线性相关关系不显著。

在例 11.2 中，2.944186 和 10.06702 均大于 2.13，即 t_1 和 t_2 均大于 $t_{\alpha/2}(n-m)$，所以拒绝

原假设 H_0，也就是说家庭收入 x 和户主受教育程度 T 两个自变量对因变量家庭书刊消费水平 y 的线性相关关系都是显著的。

若我们知道了 $P\text{-}value$，通常称为 P 值，也可根据 P 值进行比较，其判别标准是：当 $P\text{-}value \leqslant \alpha$ 时，$|t_j| \geqslant t_{\alpha/2}(n-m)$，此时拒绝原假设 H_0；当 $P\text{-}value > \alpha$ 时，应接受原假设 H_0。

在例 11.2 中，如图 11.7 所示，两个 P 值分别为 0.010051 和 4.58E-08，均小于 α（即 0.05），所以拒绝原假设 H_0。

四、利用多元线性回归方程进行预测

当模型建立起来以后，通过了各种检验与校正，已充分证明了模型是优良的，就可以给定解释变量 x_j 某一特定值 x_{0j} 对因变量 y 进行估计。与一元线性回归一样，多元线性回归预测也分为点预测和区间预测。

1. 点预测

当给定解释变量 x_j 某一特定值 x_{0j}（$j = 1, 2, \cdots, k$），用矩阵表示为 $\boldsymbol{X}_0 = (1, x_{01}, x_{02}, \cdots, x_{0k})$。对因变量 y 进行点估计为 $\hat{y}_0 = b_0 + b_1 x_{01} + b_2 x_{02} + \cdots + b_k x_{0k}$，用矩阵表示为 $\hat{\boldsymbol{Y}}_0 = \boldsymbol{X}_0 \boldsymbol{B}$。

2. 区间预测

（1）个别值的区间预测。可以证明（$Y_0 - \hat{Y}_0$）$\sim N$（$\boldsymbol{X}_0\boldsymbol{B}, \sigma_u^2(1 + \boldsymbol{X}_0(\boldsymbol{X}^\mathrm{T}\boldsymbol{X})^{-1}\boldsymbol{X}_0^\mathrm{T})$），所以，在给定了显著性水平 α 之后，个别值在 $1-\alpha$ 概率保证下的区间预测为

$$\hat{Y}_0 \pm t_{\alpha/2}(n-m)\hat{\sigma}_u\sqrt{1 + \boldsymbol{X}_0(\boldsymbol{X}^\mathrm{T}\boldsymbol{X})^{-1}\boldsymbol{X}_0^\mathrm{T}} \qquad (11.37)$$

式中，$\hat{\sigma}_u = \sqrt{\dfrac{1}{n-m}\sum\limits_{i=1}^{n}(y_i - \hat{y}_i)^2}$。

（2）平均值的区间预测。可以证明 $\hat{y}_0 - E(y_0) \sim N(\boldsymbol{X}_0\boldsymbol{B}, \sigma_u^2\boldsymbol{X}_0(\boldsymbol{X}^\mathrm{T}\boldsymbol{X})^{-1}\boldsymbol{X}_0^\mathrm{T})$，所以，在给定了显著性水平 α 之后，均值在 $1-\alpha$ 概率保证下的区间预测为

$$\hat{Y}_0 \pm t_{\alpha/2}(n-m)\hat{\sigma}_u\sqrt{\boldsymbol{X}_0(\boldsymbol{X}^\mathrm{T}\boldsymbol{X})^{-1}\boldsymbol{X}_0^\mathrm{T}} \qquad (11.38)$$

五、案例：多元线性回归模型的应用

我们以某国民航客运量预测为例进行多元线性回归分析。

（一）确定因变量

我们以某国民航客运量作为因变量。

（二）确定自变量

在定性分析的基础上，我们确定该国国内生产总值（x_1）、实际利用外资额（x_2）、航线里程（x_3）、旅游入境人数（x_4）为自变量。搜集样本资料如表 11.7 所示。依据样本资料，计算出因变量 y 与每个自变量 x_j 的相关系数 r_{yj}，利用 Excel 软件得到下列相关系数 r_{yj}（见图 11.8）。

表 11.7　某国民航客运量案例样本资料

年份	民航客运量（万人）y	国内生产总值（亿元）	实际利用外资额（亿美元）	航线里程（万千米）	旅游入境人数（万人）
第 1 年	391	5934.5	19.81	22.91	947.7
第 2 年	554	7171	27.05	26.02	1285.2
第 3 年	747	8964.4	46.47	27.72	1783.3
第 4 年	997	10202.2	72.58	32.43	2281.9
第 5 年	1310	11962.5	84.52	38.91	2690.2
第 6 年	1442	14928.3	102.26	37.38	3169.5
第 7 年	1283	16909.2	100.59	47.19	2450.1
第 8 年	1660	18547.9	102.89	50.68	2746.2
第 9 年	2178	21617.8	115.54	55.91	3335
第 10 年	2886	26638.1	192.023	83.66	3811.5
第 11 年	3383	34634.4	389.6	96.08	4152.7
第 12 年	4038	46759.4	432.13	104.56	4368.4
第 13 年	5117	58478.1	481.37	112.9	4638.7
第 14 年	5555	67884.6	548.04	116.65	5112.8
第 15 年	5630	74462.6	644.08	142.5	5758.8
第 16 年	5755	78345.2	585.57	150.58	6347.8
第 17 年	6094	82067.5	526.59	152.22	7279.6
第 18 年	6722	89442.2	593.56	150.29	8344.4
第 19 年	7524	95933.3	496.72	155.36	8901.3

说明：利用 Excel 计算相关系数的步骤如下：在"相关系数"对话框的"输入区域"输入 y 与所有 x 数字区域→在"输出区域"输入"G1"→单击"确定"按钮。

G	H	I	J	K	L
	列 1	列 2	列 3	列 4	列 5
列 1	1				
列 2	0.991557	1			
列 3	0.954922	0.949618	1		
列 4	0.98455	0.980349	0.968006	1	
列 5	0.965219	0.965099	0.877256	0.948379	1

图 11.8　相关系数增广矩阵

（三）建立模型，进行参数估计

由表 11.7 可知，自变量国内生产总值、实际利用外资额、航线里程、旅游入境人数分别与因变量 y 之间的简单线性相关系数都较高，都在 0.95 以上。我们建立以下四元线性回归模型：

$$y = \beta_0 + \beta_1 x_1 + \beta_2 x_2 + \beta_3 x_3 + \beta_4 x_4 + u$$

依据表 11.7 中的样本资料，利用 Excel 软件进行计算，输出结果如图 11.8 所示（操作步骤同一元线性回归）。

（四）进行有关统计显著性检验

从 F 统计量角度来看，四元线性回归模型通过检验（Significance $F=1.58E-13$，$\alpha=5\%$）。从 t 检验角度来看，仅国内生产总值 x_1 通过 t 检验（P-valve=0.022614，$\alpha=5\%$）。

我们不妨先剔除 t 统计量最小的那个自变量，重新建立回归模型。因为 $t_3=0.786248$（即图 11.9 中 X Variable 3　$t=0.786248$）最小，所以我们先剔除自变量航线里程 x_3，重新建立三元线性回归模型。

回归统计	
Multiple R	0.994469
R Square	0.988968
Adjusted R Square	0.985816
标准误差	282.3387
观测值	19

方差分析

	df	SS	MS	F	Significance F
回归分析	4	1E+08	25011161	313.7568	1.58E-13
残差	14	1116012	79715.12		
总计	18	1.01E+08			

	Coefficients	标准误差	t Stat	P-valve
Intercept	-139.555	232.7273	-0.59965	0.55832
X Variable 1	0.036356	0.014219	2.556806	0.022614
X Variable 2	1.611444	1.468266	1.097515	0.290935
X Variable 3	7.515343	9.55849	0.786248	0.444827
X Variable 4	0.212519	0.142665	1.489633	0.158502

图 11.9　四元线性回归模型输出结果

利用 Excel 软件计算出三元线性回归模型有关信息，如图 11.10 所示。

从 F 统计量角度来看，三元线性回归模型通过检验（Significance 9.32E-15, $\alpha=5\%$）。从 t 检验角度来看，国内生产总值 x_1 通过 t 检验（$P-value=0.013304$, $\alpha=5\%$）和实际利用外资额 x_2 通过 t 检验（$P-value=0.03188$, $\alpha=5\%$），而旅游入境人数 x_3 没有通过 t 检验（$P-value=0.05001$, $\alpha=5\%$），但相差很小。

如果我们再剔除旅游入境人数这个自变量，重新建立二元线性回归模型或一元线性回归模型的话，会降低整体模型的优良性。（见图 11.11 和图 11.12）

回归统计	
Multiple R	0.994224
R Square	0.988481
Adjusted R Square	0.986177
标准误差	278.7221
观测值	19

方差分析

	df	SS	MS	F	Significance F
回归分析	3	99995365	33331788	429.0577	9.32E-15
残差	15	1165290	77686.03		
总计	18	1.01E+08			

	Coefficients	标准误差	t Stat	P-valve
Intercept	-54.3332	203.3073	-0.26725	0.792919
X Variable 1	0.038591	0.013754	2.805766	0.013304
X Variable 2	2.427005	1.025848	2.365853	0.03188
X Variable 3	0.265121	0.124392	2.131346	0.05001

图 11.10　三元线性回归模型输出结果

回归统计	
Multiple R	0.992468
R Square	0.984992
Adjusted R Square	0.983116
标准误差	308.0371
观测值	19

方差分析

	df	SS	MS	F	Significance F
回归分析	2	99642465	49821233	525.0593	2.57E-15
残差	16	1518190	94886.86		
总计	18	1.01E+08			

	Coefficients	标准误差	t Stat	P-valve
Intercept	315.5839	117.0166	2.696916	0.015872
X Variable 1	0.064319	0.007285	8.828926	1.51E-07
X Variable 2	1.3822771	0.995942	1.387903	0.184192

图 11.11　二元线性回归模型输出结果

回归统计	
Multiple R	0.9915571
R Square	0.98318548
Adjusted R Square	0.98219639
标准误差	316.317769
观测值	19

方差分析

	df	SS	MS	F	Significance F
回归分析	1	99459687.33	99459687.33	994.0309619	1.592E-16
残差	17	1700967.826	100056.931		
总计	18	101160655.2			

	Coefficients	标准误差	t Stat	P-valve
Intercept	330.620472	119.6460737	2.763320702	0.013291423
X Variable 1	0.07392068	0.002344585	31.52825656	1.592E-16

图 11.12　一元线性回归模型输出结果

　　综上所述，对于本例我们可以建立如下三元线性回归模型：

$$y = -54.3332 + 0.038591x_1 + 2.427005x_2 + 0.265121\ x_3 + u$$

式中，y 代表民航客运量；x_1 代表国内生产总值；x_2 代表实际利用外资额；x_3 代表旅游入境人数。

（五）进行预测

1．点预测

　　当国内生产总值为 $x_{01}=100000$ 亿元，实际利用外资额为 $x_{02}=600$ 亿美元，旅游入境人数 $x_{03}=9000$ 万人次时，民航客运量为

$$\hat{y}_0 = -54.3332 + 0.038591\times100000 + 2.427005\times600 + 0.265121\times9000 = 7647\ （万人）$$

2．区间预测

　　（1）个别值的区间预测。若给定了显著性水平 $\alpha=0.05$，个别值在 95%概率保证下的区间预测为

$$\hat{Y}_0 \pm t_{\alpha/2}(n-m)\hat{\sigma}_u \sqrt{1 + X_0(X^\mathrm{T}X)^{-1}X_0^\mathrm{T}}$$

式中，

$$\hat{\sigma}_u = \sqrt{\frac{1}{n-m}\sum_{i=1}^{n}(y_i-\hat{y}_i)^2} = 278.7221$$

$$t_{\alpha/2}(n-m) = t_{0.05/2}(15) = 2.131450856$$

$$\sqrt{1 + X_0(X^{\mathrm{T}}X)^{-1}X_0^{\mathrm{T}}} = 1.173434$$

$$X_0 = (\;1\quad 100000\quad 600\quad 9000\;)$$

$$(X^{\mathrm{T}}X)^{-1} = \begin{pmatrix} 0.532062794 & 2.55301\mathrm{E}-05 & -0.001208829 & -0.000277906 \\ 2.55301\mathrm{E}-05 & 2.4351\mathrm{E}-09 & -1.4878\mathrm{E}-07 & -1.9329\mathrm{E}-08 \\ -0.001208829 & -1.4878\mathrm{E}-07 & 1.35464\mathrm{E}-05 & 7.84874\mathrm{E}-07 \\ -0.000277906 & -1.9329\mathrm{E}-08 & 7.84874\mathrm{E}-07 & 1.99177\mathrm{E}-07 \end{pmatrix}$$

$$X_0(X^{\mathrm{T}}X)^{-1}X_0^{\mathrm{T}} = 0.376948$$

即 7647±2.131450856×278.7221×1.173434，置信区间为[7074，8220]。

（2）平均值的区间预测。均值在 95%概率保证下的区间预测为

$$\hat{Y}_0 \pm t_{\alpha/2}(n-m)\hat{\sigma}_u\sqrt{X_0(X^{\mathrm{T}}X)^{-1}X_0^{\mathrm{T}}}$$

式中，

$$\hat{\sigma}_u = \sqrt{\frac{1}{n-m}\sum_{i=1}^{n}(y_i-\hat{y}_i)^2} = 278.7221$$

$$t_{\alpha/2}(n-m) = t_{0.05/2}(15) = 2.131450856$$

$$\sqrt{X_0(X^{\mathrm{T}}X)^{-1}X_0^{\mathrm{T}}} = 0.614$$

即 7647±2.131450856×278.7221×0.614，置信区间为[7347，7947]。

学习指引

矩阵转置、矩阵乘法和逆矩阵等运算方法参见图 11.13～图 11.15。

图 11.13　矩阵转置 Excel 演示图

图 11.14　矩阵乘法 excel 演示图

图 11.15　逆矩阵 excel 演示图

 **本章小结**

相关与回归分析是统计学中研究变量间关系的最常用也是最实用的方法。通过相关分析可以确定两个或多个变量之间关系的密切程度，通过回归分析可以得到自变量和因变量之间的相互变动关系，无论是在自然科学还是在社会科学中，相关和回归分析都有广泛的应用。

 学习指引

关于相关与回归的原理分析可以参考韩兆洲主编《统计学原理》一书的第八章）。

相关关系从不同的角度有不同的分类，按相关关系涉及变量的多少，可分为单相关与复相关；按相关关系的表现形式，可分为线性相关和非线性相关；按相关的方向，线性相关可分为正相关和负相关；按变量之间的相关程度，可分为完全相关、不完全相关和不相关三类。

相关分析的步骤包括：①定性分析。定性判断变量之间有无相关关系；②判断相关关系的表现形式。绘制相关图表判断相关关系的表现形式；③确定相关关系的密切程度。如果变量之间存在线性相关，计算相关系数，通过相关系数可以判断相关关系的密切程度及相关方向；④相关系数的显著性检验。

回归分析是寻找具有相关关系的变量间的数学表达式并进行统计推断的一种统计方法。回归分析的基本步骤如下：①进行参数估计；②进行统计显著性检验；③进行预测和控制。本章重点介绍了一元线性回归分析及多元线性回归分析的内容。

 思考与练习

一、不定项选择题

1．相关关系是指变量间的（　　　）。

　　A．简单关系和复杂关系　　　　　　B．严格的函数关系

　　C．严格的依存关系　　　　　　　　D．不严格的依存关系

2．相关系数越接近于-1，表明两个变量间（　　　）。

　　A．负线性相关关系越强　　　　　　B．正线性相关关系越强

　　C．线性相关关系越弱　　　　　　　D．线性相关关系越强

3．相关系数的取值范围是（　　　）。

　　A．$(0, 1)$　　　　　B．$(-1, 1)$　　　　C．$[-1, 1]$　　　　D．$(0, 1)$

4．进行简单线性回归分析时，总是假定（　　　）。

　　A．自变量是非随机变量、因变量是随机变量

　　B．自变量是随机变量、因变量是确定性变量

　　C．两变量都是随机变量

　　D．两变量都是非随机变量

5．相关分析是（　　　）。

    A．进行统计预测或推断　　　　　　　B．测定相关关系的密切程度

    C．判断相关关系的形式　　　　　　　D．配合相关关系的方程式

6．下列表述正确的有（　　　）。

    A．具有明显因果关系的两变量一定不是相关关系

    B．相关系数的平方就是判定系数

    C．只要相关系数较大，两变量就一定存在密切关系

    D．相关关系的符号可以说明两变量相关关系的方向

二、简答题

1．什么是相关关系，什么是函数关系？

2．简述相关关系的种类。

3．简述相关分析和回归分析的步骤。

4．简述相关分析和回归分析的区别和联系。

5．相关系数有何意义？

三、计算题

1．某产品平均价格与其销售量有一定的关系，如表 11.8 所示。

要求：计算两者的相关系数，并判断其相关方向和相关的密切程度。

表 11.8　某产品平均价格与其销售量

平均价格（元）	134	134	129	131	127	125	123	123	114	89	86	90
销售量（台）	650.4	758.4	819.9	1051.7	1149.7	1388.1	1944.4	2534	2890	3576	3898	4012

2．某国 24 年的最终消费支出 y 与国内生产总值 x 调查资料如下：$n=24$，$\Sigma x=793220.4$，$\Sigma y=477536.9$，$\Sigma xy=29707202097$，$\Sigma x^2=49580253333$，$\Sigma y^2=17810647534$。

要求根据以上资料：

（1）计算最终消费支出与国内生产总值之间的相关系数，并分析相关关系的密切程度和方向。

（2）建立以最终消费支出为因变量的线性回归方程，并解释回归系数的经济意义。

（3）国内生产总值达到 10 万亿元时，试推算最终消费支出的金额。

附录 1　实验指导书

说　　明

"应用统计学"是经济管理类专业的学科基础必修课，推荐总学时为 60 学时，其中实验学时为 24 学时，包括 3 个实验项目，如附表 1.1 所示。实验的目的是培训学生对数据资料进行收集、整理、分析和应用的基本技能。

附表 1.1　"应用统计学"实验项目一览表

实验项目	内容提要	实验类型	学时分配	主要仪器设备	实验地点
统计工作过程实验	安排学生独立设计、印制、发放、整理、分析统计调查表	设计性实验	2		不限
电子表格在统计分析中的应用	应用电子表格进行统计计算和分析	验证性实验	20	计算机	机房
统计学知识综合运用	分别用计算器、Excel 和手工进行相关与回归分析、时间数列分析及抽样推断	综合性实验	2	计算机	机房

注：计算机应装有 Excel 软件，并加载分析工具库和规划求解加载项，具备"数据分析"和"规划求解"功能。

实验一　统计工作过程实验

一、实验目的

本实验的目的是锻炼学生从事实际统计工作的能力。

二、实验原理

统计工作的过程包括设计、调查、整理、分析、预测和决策六个阶段。本实验安排学生自行选题设计调查方案，印制、发放并整理调查表，得出汇总结果，并应用所学统计方法分析调查结果，撰写统计分析报告。通过实验，使学生将统计工作的过程演练一遍，将统计理论和实践紧密联系在一起，增强学生们的自主创新意识，同时培养学生们发现问题、分析问题和解决问题的能力。

三、实验仪器与设备

本实验所使用的设备是用于汇总和分析的计算机。

四、实验内容与步骤

（1）安排学生自行选题设计一个统计调查方案，方案中重点考核选题、调查目的、调查项目和调查表的设计、组织实施计划的编制等项内容，指导老师对每份调查方案进行评价，与学生商议后选择一个最佳选题进行调查。

（2）指导学生设计调查表。

（3）安排学生印制并发放调查表。

（4）指导学生对收回的调查表进行审核。

（5）指导学生利用计算机对调查表进行汇总。

（6）将汇总数据以电子文档的形式提供给每一个学生。

（7）要求学生应用电子表格软件分析数据，每人撰写一篇不少于 3 000 字的统计分析报告。

> **学习指引**
>
> 部分统计调查方案设计、学生作业及教师评语下载方式见"更新勘误表和配套资料索取示意图"，可供读者在学习中参考。

实验二　电子表格在统计分析中的应用

一、实验目的

本实验的目的是训练学生熟练应用电子表格进行统计计算和分析的能力。

二、实验原理

Excel 是应用型的统计软件，是一种简单适用的统计分析工具，适宜本科阶段学习使用。Excel 可用于普通的统计计算与分析，加载分析工具库后，也可用于专门的统计分析，如方差分析、相关分析、回归分析、抽样、假设检验等。

三、实验仪器与设备

本实验使用的设备是装有 Excel 软件并加载"分析工具库"及"规划求解加载项"的计算机。

四、实验内容与步骤

（一）绪论（8 学时）

（1）熟悉电子表格软件的常用操作；

（2）数据汇总；

（3）统计图的绘制；

（4）数据库管理；

（5）描述统计的电子表格应用；

（6）常用统计函数的运用；

（7）方案管理与规划求解。（选学）

（二）抽样（4 学时）

（1）随机抽样；

（2）抽样分布的计算机实验；

（3）随机数函数的应用；

（4）随机数发生器的应用；

（5）正态分布函数的求解；

（6）总体成数和总体平均数的估计；

（7）必要样本容量的估计。

（三）假设检验与方差分析（2 学时）

（1）t 检验（平均值的成对二样本分析、双样本等方差检验、双样本异方差检验）；

（2）单因素方差分析；

（3）可重复双因素方差分析；

（4）无重复双因素方差分析。

（四）时间序列分析（2 学时）

（1）用"数据分析"工具进行移动平均和指数平滑；

（2）用数据分析工具求解线性方程；

（3）用列计算表的方法求解线性方程和非线性方程；

（4）行列式的计算；

（5）季节指数的测定；

（6）根据季节变动进行预测。

（7）时间序列的分解（选学）。

（五）统计指数（2 学时）

（1）总指数（综合指数和平均指数）的编制。

（2）因素分析。（总量指标的因素分析和平均指标的因素分析）。

（3）股票指数的编制实验。

（六）相关与回归分析（2 学时）

（1）相关系数的计算；

（2）利用电子表格进行线性回归分析。

学习指引

　　本实验原始数据下载方式见"更新勘误表和配套资料索取示意图"。

实验二解答（视频）

实验三　统计学知识综合运用

一、实验目的

（一）掌握相关理论与方法

（1）相关与回归分析的理论与方法；

（2）时间序列分析的理论与方法；

（3）抽样估计的理论与方法；

（4）假设检验的理论与方法。

（二）掌握相关统计操作

（1）用电子表格进行统计；

（2）手工统计。

二、实验原理

统计学知识的综合运用。

三、实验仪器与设备

每名学生使用一台计算机，装有 Excel 2007 版以上软件，并安装"数据分析"功能。

四、实验内容

根据《中国统计年鉴(2017 年)》及其他相关资料，1980—2017 年人口出生率及国民总收入数据如附表 1.2 所示。

附表 1.2　1980—2017 年人口出生率及国民总收入

年份	人口出生率（‰）	国民总收入（亿元）	年份	人口出生率（‰）	国民总收入（亿元）	年份	人口出生率（‰）	国民总收入（亿元）
1980	18.21	4545.6	1993	18.09	35 260.0	2006	12.09	215 904.4
1981	20.91	4889.5	1994	17.70	48 108.5	2007	12.10	266 422.0
1982	22.28	5330.5	1995	17.12	59 810.5	2008	12.14	316 030.3
1983	20.19	5985.6	1996	16.98	70 142.5	2009	11.95	340 320.0
1984	19.90	7243.8	1997	16.57	78 060.9	2010	11.90	399 759.5
1985	21.04	9040.7	1998	15.64	83 024.3	2011	11.93	468 562.4
1986	22.43	10 274.4	1999	14.64	88 479.2	2012	12.10	516 282.1
1987	23.33	12 050.6	2000	14.03	98 000.5	2013	12.08	583 196.7
1988	22.37	15 036.8	2001	13.38	108 068.2	2014	12.40	634 043.4
1989	21.58	17 000.9	2002	12.86	119 095.7	2015	12.07	673 021.0
1990	21.06	18 718.3	2003	12.41	134 977.0	2016	12.95	742 352.0
1991	19.68	21 826.2	2004	12.29	159 453.6	2017	12.43	825 016.0
1992	18.24	26 937.3	2005	12.40	183 617.4	—	—	—

要求分别用 Excel 软件和手工两种统计手段完成以下任务：

（1）对我国人口出生率和国民总收入进行相关分析并进行显著性检验。

（2）对我国人口出生率和国民总收入进行回归分析，解释回归系数的经济意义。

（3）当我国人口出生率达到 13‰时，以 95%的可靠程度预测国民总收入将达到多少亿元。

（4）在电子表格中分别用移动平均法（5 年）和最小平方法对我国人口出生率的长期趋势进行测定。

（5）预测 2025 年我国人口出生率将达到多少。

五、实验步骤

（一）在电子表格中的操作步骤

以下以 Excel 2013 为例介绍操作步骤。

1. 相关分析

（1）相关系数求解：单击"数据—数据分析—相关系数"，将人口出生率和国民总收入两项指标输入后即可得到相关系数。

（2）显著性检验：将所得相关系数的绝对值与显著性水平（0.5～0.8）对比，若相关系数大于 0.5 但小于 0.8，则两变量显著相关；若相关系数大于 0.8，则两变量高度相关。

2. 回归分析

（1）回归方程求解：单击"数据—数据分析—回归"，以人口出生率为 x，国民总收入为 y。可从输出结果中直接读出截距 a 和回归系数 b，回归系数 b 的经济意义是 x（在此为人口出生率）每上升一个单位（在此为每上升 1‰），y 平均增加（降低）的量。

（2）回归标准差求解：将上列残差项平方并求和得 $\sum\limits_{i=1}^{n}\hat{\varepsilon}^2$，则回归标准差

$$\hat{\sigma} = \sqrt{\frac{1}{n-2}\sum_{i=1}^{n}\hat{\varepsilon}^2}$$

3. 预测国民总收入

人口出生率为 13‰时，代入回归方程中，计算国民总收入的点估计值 $\hat{y}$。当可靠程度为 95%时，概率度为 t，因此，以 95%的可靠程度估计国民总收入的所在区间为

$$[\hat{y} - t \times \hat{\sigma}, \ \hat{y} + t \times \hat{\sigma}]$$

4. 长期趋势测定

（1）移动平均法。可用 Excel 函数 average 进行五项移动平均，或在 Excel 2013 中单击"数据—数据分析—移动平均"进行测定。再绘制折线图将移动平均前后的数列进行对比。

（2）最小平方法。首先，判断应拟合的模型。可通过绘制散点图或计算两种方法进行判断。

绘制时间与人口出生率两个变量的散点图，可大致看出两变量呈指数曲线关系；分别计算人口出生率的逐期增长量、环比发展速度和二次差，可绘制柱形图或计算变异系数对比三种变量，对比看出环比发展速度大致相等，因此，拟合曲线较为合理。其次，以时间为自变量 t，人口出生率为因变量 y，分别计算两变量的对数，将指数方程转化为线性方程，按线性方程求解出 $\log a$ 和 $\log b$，再求反对数得出 a,b，即可得到所求趋势方程 $\hat{y} = ab^t$。

5. 得出结论

将 2025 年的相应 t 值代入趋势方程，即可得到 2025 年的人口出生率预测值。

（二）手工统计操作步骤

（1）相关分析、回归分析与抽样推断。人口出生率为 x，国民总收入为 y，列计算表分别计算 $\sum x, \sum y, \sum xy, \sum x^2, \sum y^2, n$。然后计算 lxx, lyy, lxy：

$$lxx = \sum x^2 - \frac{\left(\sum x\right)^2}{n}$$

$$lyy = \sum y^2 - \frac{\left(\sum y\right)^2}{n}$$

$$lxy = \sum xy - \frac{\sum x \sum y}{n}$$

而相关系数 $r = \frac{lxy}{\sqrt{lxx \times lyy}}$，回归系数 $b = \frac{lxy}{lxx}$，截距 $a = \bar{y} - b\bar{x}$，回归标准差 $\hat{\sigma} =$

$$\sqrt{\frac{\sum y^2 - a\sum y - b\sum xy}{n-2}}。$$

（2）长期趋势的测定与预测。与上述手工操作方法相同，只是自变量、因变量的设置发生了变化，以时间为自变量，人口出生率为因变量。

附录2 用电子表格生成概率分布表

一、标准正态分布表

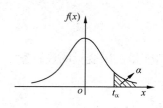

利用 Excel 提供的统计函数"NORM.S.DIST"可以生成标准正态分布的累积概率分布表，即 $P(u_0 \leqslant x)$。生成标准正态分布累积概率分布表的具体操作步骤如下。

第一步，将 x 的值（可根据需要确定）输入到工作表的 A 列，将 x 取值的尾数输入到第一行，形成标准正态分布的表头，如附图 2.1 所示。

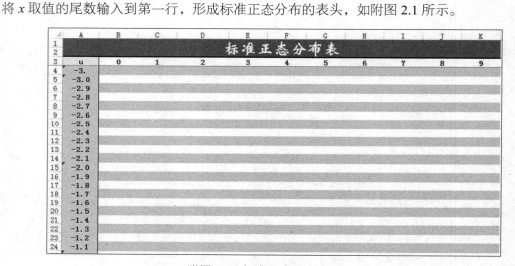

附图 2.1　标准正态分布表（1）

第二步，在"B4"单元格输入公式"=NORM.S.DIST(VALUE(CONCATENATE($A4,B$3)),1)"，然后将其向下、向右复制即可得到标准正态分布的概率表，部分结果如附图 2.2 所示（读者可根据需要生成不同 x 的标准正态分布概率表）。

二、标准正态分布分位数表

利用 Excel 提供的统计函数"NORM.S.INV"，可以生成标准正态分布的分位数表，标准正态分布的分位数是根据标准正态分布随机变量分布累积概率的值计算相应的临界值。如果有 $P(u_0 \leqslant x) = \alpha$，则对于任意给定的 $p(0 \leqslant p \leqslant 1)$，可以求出相应的分位数。用 Excel 生成标准正态分布分位数表的具体操作步骤如下。

第一步，将标准正态变量累积概率的值输入到工作表的 A 列，其尾数输入到第一行，形成标准正态分布分位数的表头，如附图 2.3 所示。

标准正态分布表										
u	0	1	2	3	4	5	6	7	8	9
-3.	0.0013	0.0010	0.0007	0.0005	0.0003	0.0002	0.0002	0.0001	0.0001	0.0000
-3.0	0.0013	0.0013	0.0013	0.0012	0.0012	0.0011	0.0011	0.0011	0.0010	0.0010
-2.9	0.0019	0.0018	0.0018	0.0017	0.0016	0.0016	0.0015	0.0015	0.0014	0.0014
-2.8	0.0026	0.0025	0.0024	0.0023	0.0023	0.0022	0.0021	0.0021	0.0020	0.0019
-2.7	0.0035	0.0034	0.0033	0.0032	0.0031	0.0030	0.0029	0.0028	0.0027	0.0026
-2.6	0.0047	0.0045	0.0044	0.0043	0.0041	0.0040	0.0039	0.0038	0.0037	0.0036
-2.5	0.0062	0.0060	0.0059	0.0057	0.0055	0.0054	0.0052	0.0051	0.0049	0.0048
-2.4	0.0082	0.0080	0.0078	0.0075	0.0073	0.0071	0.0069	0.0068	0.0066	0.0064
-2.3	0.0107	0.0104	0.0102	0.0099	0.0096	0.0094	0.0091	0.0089	0.0087	0.0084
-2.2	0.0139	0.0136	0.0132	0.0129	0.0125	0.0122	0.0119	0.0116	0.0113	0.0110
-2.1	0.0179	0.0174	0.0170	0.0166	0.0162	0.0158	0.0154	0.0150	0.0146	0.0143
-2.0	0.0228	0.0222	0.0217	0.0212	0.0207	0.0202	0.0197	0.0192	0.0188	0.0183
-1.9	0.0287	0.0281	0.0274	0.0268	0.0262	0.0256	0.0250	0.0244	0.0239	0.0233
-1.8	0.0359	0.0351	0.0344	0.0336	0.0329	0.0322	0.0314	0.0307	0.0301	0.0294
-1.7	0.0446	0.0436	0.0427	0.0418	0.0409	0.0401	0.0392	0.0384	0.0375	0.0367
-1.6	0.0548	0.0537	0.0526	0.0516	0.0505	0.0495	0.0485	0.0475	0.0465	0.0455
-1.5	0.0668	0.0655	0.0643	0.0630	0.0618	0.0606	0.0594	0.0582	0.0571	0.0559
-1.4	0.0808	0.0793	0.0778	0.0764	0.0749	0.0735	0.0721	0.0708	0.0694	0.0681
-1.3	0.0968	0.0951	0.0934	0.0918	0.0901	0.0885	0.0869	0.0853	0.0838	0.0823
-1.2	0.1151	0.1131	0.1112	0.1093	0.1075	0.1056	0.1038	0.1020	0.1003	0.0985
-1.1	0.1357	0.1335	0.1314	0.1292	0.1271	0.1251	0.1230	0.1210	0.1190	0.1170
-1.0	0.1587	0.1562	0.1539	0.1515	0.1492	0.1469	0.1446	0.1423	0.1401	0.1379
-0.9	0.1841	0.1814	0.1788	0.1762	0.1736	0.1711	0.1685	0.1660	0.1635	0.1611
-0.8	0.2119	0.2090	0.2061	0.2033	0.2005	0.1977	0.1949	0.1922	0.1894	0.1867
-0.7	0.2420	0.2389	0.2358	0.2327	0.2296	0.2266	0.2236	0.2206	0.2177	0.2148
-0.6	0.2743	0.2709	0.2676	0.2643	0.2611	0.2578	0.2546	0.2514	0.2483	0.2451
-0.5	0.3085	0.3050	0.3015	0.2981	0.2946	0.2912	0.2877	0.2843	0.2810	0.2776
-0.4	0.3446	0.3409	0.3372	0.3336	0.3300	0.3264	0.3228	0.3192	0.3156	0.3121
-0.3	0.3821	0.3783	0.3745	0.3707	0.3669	0.3632	0.3594	0.3557	0.3520	0.3483
-0.2	0.4207	0.4168	0.4129	0.4090	0.4052	0.4013	0.3974	0.3936	0.3897	0.3859
-0.1	0.4602	0.4562	0.4522	0.4483	0.4443	0.4404	0.4364	0.4325	0.4286	0.4247
-0.0	0.5000	0.4960	0.4920	0.4880	0.4840	0.4801	0.4761	0.4721	0.4681	0.4641
0.0	0.5000	0.5040	0.5080	0.5120	0.5160	0.5199	0.5239	0.5279	0.5319	0.5359
0.1	0.5398	0.5438	0.5478	0.5517	0.5557	0.5596	0.5636	0.5675	0.5714	0.5753
0.2	0.5793	0.5832	0.5871	0.5910	0.5948	0.5987	0.6026	0.6064	0.6103	0.6141
0.3	0.6179	0.6217	0.6255	0.6293	0.6331	0.6368	0.6406	0.6443	0.6480	0.6517
0.4	0.6554	0.6591	0.6628	0.6664	0.6700	0.6736	0.6772	0.6808	0.6844	0.6879
0.5	0.6915	0.6950	0.6985	0.7019	0.7054	0.7088	0.7123	0.7157	0.7190	0.7224
0.6	0.7257	0.7291	0.7324	0.7357	0.7389	0.7422	0.7454	0.7486	0.7517	0.7549
0.7	0.7580	0.7611	0.7642	0.7673	0.7704	0.7734	0.7764	0.7794	0.7823	0.7852
0.8	0.7881	0.7910	0.7939	0.7967	0.7995	0.8023	0.8051	0.8078	0.8106	0.8133
0.9	0.8159	0.8186	0.8212	0.8238	0.8264	0.8289	0.8315	0.8340	0.8365	0.8389
1.0	0.8413	0.8438	0.8461	0.8485	0.8508	0.8531	0.8554	0.8577	0.8599	0.8621
1.1	0.8643	0.8665	0.8686	0.8708	0.8729	0.8749	0.8770	0.8790	0.8810	0.8830
1.2	0.8849	0.8869	0.8888	0.8907	0.8925	0.8944	0.8962	0.8980	0.8997	0.9015

附图 2.2　标准正态分布表（2）

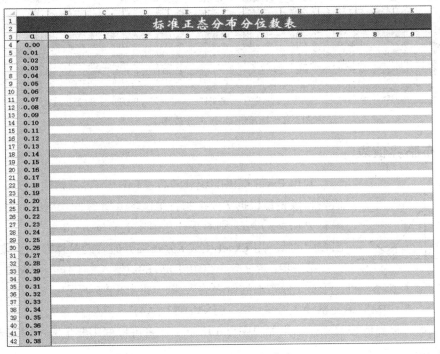

标准正态分布分位数表										
α	0	1	2	3	4	5	6	7	8	9
0.00										
0.01										
0.02										
0.03										
0.04										
0.05										
0.06										
0.07										
0.08										
0.09										
0.10										
0.11										
0.12										
0.13										
0.14										
0.15										
0.16										
0.17										
0.18										
0.19										
0.20										
0.21										
0.22										
0.23										
0.24										
0.25										
0.26										
0.27										
0.28										
0.29										
0.30										
0.31										
0.32										
0.33										
0.34										
0.35										
0.36										
0.37										
0.38										

附图 2.3　标准正态分布分位数表（1）

第二步，在"C4"单元格输入公式"=NORM.S.INV(VALUE(CONCATENATE($A4,C$3)))"，然后将其向下、向右复制即可得到标准正态分布的概率表，部分结果如附图 2.4 所示（读者可根据需要生成不同 x 的标准正态分布分位数表）。

标准正态分布分位数表

α	0	1	2	3	4	5	6	7	8	9
0.00	—	—	-3.0902	-2.8782	-2.7478	-2.6521	-2.5758	-2.5121	-2.4573	-2.4089	-2.3656
0.01	-2.3263	-2.2904	-2.2571	-2.2262	-2.1973	-2.1701	-2.1444	-2.1201	-2.0969	-2.0749
0.02	-2.0537	-2.0335	-2.0141	-1.9954	-1.9774	-1.9600	-1.9431	-1.9268	-1.9110	-1.8957
0.03	-1.8808	-1.8663	-1.8522	-1.8384	-1.8250	-1.8119	-1.7991	-1.7866	-1.7744	-1.7624
0.04	-1.7507	-1.7392	-1.7279	-1.7169	-1.7060	-1.6954	-1.6849	-1.6747	-1.6646	-1.6546
0.05	-1.6449	-1.6352	-1.6258	-1.6164	-1.6072	-1.5982	-1.5893	-1.5805	-1.5718	-1.5632
0.06	-1.5548	-1.5464	-1.5382	-1.5301	-1.5220	-1.5141	-1.5063	-1.4985	-1.4909	-1.4833
0.07	-1.4758	-1.4684	-1.4611	-1.4538	-1.4466	-1.4395	-1.4325	-1.4255	-1.4187	-1.4118
0.08	-1.4051	-1.3984	-1.3917	-1.3852	-1.3787	-1.3722	-1.3658	-1.3595	-1.3532	-1.3469
0.09	-1.3408	-1.3346	-1.3285	-1.3225	-1.3165	-1.3106	-1.3047	-1.2988	-1.2930	-1.2873
0.10	-1.2816	-1.2265	-1.1750	-1.1264	-1.0803	-1.0364	-0.9945	-0.9542	-0.9154	-0.8779
0.11	-1.2265	-1.2212	-1.2160	-1.2107	-1.2055	-1.2004	-1.1952	-1.1901	-1.1850	-1.1800
0.12	-1.1750	-1.1700	-1.1650	-1.1601	-1.1552	-1.1503	-1.1455	-1.1407	-1.1359	-1.1311
0.13	-1.1264	-1.1217	-1.1170	-1.1123	-1.1077	-1.1031	-1.0985	-1.0939	-1.0893	-1.0848
0.14	-1.0803	-1.0758	-1.0714	-1.0669	-1.0625	-1.0581	-1.0537	-1.0494	-1.0450	-1.0407
0.15	-1.0364	-1.0322	-1.0279	-1.0237	-1.0194	-1.0152	-1.0110	-1.0069	-1.0027	-0.9986
0.16	-0.9945	-0.9904	-0.9863	-0.9822	-0.9782	-0.9741	-0.9701	-0.9661	-0.9621	-0.9581
0.17	-0.9542	-0.9502	-0.9463	-0.9424	-0.9385	-0.9346	-0.9307	-0.9269	-0.9230	-0.9192
0.18	-0.9154	-0.9116	-0.9078	-0.9040	-0.9002	-0.8965	-0.8927	-0.8890	-0.8853	-0.8816
0.19	-0.8779	-0.8742	-0.8705	-0.8669	-0.8633	-0.8596	-0.8560	-0.8524	-0.8488	-0.8452
0.20	-0.8416	-0.8064	-0.7722	-0.7388	-0.7063	-0.6745	-0.6433	-0.6128	-0.5828	-0.5534
0.21	-0.8064	-0.8030	-0.7995	-0.7961	-0.7926	-0.7892	-0.7858	-0.7824	-0.7790	-0.7756
0.22	-0.7722	-0.7688	-0.7655	-0.7621	-0.7588	-0.7554	-0.7521	-0.7488	-0.7454	-0.7421
0.23	-0.7388	-0.7356	-0.7323	-0.7290	-0.7257	-0.7225	-0.7192	-0.7160	-0.7128	-0.7095
0.24	-0.7063	-0.7031	-0.6999	-0.6967	-0.6935	-0.6903	-0.6871	-0.6840	-0.6808	-0.6776
0.25	-0.6745	-0.6713	-0.6682	-0.6651	-0.6620	-0.6588	-0.6557	-0.6526	-0.6495	-0.6464
0.26	-0.6433	-0.6403	-0.6372	-0.6341	-0.6311	-0.6280	-0.6250	-0.6219	-0.6189	-0.6158
0.27	-0.6128	-0.6098	-0.6068	-0.6038	-0.6008	-0.5978	-0.5948	-0.5918	-0.5888	-0.5858
0.28	-0.5828	-0.5799	-0.5769	-0.5740	-0.5710	-0.5681	-0.5651	-0.5622	-0.5592	-0.5563
0.29	-0.5534	-0.5505	-0.5476	-0.5446	-0.5417	-0.5388	-0.5359	-0.5330	-0.5302	-0.5273
0.30	-0.5244	-0.4959	-0.4677	-0.4399	-0.4125	-0.3853	-0.3585	-0.3319	-0.3055	-0.2793
0.31	-0.4959	-0.4930	-0.4902	-0.4874	-0.4845	-0.4817	-0.4789	-0.4761	-0.4733	-0.4705
0.32	-0.4677	-0.4649	-0.4621	-0.4593	-0.4565	-0.4538	-0.4510	-0.4482	-0.4454	-0.4427
0.33	-0.4399	-0.4372	-0.4344	-0.4316	-0.4289	-0.4261	-0.4234	-0.4207	-0.4179	-0.4152
0.34	-0.4125	-0.4097	-0.4070	-0.4043	-0.4016	-0.3989	-0.3961	-0.3934	-0.3907	-0.3880
0.35	-0.3853	-0.3826	-0.3799	-0.3772	-0.3745	-0.3719	-0.3692	-0.3665	-0.3638	-0.3611
0.36	-0.3585	-0.3558	-0.3531	-0.3505	-0.3478	-0.3451	-0.3425	-0.3398	-0.3372	-0.3345
0.37	-0.3319	-0.3292	-0.3266	-0.3239	-0.3213	-0.3186	-0.3160	-0.3134	-0.3107	-0.3081
0.38	-0.3055	-0.3029	-0.3002	-0.2976	-0.2950	-0.2924	-0.2898	-0.2871	-0.2845	-0.2819
0.39	-0.2793	-0.2767	-0.2741	-0.2715	-0.2689	-0.2663	-0.2637	-0.2611	-0.2585	-0.2559
0.40	-0.2533	-0.2275	-0.2019	-0.1764	-0.1510	-0.1257	-0.1004	-0.0753	-0.0502	-0.0251
0.41	-0.2275	-0.2250	-0.2224	-0.2198	-0.2173	-0.2147	-0.2121	-0.2096	-0.2070	-0.2045
0.42	-0.2019	-0.1993	-0.1968	-0.1942	-0.1917	-0.1891	-0.1866	-0.1840	-0.1815	-0.1789
0.43	-0.1764	-0.1738	-0.1713	-0.1687	-0.1662	-0.1637	-0.1611	-0.1586	-0.1560	-0.1535
0.44	-0.1510	-0.1484	-0.1459	-0.1434	-0.1408	-0.1383	-0.1358	-0.1332	-0.1307	-0.1282
0.45	-0.1257	-0.1231	-0.1206	-0.1181	-0.1156	-0.1130	-0.1105	-0.1080	-0.1055	-0.1030
0.46	-0.1004	-0.0979	-0.0954	-0.0929	-0.0904	-0.0878	-0.0853	-0.0828	-0.0803	-0.0778
0.47	-0.0753	-0.0728	-0.0702	-0.0677	-0.0652	-0.0627	-0.0602	-0.0577	-0.0552	-0.0527

附图 2.4　标准正态分布分位数表（2）

三、t 分布临界值表

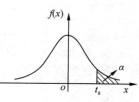

利用 Excel 提供的统计函数"T.INV"可以构建 t 分布的临界值表，该表是根据 t 分布的右尾概率 α 计算的相应的临界值。如果有 $P(t \geqslant x)=\alpha$，则对于任意给定的概率 p（$0 \leqslant \alpha \leqslant 1$），可以求出相应的 x。用 Excel 生成 t 分布临界值表的具体操作步骤如下。

第一步，将 t 分布自由度 n/α 的值输入到工作表的 A 列，其右尾概率 α 的输入到第一行，形成 t 分布临界值表的表头，如附图 2.5 所示。

第二步，在"B4"单元格输入公式"= -T.INV(B$3,$A4)"，然后将其向下、向右复制即可得到 t 分布的临界值表，部分结果如附图 2.6 所示（读者可根据需要生成不同 α 和不同自由度的 t 分布临界值表）。

n \ α	0.25	0.1	0.05	0.025	0.01	0.005
			*t*分布临界值表(右尾值)			
1						
2						
3						
4						
5						
6						
7						
8						
9						
10						
11						
12						
13						
14						
15						
16						
17						
18						
19						
20						
21						
22						
23						
24						
25						
26						
27						
28						
29						
30						
31						
32						
33						

附图 2.5 *t* 分布临界值表（1）

t 分布临界值表(右尾值)

n \ α	0.25	0.1	0.05	0.025	0.01	0.005
1	1.0000	3.0777	6.3138	12.7062	31.8205	63.6567
2	0.8165	1.8856	2.9200	4.3027	6.9646	9.9248
3	0.7649	1.6377	2.3534	3.1824	4.5407	5.8409
4	0.7407	1.5332	2.1318	2.7764	3.7469	4.6041
5	0.7267	1.4759	2.0150	2.5706	3.3649	4.0321
6	0.7176	1.4398	1.9432	2.4469	3.1427	3.7074
7	0.7111	1.4149	1.8946	2.3646	2.9980	3.4995
8	0.7064	1.3968	1.8595	2.3060	2.8965	3.3554
9	0.7027	1.3830	1.8331	2.2622	2.8214	3.2498
10	0.6998	1.3722	1.8125	2.2281	2.7638	3.1693
11	0.6974	1.3634	1.7959	2.2010	2.7181	3.1058
12	0.6955	1.3562	1.7823	2.1788	2.6810	3.0545
13	0.6938	1.3502	1.7709	2.1604	2.6503	3.0123
14	0.6924	1.3450	1.7613	2.1448	2.6245	2.9768
15	0.6912	1.3406	1.7531	2.1314	2.6025	2.9467
16	0.6901	1.3368	1.7459	2.1199	2.5835	2.9208
17	0.6892	1.3334	1.7396	2.1098	2.5669	2.8982
18	0.6884	1.3304	1.7341	2.1009	2.5524	2.8784
19	0.6876	1.3277	1.7291	2.0930	2.5395	2.8609
20	0.6870	1.3253	1.7247	2.0860	2.5280	2.8453
21	0.6864	1.3232	1.7207	2.0796	2.5176	2.8314
22	0.6858	1.3212	1.7171	2.0739	2.5083	2.8188
23	0.6853	1.3195	1.7139	2.0687	2.4999	2.8073
24	0.6848	1.3178	1.7109	2.0639	2.4922	2.7969
25	0.6844	1.3163	1.7081	2.0595	2.4851	2.7874
26	0.6840	1.3150	1.7056	2.0555	2.4786	2.7787
27	0.6837	1.3137	1.7033	2.0518	2.4727	2.7707
28	0.6834	1.3125	1.7011	2.0484	2.4671	2.7633
29	0.6830	1.3114	1.6991	2.0452	2.4620	2.7564
30	0.6828	1.3104	1.6973	2.0423	2.4573	2.7500
31	0.6825	1.3095	1.6955	2.0395	2.4528	2.7440
32	0.6822	1.3086	1.6939	2.0369	2.4487	2.7385
33	0.6820	1.3077	1.6924	2.0345	2.4448	2.7333

附图 2.6 *t* 分布临界值表（2）

四、χ^2 分布临界值表

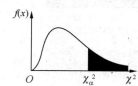

利用 Excel 提供的统计函数 "CHIINV" 可以构建 χ^2 分布的临界值表，该表是根据 χ^2 分布的右尾概率 α 计算的相应的临界值。即如果有 $P(\chi^2 \geq x)=\alpha$，则对于任意给定的概率 p（$0 \leq \alpha \leq 1$），可以求出相应的 x，生成 χ^2 分布临界值表的具体操作步骤如下。

第一步，将 χ^2 分布自由度 n/α 的值输入到工作表的 A 列，其右尾概率 α 的输入到第一行，形成 χ^2 分布临界值表的表头，如附图 2.7 所示。

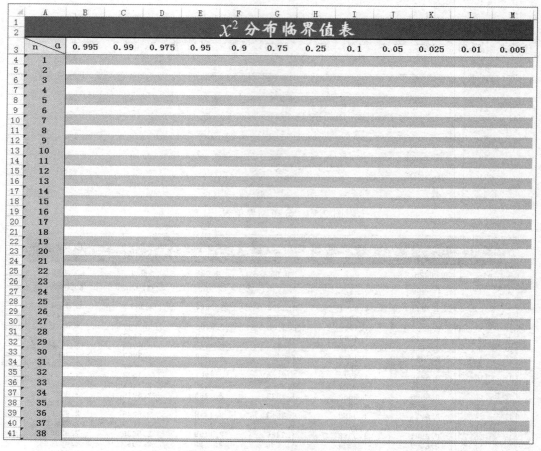

附图 2.7　χ^2 分布临界值表（1）

第二步，在 "B4" 单元格输入公式 "=CHIINV(B$3,$A4)"，然后将其向下、向右复制即可得到 χ^2 分布临界值表，部分结果如附图 2.8 所示（读者可根据需要生成不同 α 和不同自由度的 χ^2 分布临界值表）。

n\\α	0.995	0.99	0.975	0.95	0.9	0.75	0.25	0.1	0.05	0.025	0.01	0.005
1	0.000	0.000	0.001	0.004	0.016	0.102	1.323	2.706	3.841	5.024	6.635	7.879
2	0.010	0.020	0.051	0.103	0.211	0.575	2.773	4.605	5.991	7.378	9.210	10.597
3	0.072	0.115	0.216	0.352	0.584	1.213	4.108	6.251	7.815	9.348	11.345	12.838
4	0.207	0.297	0.484	0.711	1.064	1.923	5.385	7.779	9.488	11.143	13.277	14.860
5	0.412	0.554	0.831	1.145	1.610	2.675	6.626	9.236	11.070	12.833	15.086	16.750
6	0.676	0.872	1.237	1.635	2.204	3.455	7.841	10.645	12.592	14.449	16.812	18.548
7	0.989	1.239	1.690	2.167	2.833	4.255	9.037	12.017	14.067	16.013	18.475	20.278
8	1.344	1.646	2.180	2.733	3.490	5.071	10.219	13.362	15.507	17.535	20.090	21.955
9	1.735	2.088	2.700	3.325	4.168	5.899	11.389	14.684	16.919	19.023	21.666	23.589
10	2.156	2.558	3.247	3.940	4.865	6.737	12.549	15.987	18.307	20.483	23.209	25.188
11	2.603	3.053	3.816	4.575	5.578	7.584	13.701	17.275	19.675	21.920	24.725	26.757
12	3.074	3.571	4.404	5.226	6.304	8.438	14.845	18.549	21.026	23.337	26.217	28.300
13	3.565	4.107	5.009	5.892	7.042	9.299	15.984	19.812	22.362	24.736	27.688	29.819
14	4.075	4.660	5.629	6.571	7.790	10.165	17.117	21.064	23.685	26.119	29.141	31.319
15	4.601	5.229	6.262	7.261	8.547	11.037	18.245	22.307	24.996	27.488	30.578	32.801
16	5.142	5.812	6.908	7.962	9.312	11.912	19.369	23.542	26.296	28.845	32.000	34.267
17	5.697	6.408	7.564	8.672	10.085	12.792	20.489	24.769	27.587	30.191	33.409	35.718
18	6.265	7.015	8.231	9.390	10.865	13.675	21.605	25.989	28.869	31.526	34.805	37.156
19	6.844	7.633	8.907	10.117	11.651	14.562	22.718	27.204	30.144	32.852	36.191	38.582
20	7.434	8.260	9.591	10.851	12.443	15.452	23.828	28.412	31.410	34.170	37.566	39.997
21	8.034	8.897	10.283	11.591	13.240	16.344	24.935	29.615	32.671	35.479	38.932	41.401
22	8.643	9.542	10.982	12.338	14.041	17.240	26.039	30.813	33.924	36.781	40.289	42.796
23	9.260	10.196	11.689	13.091	14.848	18.137	27.141	32.007	35.172	38.076	41.638	44.181
24	9.886	10.856	12.401	13.848	15.659	19.037	28.241	33.196	36.415	39.364	42.980	45.559
25	10.520	11.524	13.120	14.611	16.473	19.939	29.339	34.382	37.652	40.646	44.314	46.928
26	11.160	12.198	13.844	15.379	17.292	20.843	30.435	35.563	38.885	41.923	45.642	48.290
27	11.808	12.879	14.573	16.151	18.114	21.749	31.528	36.741	40.113	43.195	46.963	49.645
28	12.461	13.565	15.308	16.928	18.939	22.657	32.620	37.916	41.337	44.461	48.278	50.993
29	13.121	14.256	16.047	17.708	19.768	23.567	33.711	39.087	42.557	45.722	49.588	52.336
30	13.787	14.953	16.791	18.493	20.599	24.478	34.800	40.256	43.773	46.979	50.892	53.672
31	14.458	15.655	17.539	19.281	21.434	25.390	35.887	41.422	44.985	48.232	52.191	55.003
32	15.134	16.362	18.291	20.072	22.271	26.304	36.973	42.585	46.194	49.480	53.486	56.328
33	15.815	17.074	19.047	20.867	23.110	27.219	38.058	43.745	47.400	50.725	54.776	57.648
34	16.501	17.789	19.806	21.664	23.952	28.136	39.141	44.903	48.602	51.966	56.061	58.964
35	17.192	18.509	20.569	22.465	24.797	29.054	40.223	46.059	49.802	53.203	57.342	60.275
36	17.887	19.233	21.336	23.269	25.643	29.973	41.304	47.212	50.998	54.437	58.619	61.581
37	18.586	19.960	22.106	24.075	26.492	30.893	42.383	48.363	52.192	55.668	59.893	62.883
38	19.289	20.691	22.878	24.884	27.343	31.815	43.462	49.513	53.384	56.896	61.162	64.181
39	19.996	21.426	23.654	25.695	28.196	32.737	44.539	50.660	54.572	58.120	62.428	65.476
40	20.707	22.164	24.433	26.509	29.051	33.660	45.616	51.805	55.758	59.342	63.691	66.766
41	21.421	22.906	25.215	27.326	29.907	34.585	46.692	52.949	56.942	60.561	64.950	68.053
42	22.138	23.650	25.999	28.144	30.765	35.510	47.766	54.090	58.124	61.777	66.206	69.336
43	22.859	24.398	26.785	28.965	31.625	36.436	48.840	55.230	59.304	62.990	67.459	70.616
44	23.584	25.148	27.575	29.787	32.487	37.363	49.913	56.369	60.481	64.201	68.710	71.893

χ^2 分布临界值表

附图 2.8 χ^2 分布临界值表（2）

五、F 分布临界值表

利用 Excel 提供的统计函数"F.INV.RT"可以构建 F 分布的临界值表，该表是根据 F 分布的右尾概率 α 计算的相应的临界值。即如果有 $P(F \geq x) = \alpha$，则对于任意给定的概率 p（$0 \leq \alpha \leq 1$），可以求出相应的 x。生成 F 分布临界值表的具体操作步骤如下。

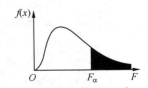

第一步，在"K1"单元格输入 F 分布右尾概率 α 的取值（如 $\alpha = 0.05$），在第 3 行输入分子自由度 n_1 的值，在第 1 列输入分母自由度 n_2 的值，如附图 2.9 所示。

第二步，在"B4"单元格输入公式"=F.INV.RT(K1,B$3,$A4)"，然后将其向下、向右复制即可得到 F 分布临界值表，$\alpha = 0.05$ 时，F 分布临界值部分结果如附图 2.10 所示（读者可根据需要生成不同 α 和不同自由度的 F 分布临界值表）。

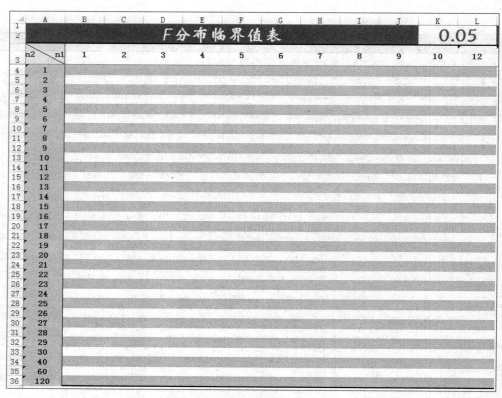

附图 2.9　**F** 分布临界值表（1）

F分布临界值表 0.05										
n2＼n1	1	2	3	4	5	6	7	8	9	10	12
1	161.45	199.50	215.71	224.58	230.16	233.99	236.77	238.88	240.54	241.88	243.91
2	18.51	19.00	19.16	19.25	19.30	19.33	19.35	19.37	19.38	19.40	19.41
3	10.13	9.55	9.28	9.12	9.01	8.94	8.89	8.85	8.81	8.79	8.74
4	7.71	6.94	6.59	6.39	6.26	6.16	6.09	6.04	6.00	5.96	5.91
5	6.61	5.79	5.41	5.19	5.05	4.95	4.88	4.82	4.77	4.74	4.68
6	5.99	5.14	4.76	4.53	4.39	4.28	4.21	4.15	4.10	4.06	4.00
7	5.59	4.74	4.35	4.12	3.97	3.87	3.79	3.73	3.68	3.64	3.57
8	5.32	4.46	4.07	3.84	3.69	3.58	3.50	3.44	3.39	3.35	3.28
9	5.12	4.26	3.86	3.63	3.48	3.37	3.29	3.23	3.18	3.14	3.07
10	4.96	4.10	3.71	3.48	3.33	3.22	3.14	3.07	3.02	2.98	2.91
11	4.84	3.98	3.59	3.36	3.20	3.09	3.01	2.95	2.90	2.85	2.79
12	4.75	3.89	3.49	3.26	3.11	3.00	2.91	2.85	2.80	2.75	2.69
13	4.67	3.81	3.41	3.18	3.03	2.92	2.83	2.77	2.71	2.67	2.60
14	4.60	3.74	3.34	3.11	2.96	2.85	2.76	2.70	2.65	2.60	2.53
15	4.54	3.68	3.29	3.06	2.90	2.79	2.71	2.64	2.59	2.54	2.48
16	4.49	3.63	3.24	3.01	2.85	2.74	2.66	2.59	2.54	2.49	2.42
17	4.45	3.59	3.20	2.96	2.81	2.70	2.61	2.55	2.49	2.45	2.38
18	4.41	3.55	3.16	2.93	2.77	2.66	2.58	2.51	2.46	2.41	2.34
19	4.38	3.52	3.13	2.90	2.74	2.63	2.54	2.48	2.42	2.38	2.31
20	4.35	3.49	3.10	2.87	2.71	2.60	2.51	2.45	2.39	2.35	2.28
21	4.32	3.47	3.07	2.84	2.68	2.57	2.49	2.42	2.37	2.32	2.25
22	4.30	3.44	3.05	2.82	2.66	2.55	2.46	2.40	2.34	2.30	2.23
23	4.28	3.42	3.03	2.80	2.64	2.53	2.44	2.37	2.32	2.27	2.20
24	4.26	3.40	3.01	2.78	2.62	2.51	2.42	2.36	2.30	2.25	2.18
25	4.24	3.39	2.99	2.76	2.60	2.49	2.40	2.34	2.28	2.24	2.16
26	4.23	3.37	2.98	2.74	2.59	2.47	2.39	2.32	2.27	2.22	2.15
27	4.21	3.35	2.96	2.73	2.57	2.46	2.37	2.31	2.25	2.20	2.13
28	4.20	3.34	2.95	2.71	2.56	2.45	2.36	2.29	2.24	2.19	2.12
29	4.18	3.33	2.93	2.70	2.55	2.43	2.35	2.28	2.22	2.18	2.10
30	4.17	3.32	2.92	2.69	2.53	2.42	2.33	2.27	2.21	2.16	2.09
40	4.08	3.23	2.84	2.61	2.45	2.34	2.25	2.18	2.12	2.08	2.00
60	4.00	3.15	2.76	2.53	2.37	2.25	2.17	2.10	2.04	1.99	1.92
120	3.92	3.07	2.68	2.45	2.29	2.18	2.09	2.02	1.96	1.91	1.83

附图 2.10　**F** 分布临界值表（2）

附录 3　自测试卷和答案、思考与练习答案

自测试卷 A 卷和答案

自测试卷 B 卷和答案

思考与练习答案

主要参考文献

[1] Ron. Larson. 2014. 基础统计学 [M]. 4 版. 北京：中国人民大学出版社.

[2] 顾晓安，徐逦中. 2005. 社会经济统计学——原理与应用案例 [M]. 上海：立信会计出版社.

[3] 贾俊平. 2018. 统计学 [M]. 7 版. 北京：中国人民大学出版社.

[4] 李金林，马宝龙. 2014. 管理统计学应用与实践——案例分析与统计软件应用 [M]. 2 版. 北京：清华大学出版社.

[5] 李卫东. 2014. 应用统计学 [M]. 北京：清华大学出版社.

[6] 李心愉，袁诚. 2015. 应用经济统计学 [M]. 3 版. 北京：北京大学出版社.

[7] 卢冶飞，孙忠宝. 2017. 应用统计学 [M]. 3 版. 北京：清华大学出版社.

[8] 马庆国. 2016. 应用统计学：数理统计方法数据获取与 SPSS 应用 [M]. 北京：科学出版社.

[9] 茆诗松，吕晓玲. 2016. 数理统计学 [M]. 2 版. 北京：中国人民大学出版社.

[10] 宋廷山. 2018. 应用统计学——以 Excel 为分析工具 [M]. 2 版. 北京：清华大学出版社.

[11] 特里奥拉. 2004. 初级统计学 [M]. 8 版. 刘立新，译. 北京：清华大学出版社.

[12] 王淑芬. 2018. 应用统计学 [M]. 3 版. 北京：北京大学出版社.

[13] 卫海英. 2002. 应用统计学 [M]. 2 版. 广州：暨南大学出版社.

[14] 袁卫. 2014. 统计学 [M]. 4 版. 北京：高等教育出版社.

[15] 袁卫. 2016. 统计学习题与案例 [M]. 4 版. 北京：高等教育出版社.

[16] 袁卫，刘超. 2016. 统计学——思想、方法与应用 [M]. 2 版. 北京：中国人民大学出版社.

[17] 张建同. 2015. 应用统计学 [M]. 2 版. 北京：清华大学出版社.

[18] 张梅琳. 2008. 应用统计学 [M]. 2 版. 上海：复旦大学出版社.

更新勘误表和配套资料索取示意图

说明：本书配套资料可在 http://www.ryjiaoyu.com/下载，其中配套学习资料注册后可直接下载，**教学用资料仅供采用本书授课的教师下载，教师身份、用书教师身份**需网站后台审批（咨询邮箱 13051901888@163.com）。

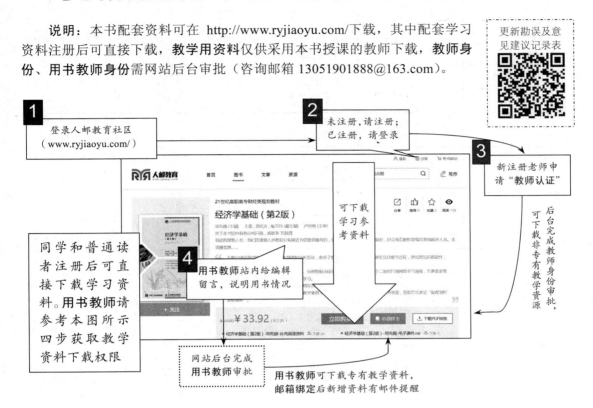

部分教材推荐

（更多教材请在人邮教育社区查询，http://www.ryjiaoyu.com/）

书　　名	主编	书　号	编　辑　推　荐
管理心理学——理论、应用与案例	孙喜林	978-7-115-47763-7	提供课件、教案、教学案例集、模拟试卷等
中级财务会计（第4版）	吴学斌	978-7-115-50195-0	四川省"十二五"本科规划教材；二维码链接网络学习资源；章后习题+电子版习题集；提供课件、教案、案例库、模拟试卷等
财务会计实训教程（上、下册）（第2版）	裴永浩	978-7-115-40690-3	原始凭证和记账凭证单独成册；融基本功训练、岗位技能训练和综合技能训练为一体；提供答案、课件、习题集、阅读资料等
会计综合实训（视频指导版）	杨荐	978-7-115-49067-4	含手工实训和电算化实训，彩印全真模拟原始凭证，内嵌演示性操作视频、登账范例图；提供课件、账套、答案、实训用素材电子版等
审计理论与实务（第2版）	崔飚	978-7-115-44326-7	二维码链接审计网络学习资源；提供课件、教学案例、大纲、教案、参考答案、补充习题及答案、模拟试卷
报关实务（第2版）	朱占峰	978-7-115-42629-1	五十余个二维码链接网络学习资源；理论与实务并重，操作与案例同行；提供课件、视频案例、习题答案、模拟试卷等
电子商务概论（第3版）	白东蕊	978-7-115-42630-7	新增跨境电商、"互联网+"等内容；百余二维码拓展读者学习空间；提供课件、教案、大纲、答案、实验指导、文字与视频案例、模拟试卷等
网店运营与管理（视频指导版）	白东蕊	978-7-115-50886-7	关键操作流程以二维码链接操作视频，关键样图以二维码链接原图；提供课件、教案、视频案例、答案、实验实训资料、模拟试卷等
网络营销——基础、策划与工具	何晓兵	978-7-115-43745-7	二维码链接网络资源；提供视频案例、课件、习题及答案等
金融法（第2版）	李良雄 王琳雯	978-7-115-48886-2	文字案例与视频案例并存，思考讨论与视野拓展同在；高度融合职业资格考试要求；提供课件、教案、大纲、视频案例、参考答案、补充练习题、模拟试卷等
保险学（第2版）	刘永刚	978-7-115-43687-0	以大量案例解读相关内容；保险理论与保险业务并重；二维码链接网络学习资源；提供课件、教案、教学计划、答案、文字和视频案例、模拟试卷等
证券投资学（第2版）	陈文汉	978-7-115-49517-4	内嵌短视频、网络学习指导；集合证券业从业资格考试重点；提供课件、教案、大纲、实训资料、视频案例、习题答案和模拟试卷等
外汇交易原理与实务（第2版）	刘金波	978-7-115-38372-3	着重突出外汇实际业务，二维码打造立体化阅读环境，有外汇交易模拟操作指导手册；提供课件、教案、答案、模拟试卷、习题册、实训指导等
期货交易实务（第2版）	曾啸波	978-7-115-49503-7	内嵌视频、高清彩图等；数十项目式作业方便实践；有配套课程网站；提供教学计划、教案、大纲、课时安排、教学要点、补充习题库、视频案例和模拟试卷等
国际金融理论与实务（第3版）	孟昊	978-7-115-46037-0	以二维码链接大量视频短片、高清图片等；提供教案、大纲、课件、视频与文字案例、参考答案、习题库、模拟试卷等
财政学（第2版）	唐祥来	978-7-115-46103-2	借助二维码链接网络学习资源；用"课堂金话筒""练习与思考"等催生读者问题意识；提供课件、教案、习题答案、视频案例和模拟试卷等
财政与金融	袁晓梅 陈宁	978-7-115-40465-7	集中阐述基础知识、理论和实务；数百案例理论联系实际；百余二维码链接网络资源；提供课件、教案、视频与文字案例、答案、模拟试卷等
商务沟通与谈判（第2版）	张守刚	978-7-115-43065-6	二维码打造立体化阅读环境；强调实践教学，提供模拟商务谈判素材；提供教案、课件、文字与视频案例、视频库、模拟试卷等
商务礼仪（第2版）	王玉苓	978-7-115-45505-5	图文并茂，内嵌大量视频，追求学以致用；提供教案、课件、答案、文字与视频案例、课外阅读资料、模拟试卷等
现代社交礼仪（第3版）	闫秀荣	978-7-115-49118-3	图文并茂，二维码链接网络资源；提供课件、教案、文字与视频案例、实训手册、练习题及参考答案、模拟试卷等